新世紀的
行政理論與實務

——張潤書教授榮退紀念論文集

張潤書教授榮退紀念
論文集編輯委員會／編

三民書局

國家圖書館出版品預行編目資料

新世紀的行政理論與實務:張潤書教授榮退紀念論文
集／張潤書教授榮退紀念論文集編輯委員會編－
－初版一刷.－－臺北市；三民，民90
　　面；　　公分
　　ISBN 957-14-3399-3(平裝)

1.公共行政－論文,講詞等

572.907　　　　　　　　　　　　　　　　　90000358

網路書店位址　http://www.sanmin.com.tw

© 　新世紀的行政理論與實務
　　　　——張潤書教授榮退紀念論文集

編　者　張潤書教授榮退紀念論文集編輯委員會
發行人　劉振強
著作財
產權人　三民書局股份有限公司
　　　　臺北市復興北路三八六號
發行所　三民書局股份有限公司
　　　　地址／臺北市復興北路三八六號
　　　　電話／二五〇〇六六〇〇
　　　　郵撥／〇〇〇九九九八——五號
印刷所　三民書局股份有限公司
門市部　復北店／臺北市復興北路三八六號
　　　　重南店／臺北市重慶南路一段六十一號
初版一刷　中華民國九十年三月
　編　號　S 58495
　基本定價　柒元陸角
行政院新聞局登記證局版臺業字第〇二〇〇號

有著作權‧不准侵害

ISBN　957-14-3399-3　（平裝）

張潤書教授與家人合影。左起女婿華誠、女兒正莉、妻秀清、張教授本人、媳婦宏潤、兒子正康。

張教授攝於北京中國人民大學前。左為政治大學公共行政學系蕭武桐主任。

張教授伉儷攝於長江三峽，1998年。

張教授留影於江蘇小鎮——周庄，2000年

序

　　這本書是為恭賀我們敬愛的張潤書老師榮退而出版的。當我們獲知張師有意於屆齡之前提前退休時，都頗感意外，但是在明瞭其心意後，則均為他的明智抉擇同感敬佩與欽羨。

　　張師是一位「望之儼然，即之也溫」的學者。在學術上，他對自己的要求是嚴謹的，當然也以相同的標準要求學生。但在其他方面，他卻是寬厚而體貼的。除了經常關懷學生的生活起居外，更經常主動給與適時的幫助。此外，張師最為後輩景仰以及同儕欽敬者，乃是其嫉惡如仇、耿直不阿的嶙峋風骨。

　　張師任教國立政治大學卅餘載，除潛心學術外，更培育了無數的行政英才，而其所撰《行政學》一書，早已成為國內公共行政學的經典之作。吾等受業為感念張師對學生的悉心教導與照顧，並表彰其對行政學術的貢獻，特邀約門生以「新世紀的行政理論與實務」為主題，共同撰著論文十三篇作為恭祝張師榮退的賀禮。這些論文除已先行舉辦發表會外，更集結成書，俾能永久留傳。

　　本書的出版，出力最多的是國立政治大學公共行政學系系主任蕭武桐教授，沒有他的提議以及鍥而不捨的努力，本論文的發表會以及出版均不可能完成。當然經費贊助最多的是二位會長李傳洪及關芳春先生，另外該系助教史雅玲碩士學妹的協助與催促自亦功不可沒，並感謝所有參與撰寫的同門師兄弟，他們無償付出與認真的態度，確實值得吾等再次鞠躬致謝。三民書局劉振強董事長慨允承印，當然更是本書得以問世的關鍵，在此均表示由衷的謝忱。

張潤書教授榮退紀念論文集編輯委員會

吳復新　陳聰憲　江岷欽　謹識

2000 年教師節

新世紀的行政理論與實務
——張潤書教授榮退紀念論文集

目　次

各國行政改革之比較及其對我國之啟示
──面對千禧年政黨輪替後的新思惟

江明修、許文傑、梅高文

「標竿學習」初探──兼論其在公部門之應用

孫本初、陳衍宏

組織學習理論發展評析

盧偉斯

形塑行政機關為學習型組織之困境與對策

朱楠賢

建構行政生產力衡量方式之芻議

施能傑

行政效率的比較觀

江岷欽

評鑑中心的理論與應用──兼論高考一級考試改革方案

吳復新、黃一峰

工作倦怠相關理論探述

黃臺生

附　錄

中國文化第三波的崛起及中華民族對世界新秩序的憂患意識

吳瓊恩

政治大學公共行政學系教授

摘　要

　　本文從中西文化四百年來的盛衰消長及當前國際戰略的高度，分析中華文化第三波的崛起及西方文明自我中心的防衛措施，非真正解決人類文明和平共處之道，應認清二十世紀愛因斯坦物理學典範與中國傳統儒釋道的世界觀相通相融之處，而相互借鑒，共同促進全球化來臨時代的地球村同舟共濟，並發揚儒釋道思想以貢獻人類的和平。

關鍵詞：歐洲中心主義、愛因斯坦典範、西方文明的獨特性、西方　　　　文明的內戰

壹、前　言

在二十世紀最後一個年代（九〇年代），世界潮流趨向資訊化、全球化、和民主化的方向發展中，正值冷戰結束不久，世界新秩序形成當中，從過去四百年的「歐洲中心主義」(Eurocentrism)或「西方文化中心主義」，首次面臨了中國文化由衰而盛的契機，兩種文化霸權競爭的趨勢，引起舉世有識之士的矚目。新加坡資政李光耀更將中國的崛起稱呼「人類有史以來最大的玩家」。❶

中國的崛起與中國文化的復興是相互依存，同時並起的現象，不僅具有地區性質，更具有世界文明史的意義，也是人類歷史上，中國文明首次面臨全球化意涵的關鍵時刻。

西元 1995 年 1 月 30 日中共中央總書記江澤民在農曆春節除夕，代表中共中央和國務院發表新春對臺講話，並提出八點有關「現階段發展兩岸關係，推進祖國和平統一進程的若干重要問題」的看法和主張（簡稱江八點）。其中第六點：「中華民族兒女共同創造的五千年燦爛文化，始終是維繫全體中國人的精神紐帶，也是實現和平統一的一個重要基礎。兩岸同胞要共同繼承和發揚中華文化的優秀傳統。」

兩個多月後，李登輝總統在 4 月 8 日以兼國家統一委員會主任委員身分，主持國統會改組後的第一次會議，並在討論議程結束後發表談話，提出六點主張，回應江澤民的「江八點」（簡稱李六條）。其中第二條：「博大精深的中華文化，是全體中國人的共同驕傲和精神支柱。我們歷來以維護及發揚固有文化為職志，也主張以文化作為兩岸交流的基礎，提升共存共榮的民族情感，培養相互珍惜的兄弟情懷。在浩瀚的文化領域裡，兩岸應加強各項交流的廣度與深度，

---

❶　李光耀這句話的全文內容，請見第 9 頁所引全文。

並進一步推動資訊、學術、科技、體育等各方面的交流與合作。」

兩岸領導人，對中華文化的回歸與認同，意義不同凡響。自 1840 年鴉片戰爭以來，中國文化衰退中，面臨西方文化的侵襲，幾乎將要亡國滅種，而中國人對自己的文化認同也出現嚴重的危機與自卑感，始而要「打倒孔家店」、「線裝書丟到毛坑裡」，繼而又要「批孔揚秦」、「破四舊立四新」。幸賴兩岸實踐的結果，終於重新體認中華文化的優越性，不是輕易用打倒或批判的手法，就能消失而滅亡的。

西元 1991 年 8 月，蘇聯解體，人類文明又進入另一新的階段，資本主義與共產主義意識形態的鬥爭已經一去不復返了，誠如 Samuel P. Huntington 所說：「這二、三百年來的世局，尤其是資本主義與共產主義的鬥爭，只是西方文明內部的衝突。」❷中國人追求國家現代化，沿門托缽效貧兒，始終未有信心也未認識到中國文明的思想核心，這種精神分裂，是民族的大不幸，國家衰退的根源。

所幸到了二十世紀最後的九〇年代，兩岸的領導人終於擺脫西方文化價值的桎梏，能以中華文化為兩岸的精神紐帶，促進民族的團結，並在中華文化體系內追求中國特色的政治經濟制度，國家前途終於露出曙光。❸

貳、中國文化的轉型及中華民族復興的機運

中國文化的轉型歷經三大階段和兩次轉型。從孔子承先啟後自發地創造中華文化是為第一波或第一階段；自東漢明帝永平十年佛

---

❷　此段引文係大略譯文，請見 Huntington 1993 年在《外交事務》(*Foreign Affairs*)所發表的〈文明的衝突〉乙文，並參考該雜誌 1996 年 11/12 月號所發表的〈西方文明獨特，但非四海皆準〉乙文。

❸　李登輝先生的思想本質並未真正認識到中華文化的即將崛起，仍徘徊在西方文化中心論的觀點，請參見吳瓊恩（民 87）。

教東來，與中國文化融合創造，至宋朝達到高峰是為第二波或第二階段；大約到明末，西元 1600 年左右，中國文化開始衰退，西方文明崛起，迄今正是中國文化融合中西印人類三支文明綜合創造而趨向整合即將完成的第三波文明或第三階段文明。

　　這是就文化整體系統的全局觀(Holistic perspective)，若就社會政治型態之發展，也可綜合為封建、帝制與民治三階段，唐德剛（民 87: 8-9）有如下的一段話：

> 從封建轉帝制，發生於商鞅與秦皇漢武之間，歷時約三百年。從帝制轉民治則發生於鴉片戰爭之後，吾儕及身而見之中國近現代史之階段也。筆者鄙見認為此一轉型至少亦非二百年以上難見膚功也。換言之，我民族於近代中國所受之苦難，至少需至下一世紀之中期，方可略見鬆動。此不學所所謂兩大轉型也。（自序文）

　　唐德剛認為從封建到帝制的郡縣制，前後轉了二、三百年之久，從西元前第四世紀中葉的「商鞅變法」開始，到漢武與昭帝之間（西元前 86 年前後）才大致安定下來。唐教授說：「自此這一秦漢模式的中國政治、經濟、文化制度，便一成不變地延續下來，直到蔣中正、毛澤東當政，基本上還是照舊。所以毛澤東說：『千載猶行秦法政。』（民 87: 35）這一秦漢模式延續到清朝的鴉片戰爭時期，在西方文明的挑戰下，被迫作第二次的政治社會制度大轉型。」

　　這第二次大轉型是驚濤駭浪的，唐德剛稱之為「歷史三峽」，要通過這可怕的三峽，大致也要歷時兩百年。他說：「自 1840 年開始，我們能在 2040 年通過三峽，享受點風平浪靜的清福，就算很幸運的了。」（民 87: 36）

　　中國的政治、經濟與文化制度的轉型，並無現成的歷史成例可

以追循，真是「摸著石頭過河」，只有依賴中國人自己去創造發明，別無他法。

　　西方文化自馬克思、恩格斯 1848 年共同發表〈共產黨宣言〉整整一百五十年以來，中國的政經體制發展，捲入了資本主義和共產主義意識形態的鬥爭，耗盡了民族慘烈的犧牲，直到 1949 年兩岸各自在冷戰僵持的局面中，實驗各自的政經制度。臺灣在戒嚴令的威權統治下，取得了經濟發展的輝煌成就，但在政治發展方面，卻在 1987 年 7 月 15 日戒嚴令解除後，走向不成熟的民粹政治，距離負責任的民主法治政治尚有一段遙遠的距離。至於民族精神方面，則因統獨、族群、政黨等三大鬥爭而扭曲變形，一方面臺灣民族主義建立不起來，另一方面又害怕與中華民族主義結為一體，始終徘徊在中華文化與西方文化兩大體系之間搖擺不定，甚至挾洋以自保，失去獨立自主的精神意志，與前述李六條中的第二條所標榜「提升共存共榮的民族情感」相去遠甚。

　　至於中共的發展，自 1949 年建國初期，恢復了民族自尊心，驅逐了東西方帝國主義。可惜在五〇年代末期的大躍進，和 1966 年開始的文化大革命十年，中國的政經體制在大破壞中慘不忍睹，中華民族心靈與文化精神俱受嚴重創傷，迄今仍見文革後遺症尚未消退。

　　所幸，自 1977 年鄧小平復出工作，1978 年 12 月的中共第十一屆三中全會確立了改革開放政策，轉移工作重心到經濟建設，在威權的政治體制下發展經濟，成效卓著，迄今已達外匯存底 1,500 億美元左右，居世界第二位，並可能在西元 2020 年成為世界最大經濟體系，超過美國。

　　1992 年中共召開十四大，確立了「社會主義市場經濟」體制，並極力恢復中華文化的傳統，朝向有中國特色的社會主義政治願景或政治路線前進。不管未來的發展如何，這是第三波中華文化體系內的政經制度的建構，融合了中西印三支文化質素的創造性突破，

具有劃時代的意義。

從表象看來，改革開放二十年了，大陸的經濟逐漸成長並邁向小康社會的理想，但是市場經濟的紀律，在政治體制尚未健全的情形下，仍充滿了投機與腐化的現象，而「一切向錢看」雖然誇大了點，卻也入木三分。

中華民族復興的機運，雖以兩岸共同回歸中華文化為精神紐帶，但最重要的乃是，雙方必須建設有中國特色的政經文化制度。中國大陸所謂有中國特色的社會主義市場經濟，其具體內容是什麼呢？而臺灣仍抱持西方文化價值的普遍性以指導政經方向，是否仍將停留在「沿門托缽效貧兒」的窘境，繼續複製西方社會呢？凡此皆值得兩岸同胞共同深思熟慮，以求適當的出路。

總之，中華民族復興的機運，自鴉片戰爭以來一百六十年的轉型痛苦，已漸露曙光。香港的回歸與澳門的即將回歸，充分展現了中國勢力的旭日東升，才有實力收回失去的領土。臺灣復歸中國的統一，其關鍵亦在中國勢力與西方勢力的鬥爭，只要中國勢力逐漸壯大，則中國的統一為期不遠；反之則豈止臺灣分裂而出，新疆與西藏乃至於中國本土亦將為列強所瓜分。

參、中國前途及其對世界新秩序的意義

四百年來，人類前途大致上是由西方文化勢力所主導，歐洲國家發明了民族國家、主權及權力均衡等觀念，左右國際事務將近三百年之久（季辛吉，民 87: 12）。這些理念亦是在牛頓典範盛行時期所創造出來的，中國文化的理念並未能發揮它的影響力來指引全球人類的發展方向。

然而，隨著愛因斯坦典範的崛起，中國文化精神日漸受到全球人類的重新認識，而中國二十年來的改革開放，以及恢復以儒家為

主流的中華文化，使中國已成為區域性的強權，其影響力或順服的範圍正如旭日之東升，美國地緣政治戰略家布里辛斯基(Brzezinski, 1997: 166)有如下一段話：

> 簡而言之，中國人的影響範圍——比較正確的說法也許稱為順服範圍——可以這樣界定即各國首都對於有關事件都會先問「北京對這件事的看法如何」。

不僅如此，中國的崛起可能是人類有史以來，中國將逐漸參與全球性的國際事務，提出主張，並有能力改變國際上的各種「競賽規則」(Rule of game)。李光耀在 1994 年就說：

> 中共崛起的幅度太大，今後三、四十年，世界必須尋找一個新的均勢。我們不可能假裝只是另一個大玩家，這是人類有史以來最大的玩家。（轉引自 Huntington, 1996: 231）

中國的崛起與中華文化的成為強勢文化是一時俱起，互為因果的，並無先後問題，這樣的趨勢引起了美國有識之士的憂慮，Huntington 即認為後冷戰的世界新秩序將是儒回兩家文化與西方文化之間的衝突，他並充滿了憂患意識企圖延緩、保護西方文明的獨特性，他說：

> 西方文明之所以珍貴，並非因為它很普及，而是因為它很獨特。因此，西方領袖主要的責任不在試圖依西方的意象重塑其他文明，這已經不是其正在沒落的力量所能為，而在保存、保護和重建西方文明獨樹一格的特性。而由於美利堅合眾國是西方最強勢的國家，責任自然大部分落在它頭上。(Hunt-

ington, 1996: 311)

Huntington 的戰略思想是保衛西方文化的獨特性，並承認西方文明的價值觀並無普遍性，他曾說：「西方所謂普世論，對其他地方而言是帝國主義。」(Huntington, 1996: 184)，尤其是美國的人權外交，對非西方國家來說卻成了「人權帝國主義」，其他如美式的兩黨制、市場經濟、民主法治觀念都需要在非西方文化系統內重新估量其實質意義。換言之，「全盤西化」已經毫無意義，中國的政經社會文化制度應由中國人再創造再發明，以因應第三波中國文化崛起時的新形勢。

Huntington 保衛西方文明的用心是一種美國式的愛國主義，但格局甚小，所提出的策略方案頂多只是自保而已❹，仍是西方文化自我中心論的我執境界，沒有宏觀全球，四海之內皆兄弟也的儒家襟懷，也沒有佛家眾生平等的氣魄。布里辛斯基何嘗是大格局呢？季辛吉在《大外交》(*Diplomacy*)這本名著中說：(民 87: 5)

> 在逐漸顯現的世界秩序之中，不同於以往的情形則是：這是美國有史以來首次面臨不能退出，又不能主宰世界舞臺的窘境。……美國剛步入國際社會且正值年輕力壯，也有實力讓全世界順從其對國際關係的理想。到 1945 年二次大戰終了時，美國國力之強，彷彿注定它要根據自己的偏好來塑造這個世界。

---

❹　請參閱吳瓊恩著〈人類有史以來最大的玩家：中國的崛起與西方的沒落〉，《海峽評論雜誌》，第 82 期，民國 86 年 10 月號，該文並已收入吳瓊恩著，《輕舟已過萬重山：兩岸關係與中國前途》，民國 87 年，臺北：海峽學術出版社。

美國總統約翰‧甘迺迪(John F. Kennedy)在 1961 年也充滿信心地宣稱，美國強大到足以「付出任何代價，承受任何重擔」，以確保自由的勝利成功。可是三十年後，季辛吉說：「美國已不具備完全可以實現它所有願望的實力，因為有些國家已成長為強權大國。」(民 87: 5) 無疑的，這個強權大國除了指中國還會有誰呢？然而，季辛吉這種無可奈何的態度，只好求之於國際秩序的平衡，他說：

> 而新出爐的現實需要之一，則是同時存在著幾個實力相近國家，且其秩序必須建立在某種平衡(equilibrium)的觀念之上，這正是美國歷來難以接受的一種觀念。(1998: 5)

美國已無力提出它的價值觀來主導世局，西方文化的價值也不再具有普遍性，美國的道德優越性，面對儒、回文化的興起，也不再具有說服力，它的國家利益是什麼？Huntington 以保衛西方文明的獨特性，來保衛國家利益，布里辛斯基則以地緣政治的均勢，東邊拉攏日本，西邊拉攏德國，以維持歐亞大陸塊的穩定均衡，尤其中國更具有戰略上夥伴關係的價值，他說：(1997: 193)

> 區域稱雄的中國應該在傳統的權力政治範疇內成為美國的遠東之錨，協助培養歐亞大陸的均勢，使歐亞大陸東邊的強大中國與歐亞西邊擴張中的歐洲相互配合。

季辛吉也有這種均勢觀念，他說：(民 87: 1099)

> 在下一個世紀裡，美國領袖必須向民眾闡釋國家利益的觀念，說明在歐洲與亞洲維持勢力均衡，為何符合美國利益。美國需要夥伴以便在世界若干地區維持均勢，而且這些夥伴不能

永遠只照道德考量的原則去挑選，美國外交政策同樣需要以清楚界定的國家利益，做為基本指南。

由以上引文可見，美國自 1913 年提出「威爾遜主義」以來，已漸漸地從美國價值觀的普遍原則向後退卻，而以維持「國家利益」、「秩序」、「均衡」等概念取而代之，換言之，「維持秩序」的重要性已超過「主持美國式的正義」，擔當「國際傳教士」的角色也已漸感力不從心。

此時此刻正是中國崛起，中國文化理念重視人與自然、人與人、人與自己如何保持和諧均衡的智慧再度有了關鍵性的契機，而弘揚世界，並能對人類和平與精神生活境界的提升，作出貢獻。中國人應有如此的大抱負，中國的領導人也應有如此宏觀的願景，才能激勵十二億同胞（包括臺灣同胞在內）自尊自重，充分發揮民族的創造力與愛好和平的傳統精神。

肆、結論：中華民族團結自強的戰略與戰術

中國文化四百年來日趨下滑，相對於西方文化的崛起，正值牛頓物理學典範日漸盛行。尤其自鴉片戰爭以後，國運不堪聞問，滿清王朝之所以亡，主要是對中國文化衰頹之勢毫無警覺，對西方文化的當揚勢頭毫無認識，以至於救亡圖存運動一波未平又起一波，直到國共內戰，兩岸隔絕之勢已成，冷戰時期國共雙方又為資本主義與共產主義意識形態作殊死鬥爭，其實只是 Huntington 所謂的「西方文明的內戰」而已，中國文化精神始終未能從被壓抑狀態中揚眉吐氣。

冷戰結束後，意識形態的衝突已成昨日之黃花，後現代社會左派與右派之分已成過去，中國何去何從，並無現成答案，在西方文

化區域內各國尋求自保之時，已然喪失前瞻的願景，中國人當思民族團結之道，從中國文化中汲取靈感，整合中西印三支文化，融合創造出二十一世紀的新中國，使中國特色的政治、經濟、社會、文化制度成為具有人類普遍意義價值的範例，此實為當代中國人應有的抱負。

　　在這樣高度的文化戰略下，筆者為了中華文明第三波的發揚光大及其對世界人類的貢獻，有別於 Huntington 只提出西方文化中心的自我防衛措施，特在此文結論中提出今後中國或中華民族團結自強的戰略與戰術，以拋磚引玉。

一、戰　略

㈠中國人今後應認識二十世紀愛因斯坦物理學典範與中國傳統文化的儒釋道思想或世界觀是相通的，對於西方文明正衰退中，不必驕矜自滿，當懷抱憂患意識，求同存異，以王道思想感化西方文化中的霸道思想，避免發生跨文明的戰爭。

㈡中國文化向來具有濟弱扶傾的思想，這就是社會主義的精神，中國強盛後自然會擴大影響力，但我們應堅持不稱霸的外交政策。管子：「欲用天下之權者，必先布德諸侯」，中國將以濟弱扶傾的精神，建立四海之內皆兄弟也的國際關係。

㈢中國文化崛起與中國勢力的擴大，象徵國家統一的希望，兩岸中國人當體認中華文明的共存共榮，逐步邁向統一的進程，把時間精力或金錢用在中國的政治制度和經濟、社會、文化的創造發明上，以為人類立下光榮的歷史範例。

二、戰　術

㈠中國當繼續維持周邊國家的和諧關係，並鼓勵日本早日「脫歐入亞」，或脫離西方擁抱中國，實現孫中山先生當年勉勵日本不作西

方霸道之鷹犬，而應作東方王道的干城。中、日雙方應加強文化交流，消除敵意，擴大共識，中國也應敦促日本早日覺醒，不要成為西方國家作為制衡中國的一顆棋子。

㈡發起中國文化復興運動，鼓勵兒童讀經的興趣，加強公民營企業幹部的培訓，以樹立正當的人生觀，為民表率。培訓內容不僅以專業知識技能為主，更要擴大授課內容，使員工具備儒釋道的基本精神，以改變人格氣質。

㈢中國第三代領導人當繼承第一代的建國建軍，第二代經濟建設的成就基礎，發展政治體制的改革，以確保經濟發展的成果，並準備發展文化建設，以提升國民素質。

㈣中國文明的成就應成為東南亞國家的學習典範，把中國的影響力充分發揮出來，成為亞洲區域穩定均衡的一股文化勢力，並遵行儒家「道並行而不相悖」的精神，以促進多元文明相互學習的胸懷和氣度。

㈤維持中國對其他文明在科技和軍事上的優勢。我們有充沛的人力資源和深厚的民族智慧，應當精益求精，迎頭趕上並超越美國的水準，以便有能力維持國際社會的秩序，並發揮王道政治的公道精神。

參考書目

吳瓊恩

　　1998　　輕舟已過萬重山：兩岸關係與中國前途，臺北：海峽學
　　　　　　術。

季辛吉(Henry Kissinger)

　　1998　　大外交(*Diplomacy*)中譯本，臺北：智庫。

唐德剛

1998   晚清七十年，臺北：遠流。

Brzezinski, Zbigniew

1997   *Grand Chessboard: American Primacy and the Geostrategic Imperatives.* New York: Basic Books, Harper Collins Publishers.

Huntington, Samuel P.

1996   *Clash of Civilizations and the Remaking of World Order.* New York: Simon & Schuster.

Kuhn, Thomas S.

1970   *Structure of Scientific Revolution* (2nd ed.). Chicago: The University of Chicago Press.

新公共管理的批判——歐陸主義之觀點

詹中原
政治大學公共行政學系教授

摘　要

　　二十世紀末，隨著共產主義的瓦解，市場經濟戰勝中央計劃經濟，似乎被轉化成經濟原則優先於國家原則，愈來愈多的意識型態和模型要求在公部門注入競爭的概念，企業文化進入公部門形成一項時髦的行政理論。

　　現代化(modernity)最重要的基礎理論是「工業化社會」。工業成就隱含國家活動的擴張，新的分工型態不只是發展於私部門組織中，公共服務的提供亦會發展出新的組織形式。

　　歐陸人士觀點的「新行政」包括行政革新、新公共管理、政府再造、歐洲的管理發展和地方層次的管理模型。跨領域的發展潮流中「新行政」被提出；證明了市場、競爭、企業服務和顧客等觀念是有根據的。在公共行政中已從行政典範慢慢轉移至企業管理典範，其中行政現代化最重要的課題則是如何提高政府部門的效率。

關鍵詞：公共行政、行政現代化、工業化社會、新行政、新公共管理、政府再造、行政革新、歐陸主義、企業精神、市場經濟

壹、市場經濟與後工業主義

Christopher Pollitt 與 Geert Bouckaert (2000)由比較分析途徑反省這一波新公共管理改革時指出：為何 Anglo-American Countries 的行政改革要放諸四海而皆準呢？當不同的政經系絡情況下，試問所謂「新管理主義」(neo-managerialism)要如何運作？

二十世紀末，隨著共產主義陣營的瓦解，市場經濟戰勝中央計畫經濟，似乎被轉化成經濟原則優先於國家原則，愈來愈多的意識型態和模型要求在公部門注入競爭的概念，企業文化進入公部門形成一項時髦的行政理論。

這種原理所表現出來的型態包括單純的市場管理模式的觀念如精簡管理及 TQM，亦有科學管理觀念如新政府運動，其結合自由市場經濟和企業激勵的理念。美國的 NPR 報告則提出行政管理的典範已經被企業精神管理的典範所取代。對此也有一個學術名稱——「新公共管理」，近來如英國、澳洲、紐西蘭等國公部門的改革均是運用此稱的觀念(Hood, 1991)。然而，各種要求公部門改革的主張中，一味引進企業經營理念時，在某些個案中較少考慮到政府與企業概念之間的內在相容性(compatibility)。

現代化(modernity)最重要的基礎理論是「工業化社會」。工業成長隱含國家活動的擴張，新的分工型態不只是發展於私部門組織中，公共服務的提供亦會發展出新的組織形式。

對工業主義的批判，從初期的異化觀點到財貨生產過程中人類活動的割裂和專業分工化，再到強調人類自我毀滅的活動及人為的災難，如核能、化學或基因複製的生產活動。對公共行政的批判亦隱含在其中，諸如國家官僚的異化現象、去個人化的態度、法規形式主義、難以理解的專家語言、模糊的責任分配、程序計畫主義等。

在工業化風險社會的理論途徑上，一方面不相信公共福利政治可避免毀滅；另一方面，他們也對於政治行政系統的決定可能觸發危險，表達擔心恐懼。因此，當國家在工業社會受到人們抱持懷疑主義時，其也涉及公共行政。批評者害怕對國家失去控制，而國家本身對工業情勢又無法掌控，最後導致技術過程中的理智取代公共意志成為主宰政治和行政的主要力量(Moe, 1994)。因此，國家承受越來越多的功能，也始終追不上社會的要求，這使得和行政的發展將陷入危險之中，不可治理性、對國家的不滿、及合法性危機成為公共事務的重要考慮。後工業化社會提供了一個樂觀的預測，並指出隨這工業社會之後，社會發展的新階段，科技的進步可以緩和新需求與新匱乏之間的緊張。後工業化社會是一個服務取向的社會，其特徵為服務部門的重要性逐漸超過生產部門；社會階層和規則結構會改變，專門職業的技術證照將取代先前的績效取向體系中以地位為基礎的階層。後工業社會形塑公共行政發展的社會文化環境條件，如果說後工業社會與舊工業社會之間不是一種斷裂，而是其延伸，那麼公共行政藉由福利國家系統提供照顧以對抗技術、經濟及社會危機的情形便不會驟然發生。財富的增加和生命延長，人民對福利的期望亦會提升，政府必須建立醫療保健保險以符合期望。新科技的發展在短期之內並不曾造成舊有產業的關閉，政府必須對於這些夕陽工業給與補償與輔導。因此後工業行政會繼續由計畫、組織、公務員、勞力預算及社會政策所主宰。後工業化社會不但形塑社會流動(social mobility)，亦形塑空間流動(spatial mobility)，對發展程度不同的城鄉地區不能再採取差別對待，必須發展一套可比較的績效標準。休閒取向的社會，政府必須對休閒娛樂活動進行規劃和安排。公共危難預防體系的建立，以防止科技發展對人類所造成的重大災難。

為因應科技的快速發展，提升科學和技術領域的品質，應建立教育、訓練和進修的體制，國家亦應成立科學研究和技術發展的機

構，推動基礎研究。大多數的公共績效可以定義為服務(service)。後
工業化主義者強調公部門的成長和公共行政的擴張。後工業化社會
中，公部門的成長伴隨者公共生活的官僚化和技術菁英的增加，即
使是在科學部門亦是無法避免，此隱含著研究的自由可能被窒息及
研究成果的評估可能被扭曲、科學的迷人魅力可能無法再現。後工
業社會的社會文化特質並不建議採用諸如自由市場、及企業精神的
原則。如果後工業化社會的行政是福利行政，則在經濟領域必然充
斥相當多的移轉性支付，當這些移轉性支付不是由相同市場價值的
經濟補償所決定，則要以企業態度來看則是非常有限的。當將國家
視為人民權利的捍衛者，公共救濟便不能當成施捨的行政，必須保
障人民生存的基本權利，是以，公共行政並不是企業精神的媒介。
在科學研究的議題上，即使政治上的大多數人在許多議題上同意市
場的優先性，但對於學術單位和研究機構的民營化問題仍尚未有充
分的信心，因其當中涉及國家利益問題。尤其科學發現的無形價值
是無法用經濟效率的尺度來衡量。例如對於工程的研究必須以法律
加以規範。認為企業精神管理是介於國家和市場之間的第三種選擇，
但在此點上，必須小心區辨「改進政治與行政的成本效能標準」和
「提升成本效能的標準來和其他行動的標準（如人道、民主、法治）
相互抗衡」之間的差別。基本上，前者是可以當成後工業化社會的
努力目標，但後者則是不可行的，因為在政治和行政領域之中，經
濟效率或效能的優先性是在法治等價值之後。後工業社會的社會文
化環境與成本效益現代化有關，但公共行政並未朝向企業管理而發
生所謂典範的改善(Mascarenas, 1991)。

貳、二十一世紀之行政政治學——新行政 (New Administration) vs. 行政現代化 (Modernization of Administration)

歐陸人士觀點的「新行政」包括行政革新、新公共管理、政府再造、歐洲的管理發展和地方層次的管理模型。跨領域的發展潮流中「新行政」被提出；證明了市場、競爭、企業服務和顧客等觀念是有根據的。在公共行政中已從行政典範慢慢轉移至企業管理典範，其中行政現代化最重要的課題則是如何提高政府部門的效率。

一、公共行政

以瑞士為例，長久建立的制度一直存在政治與行政系統中；其世襲不變的文化有墨守成規、層級節制、專業主義等。無論文化是否連結了時間和地點，它提供了某種普遍性的特質；不只在經濟生活上還包括公共行政。這也說明了行政改革已擴展並延伸到國家的界限之外。民營化，此種普遍性主義(universalism)也盛行於草根文化深刻的紐西蘭，「新的公共行政」這個典範變遷的概念使用，在公共行政領域中為「創新」、「官僚」的界限提供一個新註解。

二、新公共管理

近年來英國、紐西蘭和澳洲的行政政策是世界注目的焦點，其公共行政包括了經濟、系統、環境等概念。他們稱這些行政政策為「新公共管理」。七○年代末在民營化潮流中，西歐、北美、東亞等國家公部門逐漸限縮（即政府減少干預）。英國最顯著的地方為新自由經濟政策(neo-liberal economic)的柴契爾主義(Thatcherism)，這意

味著市場服務優於行政執行。紐西蘭藉由正式組織途徑(formal organization)開始民營化，州經營企業的壟斷權和行政控制機制已經取消，建立了企業自主管理權、標準導向及使用者付費。澳洲八〇年代中開始公共行政的內部經濟化，首先由某些公部門開始。「去管制」 的措施主要是為了在公部門和私部門之間產生競爭的觀念(Hood, 1991)。

三、政府再造

在英國、澳洲和紐西蘭，新公共管理的提出使行政部門的政策輪廓更清晰，而且新自由主義不只對行政革新有效用；也使得私部門的企業管理模型開始發展。 新公共管理被描述為新泰勒主義(neo-Taylorism)， 其中有兩種模型受到特別注意， Lean 精簡管理(management)和全面品質管理(TQM)。

美國的行政科學學派對政府再造提出十項原則： 1.在內政執行功能上施政必須尋求備選方案，藉由政府退出、公私協力。同時也使用新彈升的財政制度。 2.並非所有的行政功能都應該由公僕(servant)執行，將公民整合成委員會或管理團體來執行行政措施。 3.個別行政單位間應該引進競爭的概念。4.行政機關應減少法律和管制，清晰的界定服務對象，將每年預算和細節工作的分類作一些適當的廢除和轉移。 5.行政績效的評估和款項分配應以輸出標準為衡量方向。 6.施政的主顧(clientele)應被視為顧客或是利益者，部分行政人員的評鑑和需求的提出必須配合適當的證明。 7.行政部門不只花錢也會賺進額外收入，例如使用者付費或企業基金。 8.行政不應該只是服務，也應該做一些預防措施；避免每一代提出新的功能和需求。 9.集權的制度應予解制，層級節制或管制應轉移成參與管理。 10.行政達到目標不應只靠命令和控制，也應藉由市場重整和引進市場經濟機制。例如在環境保護方面的使用者付費(Goodsell, 1993)。

四、歐洲的行政發展

　　歐洲這幾年革新的主要目的是使公部門精簡並滿足公民與私部門經濟的需求，1993 年時經濟合作發展組織 OECD(Organization Economic and Cooperative of Development)為公共管理發展，提出建議。芬蘭、冰島和瑞典將市場機制引進公部門，是為了在公、私部門間強化競爭的觀念，Denmark 以 British 為例，建立七個獨立的「機構」(Agencies)，給予四年預算在他們的自我控制和目標同意下，擁有彈性的活動範圍和成本風險層級的提升，同時在行動績效上確立更好的質量。關於荷蘭和其他斯堪地半島國家同時備受注意，平行發展造成一系列國家，像葡萄牙、荷蘭、冰島和愛爾蘭公共企業的民營化發展，或在市場經濟判斷和授予大量自主權之間的重建。如法國、芬蘭或瑞典。一般來說，行政內部經濟化增加的量超過民營化政策和行政主體獨立的承認，這是一直被注意的。從十九世紀早期管理傾向的態度已經被採用並集中在：1.結果導向的行政行動(result-oriented administrative action)、2.像總體預算的新型態專款控制(new forms of fund control like global budgets)、3.對資源的責任分權(responsibility for resources)、4.參與管理(contract management)、5.在資訊採用和溝通科技的行政去管制(the introduction of information and communication technologies)，行政革新的話題對於許多國家的國內政策制定是相當重要的。

五、地方層次的管理模型

　　回到地方政府的行政領域，值得注意的是管理主義、顧客導向和效率這些政策改革的準則已在很多地方採行。管理模型和管理經驗如此眾多，但傑出的經驗只有少數。最顯著的例子是在美國的 Phoenix/Arizona 的市政府行政，他們嘗試透過補助減少財政支出，

並藉由內部和外部之間合理的說明，透過公共關係、顧客意見調查來提高稅收。並讓草根階層加入決策過程，建立「公民單位」或「議題單位」使人民參與計劃和預算過程。在德國的管理研究上，藉由人民加入地方政府中心這種概念，發展成一個「新導航模型」(New Steering Model)。這個模型，值得注意的是在公司團體結構上的政治行政功能分化，在資源的責任分權、參與管理、新的中央型態和結果導向的控制。在紐西蘭，地方階層的行政管理方法正在發展；例如在 Bern 的新市政模型。這個自治城市的操作階層不只有公部門，還包括私部門和非公共行政（第三部門）。(Stillman, 1991)

六、企業精神的管理和公共行政

新公共管理迄今長期建立的行政政策，被稱為「善於修辭但拙於事實」(good on rhetoric and short on substance)。無論如何在這些定性判斷(qualitative judgement)之後，我們發現這自稱為新途徑(new approach)的新概念對公共行政是很重要的。若被設計的革新方案不適用也是對他們自己的傷害，例如德國地方政府面臨從重組的政策形式到整合計畫模型 "IPEKS"、抉擇和控制的需求。從結果看來，這個模型的能力是有問題的，因為政治過程未進入這個管道。當方案失敗時，計畫性權威徒留下官僚無能和官僚抵抗的指責，因此我們應質疑把自治城市稱為公司團體，假如自治城市不能瞭解在理性壓力下的出售子公司、關閉生產線、轉移位置、外部性成本等等，那麼甚麼是公司能做的？現在新行政似乎希望將不同且理性的制度基礎推到旁邊，轉變為市場經濟的勝利超越了行政專權；在一些演說中則定義為：經濟原則的勝利超越了國家原則。但是，即使經濟自由主義本身對國家並沒有甚麼問題，相反地，憲政國家的基礎前提是市場經濟發展的增長與進步。如果市場失靈時，國家必須運作。這兩種因素顯示了社會經濟和社會轉移的歷史領域。尤其在德國，

即使工業界受到西德法律規則的補助，然而福利國家的行政績效、東德人口的安全保障，和在那裡建立的市場動態成一良好對照。所以將國家公部門之經濟績效訴諸企業精神，在西德和日本並未被實施。企業家的角色和市場是分不開的，若沒有了市場，企業家就不可相信了。在行政上企業精神是被反駁的，因為行政沒有市場的環境，我們也許可以變動環境，拋棄國家、贊同社會。從行政管理轉移到企業管理的典範也許會發生。然而，自古以來，無人能正式宣佈放棄國家、公共財、集體決策制定。我們需要公共行政管理來反映(reflect)行政環境，就是執行的管理，管理的特徵就是現代化。對人權的承諾則反映了人權環境；在政治上反映了民主環境；在法律規則上反映了制度環境。從公民轉變成顧客可提出相似的運用，如果警察逮捕了這個人或公民，也能是一種服務嗎？這是一種為大多數公眾利益著想的公共安全保護措施。

七、行政現代化的議題

公共財吸引我們注意是在不同的公民角色和公共事務的行政基礎。這意謂經濟效率的原則合理說明公共行政的活動領域。行政在資源稀少的環境內運作和維持，因此一般預算法規定的經濟效率對行政活動而言只是一個標準，但是在實際的社會主義之下，國家是藉由物質來作決定，而且是最有力且一致的財政和物質計劃，在公共行政上行政擁有的公部門形貌、工具和組織必須發展，還包括預算、cameralism、會計、審計等。提及以上這些制度，我們便會論及行政現代化；我們必須將企業精神、企業文化和企業管理放到一旁。承認公共行政的創新沒有神奇公式，普遍而言，對革新行動、革新政策、要求和革新主題仍未達到「基本問題的解決」。對此在大英國協與紐西蘭、澳洲的歷史開啟觀點和文化網絡是不同的。甚至在美利堅合眾國和古典的歐陸行政之公民文化也是不相同的，但是它們

對現代行政的變遷是無法抗拒的。物質民營化(material privatization)總是伴隨國家和內部的經濟化而來，歷史的機會使內部經濟化不會被閒置不用，這個策略就如正式的和組織的民營化。但是也補助機關使其執行某種功能分權和分散、減少層級節制使其趨向扁平化(Flatter)就像更進一步的組織策略，使用績效標準、成本利益分析、結果導向的行動和在次級領域的效率控制。在過去戰爭時期，最重要的主題是聯邦共和國重新修訂公共行政的法規，使得行政現代化灌注在憲法規定上，法院擁有很大的權力和極度的合法主義等等。六〇年代末期時在行政上一直努力修補民主上的赤字，而主要的目標則是達到行政現代化、普遍合作的公權力、人民導向的形式、對公共服務的政治敏感度等。到了七〇年代末期，國家和行政現代化決定了經濟化策略，在物質民營化時，社會責任的變遷從公部門的問題解決轉變到私部門的行動。自德國統一以來經濟結構性危機影響的風險在增加，和其他國家一樣，德國在國家和內政合理化中制定議程。在歐陸長期建立的行政國家將無法避免經濟化行動，就像此種觀念，已在 Anglo-Saxon 世界繁衍一樣。擁有經濟歷史包括重商主義(mercantilism)的古典行政系統，此種政策較易成功，不用訴求企業精神。現代化議題很容易，一般說來，即是如何使公部門有較高的經濟效率，而且這個答案是多元化的。此一控制模型在行政管理上的舊價值和行動標準之發現表示，就像重要的民主政治和法律規則必須同時受到保障，政治和法律必須企圖得到一個很有效率導向的政治活動評價(Heady, 1987)。

參、古典公共行政觀點之企業精神管理

一、現代公共行政

　　現今歐陸行政界正面臨著種種以市場、競爭、企業、顧客、服務、乃至於企業精神管理等挑戰；換言之，此即要求逐步脫離舊式的行政管理方略。論者甚至以 OECD 之報告指稱工業化國家大多均或多或少地轉變其舊日「福利國」之施政理念，而趨向一個具有良好運作功能競爭市場的精小國家。不過，前述報告中將政府之精簡轉型與工業化國家的連結，事實上並不恰當。大多數工業國家均有其不同的發展歷程，即使如美、英、澳、加等國亦是如此。進一步來說，以日本、德國這二個實行傳統科層組織管理的國家，其經濟狀況亦十分受人稱讚。因此，欲將不同之經濟表現歸因於某一控制機制是十分困難的。在探討新公共管理的各種論述裡，欲評量其實踐之程度，應由此概念是否均落實到執行的層面上來觀察。就現況來看，縱如英美等新公共管理高度發展的例子，外界仍很難看出其行政文化方面的改變，以及在公共福利上的努力。(Goodsell, 1993)而地方政府在引介此一新控制機制方面的資訊亦不充足。是以，在此情況下，吾人只能權以歐陸的觀點，並結合基本的事實來比較企業精神管理的控制機制及現代行政的體系。現代社會的基本特徵係在一個一致的代表性主義下，有許多功能分化並各自獨立的次系統。在 WEBER 的定義下，官僚體制就被描述成一個層級分明，堅持規則及管制，並由公務人員所組成的系統，此一系統已歷經了長時間的考驗；當然也不可避免地產生了不少缺陷。而在歷史的過程中，官僚體制也曾經一度為馬克思主義下之核心行政所取代（如東歐）；不過隨著社會主義走向破產，傳統的官僚體系又再度回到主導的地

位，這期間曾有人宣稱是市場經濟對計畫經濟的勝利，但這也落入一個迷思中——即當高度分化的社會系統給與個人權力並支持民主、市場經濟、多元組織利益及國家行政時是否也無異於將個體、社會、經濟、國家置於一個單一的意識型態之下？承前所述，隨著社會主義核心行政的轉變，掀起了許多行政上的意見競逐。同時，在與開發中國家之行政部門的合作上，也表現出意欲使「好的」管理方式被認為是廣泛適用的文化意圖。於是，這便造成了在瞭解國家行政概念與廣泛管理概念間之文化特徵關連性的困難。公民文化行政與傳統行政系統間之差異在於制定出各自的一般特性並進一步將之相互比較。其中一項特性即公民文化行政與傳統行政均遵循著相同的科層傳統，縱如美國亦是如此。不過，隨著許多現代化階段的進行，已使很多事物失去了其原先明確的形象，不易比較。歐陸行政體系常被稱為「傳統的」，而自現代效率科層體系建立以來，已渡過所有政治不穩定及改變。諸如獨裁、共和、寡頭及民主政體，並且在各個崩潰的時代中肩負起公共的行動。在歐陸，此一分立的效率體系又再次證明了它的成功，其成為東德自核心行政轉化為西德傳統行政體制的緩衝，並更促使東德新民主政策得以運行；相較之下，同時間市場力量並未有效發揮。是以，這些轉變與統一均係在國家主控的歷程下完成。英美的公共官僚則相當程度上受到外在政治力的影響：即使這些行政人員努力提升官僚機制的價值，但政治團體仍控制了公共行政；此種政治長期左右公共官僚的情形實源自於公民文化。相較之下，以歐陸的歷史事實來看，人民有時其實希望某些事是由行政而非政治部門所提供——尤其在政治混亂的時候。在目前，ANGLO-AMERICA 連續體的官僚體制主要仍是為政權所服務；而歐陸國家則給與公共行政一個超越於政權之外的地位 (Kettle, 1994)。不過，現今國家管制的概念倒是在二類行政體系中均有出現。然而此一觀念並非沒有風險，國家這部分力量若遭濫用，

即等於其公務人員亦被濫用。舉例來說，舊日德國威瑪共和時期，行政即未能有效捍衛民主。因此，國家管制的概念應由「憲法國」的理念予以補強。在今日，基於憲法的國家命令已與民主密不可分，由此，吾人可進一步列出歐陸行政體系不同於公民文化行政之處：即行政法上的高度差異，特有的守法主義及行政自有裁判體系等。

二、企業精神的控制模式

新公共管理的基本意圖係公共行政內部經濟化，以確保企業精神及其管理對行政而言是適合的；若將公共行政中的企業精神管理概念予以逐字分析，則其與市場經濟體系是密不可分的。不過，沒有所謂企業精神管理是被認為充分發揮的。例如某些公營單位一再受到外界種種如缺乏企業精神的指責，但實際上這是不公平的。畢竟，企業精神獲利導向的成功標準與公共組織的非獲利、公益取向活動是有所衝突的。(Bozeman, 1993)因此，主張此一概念者就必須設計出一種能具有競爭又配合實況的環境 —— 進入真正競爭市場或建立所謂虛擬之組織競爭；前者即如民營化。而虛擬之組織的競爭，其倡議者之立論則為在公部門的不效率日益惡化且無法以傳統政治控制機制補救的情況下，就應引進競爭的模型來刺激改變。不過，虛擬的組織競爭在傳統行政中有其推動之困境。首先，在傳統行政裡，其具備了穩固的權限體系，就其控制而言，會防止對立發生，甚或藉由建立可應用的規則而化解競爭；其次，對權限的固定及防止義務重疊等原則是傳統行政保障人民的機制，不會因與虛擬之組織競爭有所衝突而放棄；第三，推動虛擬組織競爭將造成組織本身之重設計，困難太高；第四，就算競爭已被建立，對於準市場仍有其要求，如建立最大之進出市場的自由、使雙方均能容易地取得品質和成本的資訊、交易成本不應大於收益、預防任一方的「利用」心態等。無疑地這些原則實在很難適用於公共行政上。對此，一種

替代的辦法則是將公私部門財貨的供給者置於相互競爭的地位，以提升效率。(Kettle, 1994)

三、執行管理(Executive Management)

公共行政的執行功能深受法律的規範，其所執行的法律係立法機關所通過，並且亦須遵從行政的政治領導人的指揮。在傳統公共行政裡，公共行動被冠上守法主義的思想，此被認為與理性國及理性之行政法有關。在歐陸，行為的情境設計已由管制逐漸轉變為社會福利國之權限及受益，但由於福利國所提供的服務很難由受益人一一指明，故需發展出新的溝通模式。今天，行政行為已不是單純的沿著法律事實一結果前進，而必須考量目標最終計畫及手段等複雜因素。歐陸守法主義之系絡現已納人行政行為之過程一結果導向的思考方式，此係目的論詮釋法律執行時，手段與目的之比例原則而來，例如行政行為不可忽視效率和效能。但此一要求卻不易達成，公務員或許有充分的政治敏感及評估經濟環境的能力，但在行政執行程序的效率及效能就變得較差了。相較之下，美國管理導向的態度，及政治家對公務人員的批判與要求使美國在效率效能與公共事務的連結上，比歐陸具備了更好的社會一科學評判標準。因此，當吾人在此談到執行管理時，歐陸應在不徹底打破傳統行政的情況下對效率效能等社會一科學層面多給與討論的範圍，此乃由於1.資源的稀少性將逐漸影響公部門。2.在產品生產的分配上（指國家與市場）仍存有矛盾；換言之，即服務究應由政府或市場來提供。上述這二點，也可說是歐陸行政內部現代化的主因。不過，在民主、政治及經濟等原則的通盤考量下，企業精神管理的模式，較為適用在公營事業等可在開放市場競爭的組織,而不適用於傳統行政的核心。最後，當傳統公共行政藉由憲法的規定來定義其本身時，即顯示出其已超越了專業及技術層面 —— 在有形的規定下公共行政行為係由

人民所負託，是受到監督，並且要注意手段和目標間的比例關係與正當性。換言之，對公民的服務不是僅限於條文式的慣例，其真意是在確保公平與正義。在這個政治、利益、政黨相互糾葛的社會，定義在憲法之國家規定的傳統公共行政方才有助於社會的穩定。

肆、歐陸主義的公共行政

一、現代行政(modern administration)

公共行政變遷常與改革概念相聯結，聯邦共和德國(Federal Republic of Germany) 1989 年以前的行政史如同改革史，包括土地行政改革、行政組織內部改革、文官改革、預算計劃改革、官民關係改革，以及公共機能之改革年代等，行政科學與行政實務的「改革」，常常係指歷史過程，這歷史過程包含更深的社會變遷。例如第三世界之行政改革，常與從傳統管制解放、建立高度分化的政治行政機制相關；後工業國家的政府、經濟與社會已轉變，則被視為改革國家。(Bozeman, 1993)

從另一方面而言，西方工業化國家組織成立經濟合作發展組織OECD，在行政事務上，「現代化」一詞似乎已代替改革字眼，競爭成為現代化的概念。現代社會的基本特點為分化成為一些相當獨立的子系統，並有其個別的主義（原理原則）(principle)，如經濟體系受私有財產、市場與競爭的主義思想所支配，政治行政體系受人道、民主與憲政秩序思想支配，現代行政管理的特徵則為韋伯的官僚體制：官僚體制思想源自巴伐利亞、Austria 與法國之普魯士行政的歷史背景影響。(Heady, 1987)

若現代行政為官僚體制，其結構特徵具體出現在二十世紀後期，仍可在民族國家層級發現，事實上，傳統國內事務（公共安全、交

通、健保等）已逐漸超越國家層級，成為國際跨國組織所解決之問題。有關東西德統一後地方政府體系的差異，有人會從民族國家層次的思維來看其中差異。但以這種思維方式，很難明確辨別公共管理(public management)與國家行政(national administration)經驗之間差異的特點。然而，進一步觀察可明顯得知，是國家、法律及行政之文化差異，造成歐陸國組成之歐盟(European Union)與大不列顛之間的分別。相對地，新公共管理——包括美國的新政府運動(Reinventing Government)是盎格魯—美國(Anglo-American)的運動，此運動因文化差異無法推展到歐陸(Fox & Miller, 1995)。

因此，美、英、加、澳洲、紐西蘭等國趨向管理人官僚體制(managerialist bureaucracies)，奧、法、德、義等國趨向依法行政官僚體制(legalistic bureaucracies)是歷史差異造成。歐陸的行政，被稱為傳統行政體系，存在時間比民主國家存在時間還久，為歷史之產物；而英美公民文化行政的官僚體制，則是民主與參與公民公民化之政治領域下的產物。歐陸公共官員的角色為「公僕」，較重專才，權力的後盾為法律，英美公共官員的角色為「管理者」，較重通才。

二、後工業行政(post-industrial administration)

公共行政就現代性言，仍未達歷史終點，仍在不斷之改變，把公共行政解釋為社會體系時，其存在一方面基於系統本身的秩序，另方面係複雜易變的社會環境，起初，人們會假定任何行政改變必因動態社會所引起，工業社會過渡到後工業社會，行政也會改變。

工業主義為現代化之基礎，不僅形塑經濟體系與社會，也塑造國家地位，基於分工、提高生產、分離休閒時間之形式，技術專門化與有方法的工作程序等，也是公共行政的特徵，專業技術會導致權威減少，工業社會影響國家也會影響行政，將行政擴張入新社會、經濟、技術的觀點。工業社會下的休閒社會、資訊社會等在在需由

行政處理，於是擴大了公共行政，其原因不僅是後工業特徵服務型社會之結果，也因為有些社會缺陷無法僅由市場及私有財貨解決，必須透過行政過程及公共財彌補。

三、後現代行政(post-modern administration)

後現代社會的生活的特徵，是回到自然、接近自然，人類活動與環境整合。各種想法應用在社會關係上，為自我決定、自我完成、自我發展。大範圍的社會服務經由個人及集體行為「自己動手做」(do it yourself)之結果，行政產出與公共財分配都減少，包括質與量。公部門物質與服務產出必須分權分散，組織多元中心(polt-center)，公共管制與計劃集中在較低層次的行政。(Clegg, 1990)

後現代公共行政丟棄教條、憲政主義，共產主義也被認為過時。後現代思想，並無結合的概念（如政治與法律、國家與行政），而是片斷、割裂(fragment)的思想。公共行政以談判代替權力，權力並非來自團體，而是來自複雜的策略情勢，由不平等關係之交互作用所組成。

後現代割裂思想中，與行政有關的是公共行為的合法化、減少多數主義的影響，提升少數，就後現代基本法則——"anything goes"言，國家、法律、政府與公共行政並非其生活範疇，而是「新」的思想形式。

但也有要求以下的聲音：廢除市經理職位，直接選出市長，提出新領航(new mode steering)口號，代表政治與行政分離的，即政治市長與行政市經理分離的二元論；也有要求總統直選、總理須經國會同意的聲音。

後現代也被解釋成以下對照：現代社會功能分化及獨立理性，被現存之分工、責任分配、及參與權力之反分化與解組所取代。

私經濟組織與國家組織之間，有三項不可避免的衝突：⑴公共

行政無法擺脫固定系統限制，特別是政治。在顧客導向下並不意謂生產、分配、消費環境被擺一邊，一般大眾仍不可能被允許加入公共行政；⑵在環境極複雜下，行政體系運作本身也須有適當的複雜性；⑶權力的限制對公共行政的關係，必須妥慎安排。

四、後官僚行政(post-bureaucratic administration)

若行政行為不僅受環境影響（包括社會、經濟、國家），也受其固有的體系本身所影響，那麼公共行政的現代化也必須透過文官允許，此便可說明行政改革常常臣服於官僚抗拒。根據主義原則，有高度功能分化的官僚行政，是現代化的樑柱。非官僚式的辦事方式，常是民選政客的承諾。

目前，公共行政官僚體系正受到挑戰，新公共管理與新政府運動已推展至德國，在地方自治層級受到歡迎。所標榜為市場、競爭、企業與顧客，有些人認為結果導向途徑、品質、產出、服務、顧客導向行為、獎勵、消費者選擇、價值績效，已明顯從「官僚」到「後官僚」典範移轉(Konig, 1995)。

從盎格魯—美國觀點，管理官僚之典範，已從行政管理移轉到企業精神管理，簡單說明如下：1.企業精神行為的概念，與市場經濟密不可分，產出包括財貨與勞務。2.須有配合環境，如市場與競爭。3.競爭要有績效誘因。4.就公共福利言，並無市場比國家優越，也無國家比市場優越之先驗性。5.人們必須分辨市場機制下私有財貨，以及政治行政決策過程中的公共財二者之差異。6.在自然定律下，並無次要的主義原則。7.任何這類命題都基於政治、法律、經濟、社會文化以及人類部門。8.結果是並非所有事物都能以經濟理由做為私有化考量。

競爭的條件是減少限制，因此要允許虛擬組織的競爭與準市場，但在公共行政並沒有太多可依賴的經驗。但是典範從官僚體制移轉

到後官僚行政，必會深入影響社會文化及公共行政，即使在真實經驗世界建構了若干模型（如：英、紐、澳）超越，但單一的證據仍不足證明公共行政的典範已轉移，此也正是說明為何新公共管理在歐陸的發展和英美發展有極大差異的原因。

參考書目

Bozeman, Barry

    1993   *Public Management: The State of the Art.* San Francisco.

Clegg, Stuart R.

    1990   *Modern Organization Studies in the Postmodern World.*

Fox, Charles J. and Hugh T. Miller

    1995   *Postmodern Public Administration–Toward Discourse.*

Goodsell T, Charles

    1993   "Reinventing Government or Rediscover It?" *Public Administration Review.*

Heady, Ferrel

    1987   *Public Administration–A Comparative* (4th ed.). New York: Basel.

Hood, Christoper

    1991   "A Public Management for All Seasons?" *Public Administration,* 69.

Kettl, Donald F.

    1994   *Reinventing Government? Appraising the National Performance Review.* A Report of the Booking Institution's Center for Public Management.

Konig Klaus

1995   "Transformation als Staatsverantaltung," in Leviathan Son-
        derband (ed.), *Transformation in Mittel-und Osteuropa.*

Mascarenas, Reginald C.

1993   *Building an Enterprise Culture in the Public Sector:Reform
        of the Public Administration Review.*

Moe, Renald

1994   "The 'Reinventing Government' Exercise: Misinterpreting
        the Problem, Misjudging the Consequences," *Public Ad-
        ministration Review.*

Pollitt, Christopher

1990   *Managerisalism and the Public Services: The Anglo-Ameri-
        can Experience.*

Pollitt, Christopher and Greet Bouckaert

2000   *Public Management Reform: A Comparative Analysis.* New
        York: Oxford University Press.

Stillman, Richard

1991   *Preface to Public Administration: A Search for Themes
        and Direction.* New York.

各國行政改革之比較及其對我國之啟示
——面對千禧年政黨輪替後的新思惟

江明修
政治大學公共行政學系教授

許文傑
政治大學公共行政學系博士

梅高文
政治大學公共行政學系博士班研究生

摘　要

壹、前　言

貳、國家與社會分析

參、各國行政改革之比較

肆、各國行政改革之趨勢

伍、各國行政改革之反思及其對我國之啟示

陸、結　論

摘　要

　　任何改革的背後必定有其深層的理念、動機與目的，本文擬首先以「國家與社會分析」解析當前變動中國家政府的角色定位，並依此導出行政改革的兩種策略——「社群途徑」與「市場途徑」。其次，本文將依據上述的時代背景需要，探討世界各國近年來風起雲湧的行政改革，是否有著共同的時代趨勢與世界潮流？各國過去所進行的改革之主要重點與成效為何？並探索各國在進行各項改革之前的政治、經濟和社會背景因素，及其所提供的改革動力。其次，將試圖提出各國改革經驗可能給予我們的啟示為何。

　　1999年11月21日，包括美、英、法、德、義、巴西等六國領袖齊聚義大利古城佛羅倫斯，共同思考由英國首相布萊爾所提出的「第三條路」政治理念，探討如何使社會正義與經濟成長兩者兼容並蓄。對此，常自詡為迎合世界潮流的我國政府，是否也要開始將「企業型政府」拋於一旁，而開始搖旗鼓吹「第三條路」的改革方向呢（今年3月總統大選後，中央政府的政黨輪替似已宣告「企業型政府」的改革方向在國內已經失敗，而新任總統陳水扁所提的「新中間路線」則似已預告了此一方向）？事實上，不論是「企業型政府」、「政府再造」或是「第三條路」，都只是行政改革理念與工具的一種選擇，至於何種較適合，則必須深入考慮各國的系絡與國情，以及重新探討政府的職能與角色，而非只是為了迎合世界潮流。同時，各種改革的理念與工具，都應考慮社群的需求與民眾的參與，而非只是套裝工具的引進，否則難免產生「橘逾淮為枳」的情形。

關鍵詞：行政改革、公共性、社群主義、民主行政、新公共行政、
　　　　企業型政府、新公共管理、政府再造、第三條路

壹、前　言

　　環視國際，當前世界各國為因應二十一世紀的挑戰，莫不積極從事行政改革❶，進行國家發展的整體策略規劃與政府結構功能之改造。其目的，一方面要摒棄傳統政府萬能的觀念，另方面則企圖引進現代企業的經營理念，提高政府的效率與效能，迎接新世紀的國際競爭環境。

　　行政改革乃是對公部門運作績效所作的一種誘導性有系統之改善(Caiden, 1991: 1)。在當前強化國家競爭力的任務前提下，行政改革的內容與實踐，即涵蓋了機關內部管理的效率、公共政策制訂的效能，以及如何結合民間社會力與民脈之「社會設計」的落實，並且旁及有關「民營化」與「政府再造」等系列思辯。

　　此外，環境因素亦是促成行政改革的動力。行政改革是為克服各種外在政治、社會、經濟和文化環境因素，以及內在官僚行為的阻力，以轉換行政的過程。換言之，行政改革和效能提昇必須因應政經結構的調整。行政改革乃是一不斷變遷(change)、創新(innova-

---

❶　本文所稱「行政改革」(administrative reform)一詞，乃廣義地指涉任何有關公部門文化、任務、結構、程序、設備、運作等層面有意識的變革(change)、重組(reorganize)、重構(reconstruct)、改革(reform)、再造(reinvent)與創新(innovate)，亦等同於「行政革新」(administrative innovation)、「文官改革」(civil service reform)、「政府改革」(government reform)、「行政現代化」(administrative modernization)、「行政發展」(administrative development)、「政府再造」(reinventing government)，甚至包括「政府改造」(reengineering government)、「政府授能」(empowerment)、「創業精神」(entrepreneurialism)、「政府轉型」(transformation)、「行政組織重組」(reorganization)、「政府組織調整」、「跨世紀國家建設」、「提升國家競爭力」等措施皆是。

tion)和演化(evolution)的過程，當公部門某些行政結構或程序已經不符合社會與政治環境的期望時，政府便會採取某些行政改革措施，以改善這些行政結構或程序(Chapman, 1990: 59)。另者，行政改革也必須尋求國家與社會資源的整合，共謀行政能力之改革及社會公義之確保。

任何改革的背後必定有其深層的理念、動機與目的，本文擬首先以「國家與社會分析」解析當前變動中國家政府的角色定位，並依此導出行政改革的兩種策略——「社群途徑」與「市場途徑」。其次，本文將依據上述的時代背景需要，探討世界各國近年來風起雲湧的行政改革，是否有著共同的時代趨勢與世界潮流？各國過去所進行的改革之主要重點與成效為何？並探索各國在進行各項改革之前的政治、經濟和社會背景因素，及其所提供的改革動力。其次，將試圖提出各國改革經驗可能給予我們的啟示為何。

貳、國家與社會分析

豬口孝指出（劉黎兒譯，民 81），位居統治地位的國家與被統治對象的社會之間，彼此互動而產生各式各樣的緊張關係，因而造成政治發展與社會變遷的動力。因此，國家與社會互動關係的解析將有助於吾人省思行政改革之方向。

公共行政學者 G. E. Caiden (1991: 1)認為，無論東方或西方國家，均可發現許多相類似的行政問題，如行政傲慢、無效能、無效率、行政帝國主義(administrative imperialism)等病象，究其根源乃為國家對社會宰制性太強所致。而且，此種國家對社會之控制，常以「國家統治主義」(statism)、「菁英主義」(elitism)和「集權主義」(centralism)等三種不同形式及其混合風貌展現出來。

然而，Caiden (1991)也指出，國家與社會之間的關係不一定是

「零和」賽局，反倒可以形成「雙贏」和局，惟若國家對社會的控制太強，反而會使國家的統治力和自主性降低，最後形成「雙輸」困局。因此，就公共行政而言，如何使政府同時具有「民主性」和「效率性」，並建構國家與社會之間的協力關係，以整合國家和社會資源，確實是最重要的課題之一。

為了達成國家與社會資源整合的雙贏目標，公共行政宜重新衡量其角色，亦即，應從國家統治工具的「威權行政」角色（即官僚性政府），轉變為結合個人自由和公共利益的「民主行政」機制（即社群性政府）。

事實上，隨著行政機關主宰性的增強，一般社會大眾對公共事務的冷漠感和邊際化情況也愈來愈嚴重，為了建構結合國家與社會力量的「社群性政府」，及發揮其「民主行政」之功效，實有必要加重「公民責任」和提昇「公民意識」與「社群意識」，使行政組織與公民社會合而為一。而此種整合政府和公民社會力量之嘗試，或可協助吾人跳脫國家與社會對立的思維方式，積極走向建構既民主又有效率的「民主行政」之道。

在試圖建構「國家與社會」及「政府與社群」之間的統一辯證關係時，本文採取「社群主義」(communitarianism)之觀點，期望尋求和建構個人自由（小我）及其外在社會環境（大我）之間的良性連結關係。事實上，如同 D. Bell (1993: 1-15)所特別強調的：過度的個人私利追求，將摧毀吾人所賴以為生的社會網絡，而社群主義之提倡，正可以消極防止「小我─大我」、「社會─國家」及「民間─官方」共同合作關係的淪喪，也可以積極提供建設更美好社會及具社群關係政府之基礎。

政府與其外在社會環境之間，實呈現不可分割的互動關係，亦即，政府受其所屬社會系絡之影響，因為社會衝擊可以改變公共行政人員的思惟方式，同時公共行政人員也是依其認知、知識和經驗

來詮釋社會情境。事實上，具社群關係的政府是「活」在社會、國家和個人之間持續不斷地互動當中。

　　就社群途徑的行政改革策略而言，主要包括「發展非營利組織」、「參與社群發展」、「傾聽民眾心聲」、「回應性的基層行政組織」、「代表性行政組織」等作法（江明修，民 86: 56-70），其主要肇因於新公共行政學派(New Public Administration School)在六〇年代末期於美國興起後，對公共行政的理論建構和實踐策略所產生的衝擊。H. G. Frederickson (1971; 1980; 1997)於其著作中即一再指出，新公共行政學派較強調行政實踐層面之「公共」、「診斷」、「顧客導向」、「規範」及「參與」等特色，而非如傳統行政所重視的「一般」、「描述」、「制度導向」、「中立」和「控制」等面向（表一）。近年來的公共行政思潮與行動取向，大致上即以具社群關懷為導向的「公民參與」運動為中心，並對政府改革產生相當大的衝擊。

表一：　新公共行政與傳統行政之特色

面向	新公共行政	傳統行政
特質	公共	一般
方法	診斷	描述
方向	顧客導向	制度導向
價值	規範	中立
管理	參與	控制

資料來源：作者整理

　　「公民參與」的呼聲，主要源於對政府無力回應民眾需求，以及對政策目標和執行能力之間嚴重落差的反省；也肇因於對當前政府太大、太遙遠、太無人情、太複雜和無力解決緊急事件的不滿。它反映出民眾由挫折到不滿，終至採取直接行動，以參與政府政策之規劃和方案之執行來協助政府從事公共服務工作（陳金貴，民81）。

　　B. Baber (1984)點出政府的無能主要表現在三個方面：行政機構的癱瘓、公共事務的私有化，以及民眾對政府的疏離和冷漠。其認為，上述政府無能的問題，實肇因於自由民主主義傳統對政府的錯誤主張和不信任態度，且並未在政府架構中為公民參與、公民責任、公共利益和公民美德留下任何空間。影響所及，造成的是更多個人自由之促進，而非社會正義之保障；更多人與人之隔離，而非人與人之凝聚。Baber 特別強調，「公民參與」乃是民主政治的核心，如欲解決政府無能和自由民主主義所產生的危機，宜將「強健民主」建立在公民參與和公民義務之上。其具體實踐之道則宜從讓行政與政策多具些社群關懷開始落實，亦即應將政府轉型為「社群性政府」。

　　相對於社群途徑，另有部分學者主張，應將傳統上認為需由政府所提供的公共事務，部分轉移給市場部門，此即為市場途徑的行政改革策略，希望透過「民營化」(privatization)等作法，建構「企業型政府」(entrepreneurial government) (Osborne and Gaebler, 1992)。

　　公共事務「民營化」為美國八〇年代相當具有影響力的概念與作法，其學術傳統植根於「自由市場經濟理論」，並在此種自由經濟的世界觀指引下，抨擊公部門大而無效率，並指出公部門所承擔的大部分功能，均可直接或間接由較有效率的私部門來負責，或以市場運作來替代(Savas, 1985; Butler, 1985)。然而，此種以「經濟準則」掛帥，卻嚴重忽略公部門「公共特性」——法律地位和政治角色——的主張，亦引起了不少學者的質疑(Leman, 1984)。

　　由於民營化政策目前是公共事務領域中的重要主題，對於行政組織結構與設計、公共政策、公私部門分界及人力資源等，均有相當大的影響（詹中原，民 82: 27）。所以，更進一步分析，民營化絕對不應是一個單純的經濟機制之轉化而已，在一個由具備了「公民資格」的公民所共組的「公民社會」當中，民營化應被視為公共事務之重要議題。換言之，應以「公共」的推理來評析民營化政策，

以便能從民營化政策的解析當中，反思其固有邏輯及既存體制，政府實不可以民營化為藉口，掩飾其不願承擔為民服務之責。任何的民營化措施，從公共行政觀點而言，如果不能提昇「公共利益」，彰顯「公共價值」，即使美其名能增進經濟效益，終難辭「捨本逐末」和「拋棄公共責任」之咎。

因此，政府在推行民營化時，切不可將民營化視為單純解決當前政經危機的權宜之計，即一方面固應尊重市場機能運作法則，另方面也應重新檢視政府在經濟事務中的角色與責任。

公共行政的基本目的在於實現公共利益與社會價值，而企業管理則著重商業利益的考量，二者在本質上及目的上均有相當大的差異。因此，如果政府只強調公共行政與企業管理相同的組織與管理技巧，那麼，當我們面對的是公平、正義與公共哲學等價值，而不只是效率的考慮時，很可能就忽略了公共行政的行動應該放在倫理與法律的系絡中來考量（吳瓊恩，民 86: 9）。因此，我們在將「企業精神」應用於政府部門時，必須特別注意政府本身職能的公共特性，以及若干事務之不可取代性。

參、各國行政改革之比較

各國近一、二十年來的行政改革運動，其肇因與做法多少均有若干相似之處，但因不同的歷史背景與系絡環境，亦各有不同的改革策略。以下擬針對各國推動行政改革的策略與特色，分別從改革理念、改革肇因、改革目標和改革策略，加以比較與闡述。

一、改革理念

1980 年代以前的行政改革，大多均在傳統官僚體制的理念架構下，以如何提昇行政效率為目標，從組織結構的調整與重組來進行

改革。近一、二十年來在新右派的鼓吹下，逐漸轉向管理工具的改革，試圖將私部門的成功管理經驗移轉至公部門，此一風潮被統稱為「新公共管理」(new public management)。

包括英、紐、澳等英裔國家，在這股新公共管理風潮的影響下，似多採取「小政府」的走向，將過去政府大小通包的治理型態，轉由社會、市場來承擔，因而發展出所謂民營化、市場競爭、組織精簡等做法。

然而，與英裔國家不同的法、德、日、中共等國家，雖然也引進了「新公共管理」的作法，但由於其國家的歷史傳統因素仍佔有很大的影響力，因此，基本上仍是在既有的行政制度內進行管理工具的改造，或是侷限於地方性的改革，鮮少觸及政府基本角色與功能的轉變。例如，日本政府一向有非常強烈的菁英／官僚主控色彩，其行政改革乃由官僚體系所主導與推動，多從行政體制的結構面來進行改革。

新加坡的特殊性則在於，新加坡政府曾受英國殖民統治，英國貴族化文官的傳統，多少影響了新加坡人民對政府體系的信任、尊重與期望。因此，在其脫離英國獨立建國後，即以持續改革與健全政府體制，作為執政者最主要的施政基礎，試圖以廉能的文官與嚴格的法制維繫政府的公信力、公權力與公能力。

至於中共，在其他共產政權相繼垮臺之後，不斷受到自由民主國家與資本主義經濟體系的挑戰，在全球化的衝擊之下，為了維持政權穩定與經濟發展，也不得不加緊改革開放的腳步。惟在改革開放與引進民主制度和市場制度之時，中共仍認為必須確保共產黨的統治地位，以及維持社會主義的基本體制。

法國與德國則一方面受其本國的行政傳統之影響，另一方面也多少受英美等國新公共管理風潮之衝擊，亦引進了民營化、組織精簡等觀念，來改造政府的角色與功能。因此，除了其本身的文化、

制度等傳統基本理念外，英美國家的改革風潮與理念也多少吹動了德、法行政改革的風向球。

二、改革肇因

行政改革是一持續性的工作，幾乎每位執政者在其上任之初，均想透過行政改革的手段，對過去政府的不良積習與制度加以改絃更張，並配合其特有的施政理念和策略以突顯其政績。因此，行政改革的作為在古今中外屢見不鮮。不過，每一個時代的變革固然是為政者個人企圖之展現，但也與當時的時代背景息息相關，其改革策略與作法也多少受過去改革經驗所影響，因此，我們在分析當代各國行政改革之時，有必要對其過去的變革經驗和當時的社會背景有所了解，才能充分掌握當代變革的精義，並供吾人之借鏡。

在各國行政改革的肇因中，可以約略區分為政治因素、經濟因素、社會因素與行政因素等四個面向來加以探討，茲分述如下：

㈠政治因素

許多政治人物一旦掌權執政之後，為了要展現新人新政，藉良好績效以爭取連任，無不大刀闊斧地推動改革行動，睽諸美國的卡特、雷根、柯林頓總統，英國的柴契爾、梅傑、布萊爾首相等，率皆如此，均企圖以新的改革行動鼓舞民心。

其次，由於西方各國在社會福利政策方面的大量支出，造成政府龐大的財政負擔；另一方面，政府雖然管的事情很多，但是社會問題卻同樣層出不窮，因而引發人民對政府治理能力的質疑，此即所謂「政府失靈」的問題。在各方意見交相批評之下，讓公共服務回歸社會或市場的呼聲應聲而起，尤其是市場機能一向被認為具有效率化的功能，因此，縮小政府角色就成為現代改革的一股潮流。包括英、美、加、紐、澳、德，甚至我國等，都受到這股新右派潮

流的影響，企圖將政府的角色與功能加以縮小，一方面讓公共服務藉由市場機能提昇品質、增加民眾的滿意度，另一方面亦可減輕政府沉重的責任。

除了新右派風潮的影響外，英、德、法、日以及我國等，近年來也因為地方政府爭取自主權的需求，使得中央政府必須將過去中央集權的行政體制改絃更張，重新調整中央政府的角色，並將權力下放地方。因此，地方的分權化也促使行政改革的推動。

此外，各國經常有政府官員因政治醜聞而辭職下臺，因此，政府領導者也屢屢將整飭政治風氣視為改革的重點，此亦經常是人民期望政府積極改革的工作。

㈡經濟因素

本文所討論的幾個國家，大多皆屬於社會福利制度較為健全的國家，但是也因為如此，政府每年必須負擔龐大的移轉性財政支出，拖垮了政府的預算與經濟，而經濟衰退和失業率的上升則造成政治、經濟秩序的不穩定，再加上稅賦的負擔逐年加重，人民更加抱怨不已。

另一方面，國際經濟自由化趨勢所造成的競爭壓力日漸加劇，形成各國政府相當大的改革壓力，因此對於如何促進國內經濟的健全，節省政府的行政成本，以及提昇國際競爭力，自然是執政者首先要面對的課題。

近年，歐體經濟整合的腳步加快，法、德二國在面對歐體單一貨幣整合時，亦對其國內的財政壓力帶來不小的衝擊。而新加坡雖然沒有明顯的財政、經濟壓力，但是，其追求國家全面性的競爭力，讓它在近幾年的國際競爭力排名中始終名列前茅。

㈢社會因素

　　現代社會問題日漸複雜，人民原本寄望萬能的政府能夠拿出辦法來妥善解決，但是政府行政效率低落、功能不彰，加上經濟蕭條所帶來失業率的增加與更多的社會問題，均是造成人民對政府不信任的重要因素。然而，這些社會問題的複雜性與專業性，似乎遠非傳統的政府功能所能處理，因而必須在原有的組織結構與功能中重新調整和強化。而現代化的科技進步，對許多原本由政府所提供的公共服務，產生了革命性的影響，不但可以立即有效地解決需求，更可以提高服務品質。因此，將新的科技引進政府機關，可以說對行政改革提供了一項利器。例如，美國與加拿大在運用資訊科技於行政改革方面，即相當值得借鏡。

　　此外，雖然政府失靈造成民眾的需求無法滿足，但是，民間社會力量的興起剛好提供了另一選擇途徑，政府因而可以進一步思考如何重新定位自己的角色與功能。許多公共服務從以往的政府包辦，轉移到由民間提供，或許更能符合人民的需要。換言之，社會需求的各項公共服務不必然是政府的責任，而應當由政府與公民所組成的大社會來共同承擔。

(四)行政因素

　　面對日益複雜的社會問題，傳統的政府功能實已有些力不從心，但是，由於官僚體系本身的保守、消極與被動，對於社會問題的解決無法主動加以回應，因此，常須等待外在的力量進行改革行動。然而，對於這樣的變革，官僚體系本身由於既得利益或惰性，往往抗拒改革，致使各國執政者推動革新運動時倍感困難，改革運動往往也因此而雷聲大雨點小，甚至最後落得無疾而終。所以，各國政府在推動財政、經濟改革之同時，也必須配合進行文官制度與文化的變革，從官僚體系的基因上做根本性的改變，並同時進行各種制度性改革。

在吾人所論述的各國改革經驗中，許多執政者也體認到官僚體系的此一特性，對此做了許多的改革行動。例如，英國的柴契爾首相就對官僚的無效能深感厭惡，因而在上任後首先就向文官制度開刀，試圖改變文官的行政文化與服務態度。然而，如此重大的改革也容易遭到來自文官體系更大的反彈壓力，英、加、紐、澳等國均曾受到官僚反彈所造成的不良效應。

三、改革目標

針對上述的改革肇因，各國政府在推動行政改革之時，必會設定若干預期目標，這些目標可大略歸納如下：

1. 解決財政與經濟危機：許多改革壓力源自政府擔負沉重的預算赤字，因此，寄望以改革的手段徹底解決財務困境，並間接得以以財經政策刺激國內景氣，恢復民間經濟繁榮。幾乎所有國家均或多或少遭受財政和經濟的威脅，因而，此一目標自然成為改革的主要重點。

2. 提高服務效能與品質，滿足民眾需求：政府效率、效能低落久為人們所詬病，因而造成人們對政府能力的質疑與不信任。緣此，一個民主國家在政黨交替執政的制度下，必須以如何爭取選民的支持為其主要訴求，顧客至上、服務品質的提昇自然成為各國所重視的目標之一。

3. 培養廉能的文官體系：要提供高品質的公共服務、滿足顧客需求之前，首先要對內在顧客——即政府文官——提供有效的激勵，使其願意盡心盡力地表現最好的績效。因此，各國的做法除了積極和制度化地對文官體系進行培訓之外（如加拿大、紐西蘭），也設置高級文官制度，以彈性和有效的方式延攬優秀人才。

4. 提昇國家競爭力：所謂競爭力是一種綜合性指標，當然也包

括國家經濟力和政府效能等許多不同層面的指標，因此藉由全面性的變革，可以同時帶動政府與民間各界，共同為國家的發展而努力。將國家競爭力視為政府最主要的目標，則以新加坡最為顯著。我國行政院前院長連戰，亦曾以之做為政府行政改革的最重要目標。

四、改革策略

行政改革不僅要有理念與目標,也應該要有適當的策略或方法,才能針對問題提供有效的解決良方，進而藥到病除。D. Osborne 與 P. Plastrik (1997)曾為行政改革歸納出五種行動策略（表二）。

表二：行政改革五項策略

槓桿點	策略	途徑	舉例
目標	核心策略	目的明確 角色明確 方向明確	柴契爾的民營化策略，進階計畫將決策與執行分離。
誘因	成果策略	競爭管理 事業管理 績效管理	英國的「市場測試」及開放公私部門之間的競爭。
課責	顧客策略	顧客選擇 競爭的選擇 顧客品質保證	英國梅傑首相所提出的公民憲章，強調顧客至上。
權力	控制策略	組織授能 員工授能 社區授能	英國的「進階計畫」將執行的責任與權力，從以前的部會下放到執行機關。
文化	文化策略	打破習慣 觸及核心 贏得民心	加拿大以「公共服務2000」的計畫，為文官塑造未來的願景。

資料來源：整理自Osborne & Plastrik (1997: 39–43)

從各國所運用的改革策略來看，首先，核心策略意指重新界定與區分政府的角色與目的，其中以英國的進階計畫最受矚目，其將

政府的功能嚴格區分為「決策」與「執行」，分由不同部門負責；紐西蘭亦仿效英國，重新定位政府的角色與功能，區分政府的一般業務與商業活動，屬商業性者逐步民營化，屬一般性者則加強其功能。

其次，在成果策略方面，過去評估政府績效大多只以投入資源的多寡來衡量績效，並認為許多公共服務無法衡量，故不予重視。然而，幾乎所有國家均相當重視政府的產出績效，為達到高度的績效成果，以市場的競爭機能來提昇產出已是各國普遍的趨勢。

第三，課責方面強調必須對人民負最大的責任，此即「顧客至上」的觀念，包括英、美、加、新加坡等國均相當強調此一觀念，並提出實際的做法予以落實。

第四，就權力的控制而言，改革的趨勢是將權力從以往中央集權控制，逐漸地下放給其他機關，例如英、美、加、澳洲等國，而英、法、德、日更在地方分權的壓力下，將權力下放到地方政府。

第五，文化策略旨在轉變過去政府高高在上的態度，以及官僚體系保守和惰性的特質，而以服務人民，主動創造高效能政府和高競爭力的國家為使命。行政改革的推動必須倚賴官僚體系的全力配合，要改變官僚文化確實不易，新加坡在這項策略上的應用極為成功。

此外，「世界經濟合作發展組織」(OECD)也歸納其會員國在近年所致力於改革的策略，不外以下七種主要途徑：授權、結果導向、服務品質導向、適應性組織結構、發展有效能的人力資源領導、法規鬆綁，以及加強導航功能(OECD, 1997)。

雖然各國所採取的策略有著相當大的重疊性，惟大致而言，英美體系國家的政黨輪替牽動著政策的走向，亦即不同政黨間的政策差異較為明顯，政策敏感性較高。相對起來，法國、德國、日本、新加坡和中共等非英美體系國家，法制主義的色彩較重，官僚體系的主導性較強，因而政策敏感性較弱，政策較具穩定性。

肆、各國行政改革之趨勢

　　從各國所進行的行政改革理念與策略中，基本上可以發現有一個主要的潮流趨勢，此一趨勢造成政府角色的革命性轉變，即將傳統上只能由政府提供的公共服務，部分轉由非政府部門提供，亦即所謂「民間化」的潮流。而所謂「非政府部門」當然包含了「營利組織」與「非營利組織」，前者乃一般所稱之「民營化」，後者則是在政府與營利企業之間，由社會所提供的第三種選擇。

　　據此，吾人可將各國調整其政府角色與功能的趨勢，建構成一個分析模型（圖一）。在此模型中，縱軸表示「民間化」的程度，上方是傳統的「國家中心論」，由政府包辦一切的公共服務功能，國家干預社會的程度較高；下方則為「社會中心論」，公共服務轉由民間社會來提供，國家干預社會的程度較低。橫軸則是代表政策重效率或政策重分配之別，向右偏效率取向稱為「市場化」，由企業來提供這些公共服務，向左偏分配取向則稱為「社群化」，是由非營利組織與公民社區來提供原來由政府提供的公共服務功能。因此，前者所建構的政府型態就是所謂「企業型政府」，後者則為「社群性政府」。

　　從各國的行政改革中可以發現，各國政府近年來均面對日益複雜的社會問題和低落的政府效能，政府已無法完全滿足民眾的需求與期望，因此必須將原本由政府包辦的公共服務轉由民間提供。目前，除了中共之外，各國行政改革的共同趨勢乃是由傳統的國家中心論，走向社會中心論。而在實際的改革策略上，則是考慮國家的背景特性與現實需要，採取市場化的途徑或社群化的途徑。

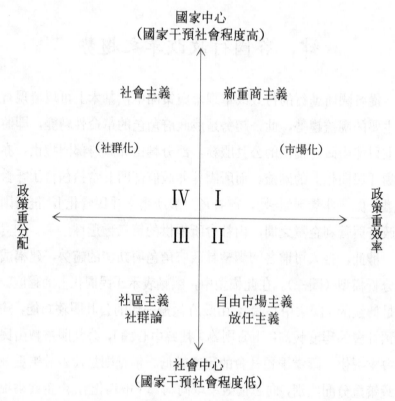

圖一: 各國行政改革趨勢的分析模型
資料來源: 作者自製

英國是一個社會主義色彩濃厚的國家，但是在柴契爾與梅傑主政的時期，卻成為現代新右派政府的代表，其所採取的改革策略大抵希望能夠以市場來取代政府。然而，自工黨布萊爾首相上臺之後，「第三條路」(The Third Way)則旨在將右傾的政策主張拉往中間偏左的方向（鄭武國譯，民 88；馬永成、陳其邁譯，民 88）。因此，英國目前的改革趨勢，顯然是從模型中的第II象限趨向第III象限，成為較接近社群主義的國家。

美國原本就是一個強烈的資本主義國家，雷根總統時期的新保守主義即為代表。柯林頓總統上臺後，雖然積極想要建構一個「小而美」的「企業型政府」，其一方面精簡政府組織員額、簡化人事法

規、充分授權，希望政府更有效率；然而，另一方面，柯林頓也積極推動福利措施，推行槍械管制，增加政府的干預與對人民的照顧，同時，也強調結合社區的力量，提供更有效的公共服務，以滿足民眾的需求。因此，美國的改革模式跨越了第 II、III 象限。

　　與英國有深厚歷史淵源的加拿大、紐西蘭和澳洲，其改革的理念與策略，頗多學習英國新右派或所謂「新公共管理」的方法，其中尤以紐西蘭的改革最為激進，較偏第 II 象限的改革模式，然而在去年勞工黨上臺後，政府政策已朝中間偏左的方向偏移。加拿大與澳洲雖然也受到新右派風潮的影響，但手段較為緩和，仍大體穩固維持其福利國家的體制。

　　德國與法國的傳統皆屬於社會主義國家，惟受到新公共管理、新自由主義與分權化趨勢的影響，政府的公共服務有向下、向右移轉的趨勢，但是，比起英美體系國家，其向右的程度仍然有限，大致上維持中間偏左的立場，政府在提供公共服務的基本角色上仍佔有相當大的分量，惟就當前的情形觀之，法國較德國更為右傾。

　　日本與新加坡的精英官僚主義色彩，使得官僚在政府公共服務提供上，向來擁有很大的權力與分量，行政改革的工作率由官僚體系的力量所主導，政府角色並未有太大的改變。然而，新加坡的威權管制色彩較重，因此位處第 I 象限，而日本則位處 I、II 象限之間，惟小淵內閣極力強化國家主義，勢必影響國家角色的走向。我國的國情類似於日、新兩國，只是政府的威權控制較新加坡來得小，但國家干預的程度較日本為高，故行政改革的策略似乎位於兩者之間。

　　至於中共，為了維護共產黨的統治地位與社會主義的基本體制，改革策略是採集權模式，亦即由國家抓緊改革的主控權，以由上而下的方式來貫徹落實，然而，在市場經濟逐漸發展的情況下，政府的掌控力必將逐漸削弱，因此其方向將會逐漸朝下、朝右移動。

　　本文將所探討的十個國家，依圖一的模型加以比較之後，各國在此一模型上的位置，可以圖二略示如下。

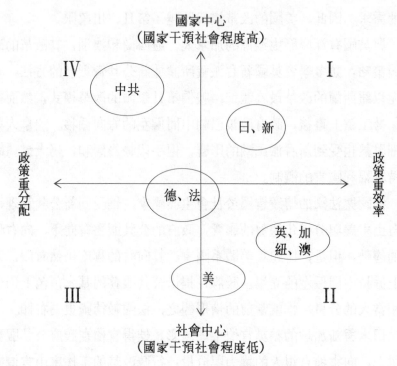

圖二：各國行政改革策略示意圖

資料來源：作者自製

　　雖然各國由於系絡背景不同，所採行的改革策略也有所不同，但是基本上，由八〇年代至九〇年代末期的這波行政改革運動，仍有其共通的根源與型態，尤其是在英美體系的民主國家。細究起來，此波行政改革運動的主要基礎乃是「新管理主義」(neo-managerial-ism)或「新公共管理」，是由英國首相柴契爾於 1979 年就任後所帶動，並由美國、紐西蘭、澳洲、加拿大等國予以跟進，繼之，透過OECD 與「世界銀行」等國際組織的倡導與推動，亦擴散和影響了歐陸及其他區域國家。

　　顧名思義，所謂的「新管理主義」乃源自「管理主義」的修正，其主要特點即為強烈依賴企業管理模式。C. Pollitt (1990: 2–3)指出，管理主義必須被理解為一種意識型態，它是由一組信念、價值與理念所構成，具有五個核心理念：

1. 社會進步主要依賴經濟學所界定的「生產力」(productivity)的持續增加。
2. 生產力的增加主要來自更為複雜的技術應用。
3. 這些技術的應用只能透過由理想生產力所制約的勞動力來達成。
4. 管理是獨特的組織功能，在促進生產力的規劃、執行和衡量中扮演關鍵性角色，而企業的成功有賴於管理者的品質與專業。
5. 從事此種關鍵角色的管理者，必須被授予合理的「策略空間」(room to manoeuver)（即管理權）。

　　Pollitt (1990: 7)認為，管理主義者認為管理是「重要的」與「優良的」，良好的管理有助於制度的運作，是國家革新的關鍵，有助於界定與消除浪費。同時，在管理主義的理想世界中，目標是清楚的、人員是高度激勵的，以及重視金錢成本和繁文縟節的消除，而這種理想的實現則必須透過引進私部門中的良好企業實務來達成。

　　強調效率與控制的管理主義在八〇年代英美的行政改革過程中，更結合了公共選擇理論(public choice theory)、交易成本經濟學(transaction-cost economics)和代理人理論(agency theory)（後兩者又稱為組織經濟學），而成為現今所流行的「新管理主義」或「新公共管理」。就上述三種理論的基本假設而言，都是主張人類是競爭性自利的理性經濟行動者，換言之，新管理主義或新公共管理的基本行為假設有三：(1)理性行動者是由自利所激勵；(2)理性行動者是機會主義的、欺詐的、自我服務的、怠惰的和善於利用他人的；(3)由於

這種假設，所以理性行為者不能被信任。在這種行為假定之下，最好的公共管理者被認為應該是自利的和機會主義的創新者和冒險者，他懂得利用資訊與情勢去達成激進的變革。換言之，新管理主義所預設的公共管理者，應該是具企業精神(entrepreneurialism)的領導角色(Terry, 1998: 196-197)。推而廣之，新管理主義者理想中的政府即為強調市場導向及師法企業的「企業型政府」。

　　經過了近二十年的改革風潮，新管理主義的理念與方法，持續引起公共行政理論與實務界正反兩面的辯詰爭論，對其效果的評價也莫衷一是(Kettl, 1994; DiIulio, Jr., et al., 1993; Goodsell, 1993; Moe, 1993; Rosenbloom, 1994; Carroll, 1995; Nathan, 1995)。然而，隨著主要國家政治領導者的更替，以及世紀之交對於政府職能的省思，對於新管理主義與新公共管理的行政改革進行更具深度與廣度的評估與反省，已成了公共行政學者與各先進民主國家政府的主要任務，近年來多本評估性與反省性著作的出現即為明證(Olsen and Peters, eds., 1996; Lane ed, 1997; Hood, 1998; Kettl, 1998; Minogue, et al., eds., 1998; Peters and Savoie, eds., 1998; PAR, May/June 1998)。

伍、各國行政改革之反思及其對我國之啟示

　　在新公共管理的衝擊之下，英、美、加、紐、澳，甚至法、德等國，都採用經濟市場的模型來作為行政改革的基礎，而這些改革運動都是朝向追求生產力和效率的極大化，其鼓勵公共管理者具有企業精神，並使用能夠強化個人和系統績效的方法，因此公共管理者被授予更多的裁量權，以決定公部門如何達成其績效目標，而非去界定什麼是公眾的偏好，在這種情況下，公共管理者被排除在政治領域之外，不僅模糊了政治責任與公共課責，同時對民主政治的精神與價值可能造成傷害(Caiden, 1994；Nathan, 1995; Cope, 1997;

Terry, 1998; Kelly, 1998)。

Frederickson (1996)則比較了美國新公共行政與政府再造（即企業型政府）的不同。Frederickson 指出，新公共行政主張建構一個公民參與的社群性政府，與最近各國所強調顧客導向的企業型政府，固然二者的理論基礎、所使用的語彙容或有所差異，但是，二者對傳統官僚組織的改革企圖則是一致的。雖然如此，兩者亦存有若干的差異（參見表三）。

Frederickson (1996: 269)指出，在管理和組織的名詞中，政府再造類似新公共行政，二者的動力皆為變革的需求。同時，二者皆重視回應性，但卻是以不同的方式：在新公共行政中，是指專業的公共服務同時奉獻於效率與社會公平；而在政府再造中，則是指授能於個別的消費者作出自己的選擇。兩種運動的不同也在於新公共行政較具制度性與政治性，反之政府再造則企圖逃避政治議題。最後，二者在價值的議題上則是尖銳分歧的，新政府運動高舉個人的選擇、誘因的提供、競爭的使用，以及以市場作為政府的模型等價值；新公共行政則更關心人性的和民主的行政，更關心制度建立與專業能力，更直接關心政治的議題以及正義與公正的問題（可廣義稱之為社會公道）。

Frederickson (1996: 269)認為，政府再造已經導致專業文官的縮減，以及私人與非營利政府契約的增加。短期間，其可能已經取得一些增加的效率，但長期而言，它卻在公共機構的能力和專業的公共管理上付出了可觀的代價。無疑地，政府再造對效率的短期強調已經犧牲了社會公平。

表三： 新公共行政與政府再造之比較

比較面向	新公共行政	政府再造
變革的概念	・鼓勵變革，視變革為常態，並加以制度化 ・官僚本身不是主要問題的重點，不以官僚為假想敵 ・解決官僚問題要從官僚本身或組織的特徵著手	・創新與企業性行動 ・官僚典範是問題核心，反官僚 ・應對官僚授能，減少繁文縟節
對社會相關、回應與授能的概念	・公民隱喻 ・知的權利、社會公道 ・民主共識 ・建立社群	・顧客隱喻 ・個人選擇 ・個人滿意 ・發展選項
理性理論	・將如何做與做什麼的問題分開 ・使公民能積極參與	・將掌舵與操槳分開 ・使達到效率與增加產出
組織結構與設計	・關心體制與管理 ・希望更制度化、訂定服務項目、較具管理性	・關心誘因、契約監督、管理創新 ・傾向去制度化、委託競爭者提供服務
管理與領導理論	・從強調組織內部轉到與組織外部公民、其他機關、利益團體、民選官員與民代 ・認同專業行政人員與公正執行公共政策	・有效的管理者是企業型、創新性、冒險性 ・有計畫地打擊官僚
知識論、方法論與價值議題	・與方法論中的行為主義之對立有關 ・談政治學、民主政府、多數統治少數的權利問題、結社議題 ・關心人文與民主行政、制度建立與專業能力、政治、正義、公平	・不太討論方法論問題 ・談治理、全面品質管理、企業型、避開接觸政治問題 ・激起個人選擇的價值、誘因、運用競爭、市場觀念

資料來源： 整理自Frederickson(1996)

　　在各國行政改革的經驗中，尚有一相當重要的理念，就是對傳統的政府角色做了一次顛覆性的改變,將以往政府包辦一切的觀念,

從根本上來重新思考，哪些應由政府負責而不容假手他人？哪些可以由營利企業或非營利社群團體來做會更有效，民眾會得到更滿意的結果？如此可使政府有其他的空間、時間和資源來思考與規劃國家未來發展的遠景。因此，行政治理上的分權、授權的觀念受到重視，全面性中央集權的治理模式已不符合現代潮流。一般的措施是，將權力下放到地方、民間、社區，使得公共服務不再只是政府的責任，而是可以由個人做起，從而建立社群性政府。這種理念的擴散與影響，也是深值正視與深思的課題。

許多公共行政與政策研究者，習於以「權力」觀點來界定政策規劃和公共行政的內涵及範疇，慣於用權力的舊典範來看待行政行為及其過程。美國著名的公民行動團體「共同使命」(common cause)的創始人 J. Gardner (1990)即特別推介從「責任」的角度來體察行政決策和領導行為，更呼籲為了建構國家「共同體」（社群），政府、企業與非營利部門應攜手合作，共同建構決策系統與公共服務的「責任網」(network of responsibility)。此種看法，對正有待凝塑全民生命共同體的臺灣社會，以及面臨行政改革衝擊的文官體制而言，實深具啟示意義。

其實，將公共事務的基礎視為「政治權力」或是「公民責任」，即代表著兩種對立的世界觀。前者視國家與社會之間、官與民之間，是對立的、利益相互衝突的，且雙方關係是宰制與剝削的；後者則從國家與社會之間互利與一體的關係出發，試圖共同規劃與建立具高度共識且責任分擔的公民政府與平等社會。唯有在公共行政即是「責任共同承擔網」的運作前提下，官民彼此間互依轉型，才能真正建立共同的價值觀、社區意識、國家認同，以及既廉且能的「社群性政府」。以下擬分就「改革理念」、「改革原則」和「改革策略」析論之。

一、改革理念

隨著「第三波民主」的浪潮雲湧，全球威權的行政統治機能，漸漸地蛻脫為民主的「公共」行政，因此，行政改革的今日時空含義，正如 Caiden (1982: 7)所云:「公共行政不應被視為『牧民之術』(administration of the public)，而應作『為民行政』解(administration for the public)。」就此而言，現代化的行政改革工作已不能只重視內部控制及行政績效的達成，不但應該喚醒公眾對憲法精神與立國宗旨的重新反省，更要能體察「為何行政」及「為誰行政」之深旨，使行政機構所有的作為與行動，均能維護國家的民主憲政，以及保障人民的自由與平等諸權利，並進而增進人民幸福和公共利益。為強化本研究的論證，以下爰就現代行政改革的時空意義——「公共性」，再予析論。

首先，Habermas 所指的「公共領域」(public sphere)即為本文所強調的「公共性」，也就是「共同體」（社區）成員之間，針對其生活領域中的公共事務，進行公共討論(public discussion)、公共學習(public learning)和公共對話(public discourse)之過程和成果。就公共行政學術的發展觀之，「公共性」及「公共領域」所建構的議題，已漸成為公共事務研究中無可規避的焦點論述(Alejandro, 1993)。 例如，Bellah 等人（孟汶靜譯，民 83: 111）即明確地主張:「要建立一個公正、平等的社會，必須靠老百姓有理性地參與公共事務，以及不斷地提供建設性的意見。」

其次，美國公共行政學先驅 Dwight Waldo (1948: 159–191)早在四〇年代即對公共行政公共性的漸漸喪失危機提出警告，並嚴厲批評了「一般化行政理論」所主張的價值與事實之區別，不但終究會使行政學化約成只重視行政效率與行政技術的「次領域」，甚至將完全忽略行政學的根本核心——源於民主政治理念的「公共性」本質。

　　事實上，我國早期的學者王雲五（民 44: 18）便指出：「公共權力的主要目的，無疑是『增進公益』。」前輩學者張金鑑先生（民 53）早已發現，要建立同時包含科學和效率（行政面）與民主和人性（公共面）的公共行政，在整合上有其困難，並且主張公共行政必須同時重視其「公共面」——行政民主化，與「行政面」——行政效率化，而且前者之價值（民主）勝過後者（效率）。張金鑑先生即曾批評 W. F. Willoughby 和 L. D. White 等早期行政學者為了效率不惜犧牲民主的說法，認為此種主張有助於造成有效率的獨裁政府之流弊，因此，效率絕非行政之中心，民主才是行政的重心，而在民主社會中，「民主本身就是效率的淵泉與基礎」（張金鑑，民 53: 490）。此種說法，今日觀之，實極具見地。此種認識，Waldo (1986)在論及行政官僚制度與民主政治間的調和緊張關係，及有關行政專業化與政治民主化的衝突與整合的歷史性辯論中，均能找到回響。

　　申而言之，何謂公共利益? 公共利益是否存在?Theodore J. Lowi (1969)認為，當前民主政府的腐敗危機，主要還是源於以「利益團體」來代表公共利益的政治哲學。Lowi 指控「利益團體」政治不但無法實現「共和國」(republic)之基石——正義，也因而毀損了政府統治的道德性及施政能力。此種警告適可以提醒行政改革的推行，實應對「公共利益」之實際內涵加以討論，並對保障全體公民利益的「公共哲學」再予深思。

　　另外，不少的美國學者，如 John Dewey，即強調利益團體只能代表私利，絕對不能算是「公共」團體，也無法界定公共利益、公共問題與公共福祉。因為，上下交征利的「私利」活動之總合，還是私利，並不會「理性地」匯整成「公共利益」；只有公民本身以獨立之身分，在公共責任感指引下，參與討論所得到之共識，方可稱為「公共利益」（孟汶靜譯，民 83: 200–203）。而公共利益的實踐，則需要自覺的公民積極地行動。

此種「公共」的行政不僅一方面可回應民主社會的需求，改進政府效率與生產力，更應積極地促進政治、經濟與社會質量並重的整合、轉型與發展(Siedentopt, 1990; Chapman, 1990)。而且，為了防止為民服務的「行政國」(administrative state)衰敗成殘民自肥的「官僚國」(bureaucratic state)，就必須極力提倡具有「公共」特質的行政措施，從而注入負責、回應、人性、倫理、創新、同情、敏感、關愛、開放與代表性等新氣象；且要能尊重個人自由與人性尊嚴，及保護社會公道、正義與平等的實現，使「公共」行政有力地發揮公共保護者的功用(Caiden, 1990)。因此，適可作為今日時空下，行政改革的指導理念。

茲再進以析論臺灣的行政改革理念與方向。首先，宜將長久以來的威權體制／觀念徹底揚棄。事事要管的結果，常常樣樣都管不好、做不好，最後徒然讓人民失望和不信任。如果能將權責下放到民間、地方與社區，一方面，政府可以減輕負擔，集中心力從事最重要的工作，以更有效地解決最重要的問題；另一方面，也可以精簡政府的財政及減輕人事負荷的壓力。換言之，行政改革若是一味的從精簡組織、員額這些表面的技術面著手，未能考慮基本上調整政府的角色與功能，如此改革、精簡的結果，往往只會使得該解決的問題沒有解決，原有的問題卻更形惡化。就長期而言，往往會落入「進一步，退兩步」的困境，且就歷史宏觀的角度而言，政府改革亦常會陷入三個「循環圈」中打轉（黃達強、劉怡昌，民78: 401），即：

1. 機構數量循環圈：精簡－膨脹－再精簡－再膨脹
2. 機構裁併循環圈：合併－分開－再合併－再分開
3. 管理權力循環圈：上收－下放－再上收－再下放

為跳出上述之惡性循環，面對跨世紀國內外環境艱鉅的挑戰，「行政改革」之典範轉移方向應該是（江明修等，民87: 45-48）：

1. 由國家主義轉移至國民主義

2. 由管理主義轉移至社群主義

3. 由漸進主義轉移至激進主義

4. 由專家規劃轉移至公民參與

5. 由經濟效益轉移至社會公義

6. 由工具理性轉移至實質理性

7. 由理論典範轉移至事實典範

這一組「行政改革」典範的目的，是主張將傳統重政治主控的「效率行政」典範，轉化為現代重社會關懷的「公義行政」典範，以便將長久以來國家與社會對立的關係，轉化為協力合作的關係，營造出國家與社會雙贏的局面。

此外，上述「行政改革」典範也意味著政府的職能與角色大幅度轉型，任何政府組織與員額調整政策的立法與執行，均不能忽略上述基於「公共性」理念的基本目的、使命、價值與定位，慎防流於技術枝節的末流之爭，也不應是政治上的討價還價。

最後，本文認為「所有的改革都必須是文化的改革」，而「文化」的改革有賴持續的堅持。從同為東亞國家的新加坡多年所建立的改革文化，我們可以獲得一項重要的啟示，即改革是一項持續性的工作。因此，有必要在官僚體系內建立一種改革的文化與價值，使每一位政務官、文官時時刻刻以改革作為個人的理念及經常性的例行工作，同時更要能凝聚一幅共同的願景，牽引著每一個人的努力方向。事實上，近年來的管理學也啟示，不管是改革文化的建立，或是共同願景的塑造，都可以透過在政府機關建構「學習型組織」(Senge, 1990)來達成。也就是說，行政改革應該要能在每一個政府機關內普遍建立共識，落實到每一個單位與個人，才可能成功，否則都將只是被當做一項「口號」或「業務」來辦，無法成為文官本身的一項「使命」，如此怎能冀望行政改革能夠成功呢？屆時可能如同

英國文官曾被形容為「潮線上的巨石」(great rock on the tide-line)一般(Hennessy, 1989)，儘管行政改革的潮流來來去去，政府的公務人員卻是始終以不變應萬變。

二、改革原則

以往公部門在進行國家資源分配過程中，只習於以政治領導階層及官僚組織內部的觀點，從事政策規劃與執行的工作，此種角度不僅不合時宜，而且易滋生弊端，甚至令人懷疑政府是為全民福祉而設？還是為特定利益團體或階層存在？換言之，行政改革應致力於追尋「永續發展，反應民意」的理念與價值體系。因此，根據上述對行政改革策略的分析，以下試提出四項「社群性政府」的改革原則，以落實行政改革之「公共性」和「公益性」的理念與價值。

(一)公　平

行政資源不僅要有效率地應用，更要公平地分配。其實，「公平正義」目標之追求和確保，正是公共行政公信力、公權力與公能力重建之基礎；在實務上尤其切忌政策執行時的不公平對待和選擇性執法。

(二)民　主

公共行政不僅是「專業」，更要注意其「公共性」和「民主性」，甚至，就其價值位階比較，「民主性」尤應高於「專業性」。是以，行政改革的措施，應加強其與社會之關聯性，使其有效而負責地回應公民社群之需求。換言之，在改革政策的規劃、制定與執行的過程中，均應建構公民之民主參與管道，並非僅指行政組織內部之參與管理而已。政府實不宜動輒以「科學專業」之名，忽視許多民眾反對之聲音。

(三)社　區

行政權力和資源不應大部分都集中在中央，宜分散在與民眾生活接觸最密切之社區，此為民主化後行政改革用以回應民意的新思惟。因此，原則上，行政改革不應違逆落實地方自治之種種相關建議。在施行上，可將行政資源和權力交由社區開始著手。一方面，使公共行政較有效率與民主，另方面，更是建立「生命共同體」之公民教育和培育「公民資格」之機會，也是「社區意識」重建之樞紐。如果事事由中央集權操控，那麼地方將如何自治、自主與自尊呢？就此而言，停辦鄉、鎮級選舉的改革策略，則可能先未收其利（消除黑金），反見其害（戕傷基層民主）了。

(四)合　產

1980 年代以來，為造就國家與社會「雙贏」局面，行政改革的領先國家，紛紛以走向「合產」，即「結合國家與社會資源」的基本改革方向，檢視公共服務功能，揀選適宜項目轉由國家和市場（如民營化）或社會（如非營利化）部門分別承擔。

從上述討論，吾人深知，就市場經濟的觀點而言,「企業型政府」的改革措施，或可用以提高公共服務之「效率」，其主要手段自然是要設法排除有礙「效率」發揮之因素。但是，政府可否「企業化」，即可否「像企業般地經營」等課題，是否就是行政改革的指導理念，是一必須嚴肅反思的課題。基本上，透過上述的分析，本文認為，「企業型政府」不當是「公共領域」中孤立的公共議題，因為唯經濟效益的推理，勢難與政府所必須依據之社會設計相容(Jun, 1986: 89-91)。這也是本文何以對「公共性」三復斯言的原因所在。那麼，如何處理先進國家行政改革中的「效率」呢？本文認為，效率的位階實為行政改革之政策「手段」而已，行政改革所應追求者，乃是

應同時考量其公共責任之承擔，與公共利益之伸張。

更何況，自公共行政的世界觀觀之，「行政改革」也還是「手段」而不是「目的」。不論如何對「行政改革」加以實證研究、理論建構，乃至引進各種多采多姿的行政管理和政策執行措施，它都應臣屬於更高的「公共」目的之下。用錯誤的手段，解決正確的問題，固屬愚不可及；然而，用正確的手段，卻試圖解決錯誤的問題，豈不更加荒謬（公共政策學稱之為「第三類型的錯誤」）(Dunn, 1994：148-152)。

誠然，「政府企業化」或許能因著市場機制的競爭邏輯，使公部門擠出更多、更高的「效率」。但是，當代公共行政學的研究已反省：效率並非政府施政的終極目的，政府的作為還必須接受規範性的價值，諸如民主、正義、平等的考驗。事實上，1980 年代以來，先進國家的行政改革經驗中，莫不設計種種措施以符合這些規範性價值的要求，而在理論上和實務上已成為當代公共行政所追求的目標，於任何公共行政制度與作為當中，「倫理」與「公共」的屬性已成為最核心的議題。

事實上，從方法論的角度而言，所有的公共政策實踐策略都具有消長相剋(trade-off)的特性，而且其間也存有複雜的交互作用。更重要的是，手段與目的必須作更細緻的思考，亦即：實踐行動乃為「公共」事務，脫離了「公共」，如何奢談藉行動策略的「手段」來實踐政府改革的「公共目的」？新的挑戰，蘊蓄了新的可能性。由於「公民參與」和「非營利化」均為實踐「公共」目的之重要途徑，因此對行政改革更具前瞻性的正本清源之道，仍應以「公民社會」中的「公共性」、「公民性」與「社群性」為政策主軸，結合「公民參與」、和「私有化」等方式，來實踐公共政策理念，和增進全民福祉。

在「公民社會」所蘊育的強大社會力指引下，透過結合「公民

參與」、「公私合產」、「非營利化」及「私有化」等政策工具的應用，當可避免「企業型政府」、「官僚性政府」所可能造成的一些負面效應，一方面實踐公共行政之「公共目的」，另一方面，仍可透過政府與民間資源的整合，提昇整體公共生產力，進而改革具有公信力、公能力和公權力的「社群性政府」。

由於「行政改革」所涉及的範疇，不僅是行政組織內部結構的調整，及其管理程序和方法的改進而已，更與其外在政治、經濟、社會環境之變遷息息相關，因此政策的擬訂與推動，必須考量其與環境系絡的相互影響。其次，在表象上，雖然「行政改革」工作之焦點，在於如何提昇行政效率與效能；不過就其本質而言，政府效率之強化只是手段(工具理性)，社會公平和正義之實現才是目的(實質理性)，兩者所具有的「手段—目的」之連鎖性實不可忽視，亦不可背向錯置 (江明修，民 87: 55)。亦即，行政改革必須配合政府職能與角色的重新思考。

換言之，組織員額與管理工具的調整都只是手段，行政改革必須建基在政府的本務、角色和使命，以及立基於維護社會公平正義的基礎上，促使政府如同企業般地有效率經營；亦即不可讓經濟效率完全取代了社會公平性，更不可因考量降低成本和提高生產力，而以犧牲對弱勢團體的照顧為代價。因此，中央政府組織架構的調整，必須要能宏觀地就經濟、社會、文教、兩岸關係等，加以全方位考量，使政府轉型成足以因應跨世紀嚴峻的國際競爭之體質。而除了強化行政機關的自主性之外，如何同時強化其「公共性」，恐怕更是行政改革的樞紐。

三、改革策略

政策分析學者 D. A. Stone (1988)抨擊有些公共政策的規劃與制定，只以市場法則和個體經濟學角度處理公共議題，確有所偏廢。

其主張大眾問題的解決，不能忽略政治環境與社區生活的實際面。除了抽象而自以為客觀的經濟分析外，關心公眾生活問題實際解決的公共政策，實不應該避開人類生活的價值面、倫理面與政治面。因此，政策規劃與制定，除了宜注意其技術、程序面之外，更應重視實質問題的解決，以及決策價值與倫理的釐清。Stone 的論點，可謂十分透闢，其實，我國政府決策過程中常充斥著人為扭曲、誤導與欺騙，許多政客與官僚極擅長將政治問題偽裝成科技專業或行政程序問題，例如在核能電廠設置問題上，很技巧的以學者專家意見或行政程序，包裝或掩藏自己的政治與經濟利益。為此，Stone 針對此種決策視野缺失，建議公共政策應加上政治的、批判的、後現代的，與女性主義的評估。

除了 Stone 的反省外，著名的行政學者 Jong S. Jun (1986)也指出，公共政策的規劃與制定，應從舊有的「理性科學觀」走向整合的「藝術社會觀」，前者重視價值中立與「客觀」評估，期待政策成品能夠客觀與量化；後者則反對價值中立，強調價值論證與批判，並從人與人相互溝通和學習中，尋求其民主參與的共識，並建立社會大眾對政策共識的了解與分享，進而加強彼此的心理連結我群(we-group)意識的建立，最後並經此由下而上的公共事務及政策規劃過程，奠定社區、公民社會與國家認同的基石。

一般而言，傳統的「官僚性政府」具有相當強的菁英決策色彩，即政府決策常反應統治菁英當權者的價值、信念與利益，民眾只是被「教化式」地接受決策，甚至是被「洗腦式」地誤以為決策乃源於民意。

此種「官僚性政府」之作風，還是不脫「國家中心論」與「菁英主義」的色彩，並不符合當前臺灣社會力興起和公民意識漸趨成熟的現狀。在威權政治已邁向瓦解的臺灣，我們很難接受政府政策規劃、制定和執行的過程卻依舊威權，而且仍然由少數高層政治菁

英掌控的矛盾現象，行政改革與政府再「造」策略實不能閉門「造」車，一意孤行。

另一方面，政策執行成效實與其是否具民主參與管道有極密切之關聯。不過，近年來，我國政治已漸從威權統治型轉型為民主參與式。然而，公共行政卻仍未能隨之轉化為民主參與式，也因此，不但其政策規劃成品，往往與民意有段落差，其政策的執行和貫徹能力也一直未見提昇，甚至有江河日下的情況。

那麼要如何能確保行政改革達到成效呢？就政府部門而言，透過各國政府行政改革策略的比較分析，大致上有兩種行動構面：首先，改革政策的制定與執行應採取「由上而下的策略」？抑或是「由下而上的策略」？其次，應該採用「由（組織）內而外的策略」？還是「由外（社會）而內的策略」？

「由上而下」與「由內而外」的政策制定和執行，強調政策目標明確、事權統一和命令貫徹，也主張嚴密的監督與控制系統。但是，由於政策目標經常是多元的，執行工作單位也常不一致，加上執行人員個人認知與利益差距，要做好溝通與嚴密控制恐或不易，因此，此種傳統政策規劃方法的有效性越來越受到質疑與挑戰。

至於「由下而上」與「由外而內」的策略，不僅可以避免上述的主要缺失，更因為此種策略多主張社區授權賦能(empowerment)與公民廣泛參與，使得政策規劃本身具有更多的彈性與裁量餘地，從而使得公共政策之執行更為有效，也更符合公民社群的需求與價值，此即為「社群性政府」的主要優勢。

相對地，「社群性政府」採「社會中心論」立場，與「國家中心論」的「官僚性政府」不同，也有別於「市場化」的「企業型政府」。其主張在公共組織內部，決策應由全體成員由下而上地形成；在公共組織與社會關係上，決策須充分反映民意，並經由公民參與之管道進入政策規劃與執行體系，而這正是「民主行政」的要義。

陸、結　論

　　世界各國從事行政改革的歷史相當長久，然而，當政者所強調的行政改革，其名稱卻往往有所不同。例如，過去稱作「行政革新」或「行政改革」，當前則稱為「政府再造」。究竟其內涵有無不同？或只是舊酒裝新瓶，重新加以包裝，藉以宣示新人新政？抑或只是為了滿足民眾的不同期望而已？吾人發現，實乃名異內同也。

　　Caiden 認為，「行政改革」一再出現的原因不外有三：其一，人類制度的不完善，所以必須經常檢討改進；其二，公共組織的保守性格，使其無法因應時代的需要，故須革故鼎新；其三，政務官任期短，每一位首長上臺之初總想要來一次大改革，一顯身手，以示其旺盛的企圖心。此似乎隱含著改革本身存在某種的循環性與必要性。從各國近年來所大力推動進行的「政府再造」方案來看，的確有若干做法是與過去改革經驗相去不遠。誠如 Frederickson(1996)所言，「政府再造」的某些主張，「新公共行政」學者早已提出，如今只是用不同的語彙再加以修飾一番，毫無新意。然而，我們也不應忽視時代變遷對吾人的影響，以及所帶來的新刺激和新思維，許多傳統的制度、結構、觀念都已無法因應時代的需要，必須重新思考與定位；例如，有關政府的角色，在傳統的觀念裡是不容取代，但是，包括英、美、紐西蘭等國卻已重新思考政府的角色與功能，並在現代的環境系絡中重新給予定位。

　　所以 Osborne 與 Plastrik (1997: 10–11)特別強調，再造(reinventing)不只是有關於政治系統的改變、組織重組、政府精簡、民營化，或是為了要減少浪費、貪污、濫權，也不等於效率或是簡單的全面品質管理或流程再造。更重要地，毋寧是希望能夠在公共系統與組織中進行徹底的轉變，以創造最大的效能、效率、適應力與改革的

能力，使政府隨時有能力因應瞬息萬變的環境，和接受無從預期的挑戰。因此，過去的各種改革只是針對現有的問題與目前的需要，提出解決的辦法；而在瞬息萬變的時代，以及面對新的世紀，吾人需要徹底轉變政府的體質，使政府承擔起明日的挑戰，帶領人民走向美好的遠景。

我國政府在解嚴之後，無論在政治、經濟、社會等各個層面，均有相當快速的進展與成就，但是，概言之，吾國之行政體系卻仍牛步化地跟不上時代的需要。而且，事實證明不論當政者如何胸懷壯志地宣稱要如何如何地改革，卻一再地功敗垂成；許多重大的國家建設計畫、政策，往往因為行政腳步跟不上而終告夭折。

民國 86 年 9 月，蕭萬長擔任閣揆後，基本上，為順應這波世界性的改革潮流，且回應民間對改革的殷切企盼，於是提出「政府再造」做為政府施政重點，並於 87 年 1 月 2 日行政院會議中通過「政府再造綱領」，3 月 19 日宣佈成立「政府再造推動委員會」與「政府再造諮詢委員會」，正式啟動「政府再造」的列車，其所標榜的目標是希冀能「引進企業管理精神，建立一個創新、彈性、有應變能力的政府，以提昇國家競爭力」。然而，今年 3 月總統大選後，中央政府的政黨輪替似已宣告此種「企業型政府」的改革方向已經失敗，不為人民所喜。

1999 年 11 月 21 日，包括美國總統柯林頓、英國首相布萊爾、法國總理約斯平(Lionel Jospin)、德國總理施耐德(Gerhard Schroeder)、義大利總理德勒馬(Massimo D'Alema)、 巴西總統卡多索(Fernando Enrique Cardoso)等六位中間偏左的西方領袖齊聚義大利古城佛羅倫斯(Florence)，共同思考由英國首相布萊爾所提出的「第三條路」政治理念，探討如何使社會正義與經濟成長兩者兼容並蓄。

對此，常自詡為迎合世界潮流的我國政府，是否也要開始將「企業型政府」拋於一旁，而開始搖旗鼓吹「第三條路」的改革方向呢

（新任總統陳水扁所提的「新中間路線」似已預告了此一方向）？事實上，不論是「企業型政府」、「政府再造」或是「第三條路」，都只是行政改革理念與工具的一種選擇，至於何種較適合，則必須深入考慮各國的系絡與國情，以及重新探討政府的職能與角色，而非只是為了迎合世界潮流。同時，各種改革的理念與工具，都應考慮社群的需求與民眾的參與，而非只是套裝工具的引進，否則難免產生「橘逾淮為枳」的情形。

因此，目前公共行政學界與實務界的當務之急，實為政府職能的探究，並針對國內的系絡背景，發展出最適合的行政改革策略。而這不能避免地，必須針對以往的行政改革策略進行更深刻的評估與檢討，同時也必須針對各國行政改革的目前趨勢與未來發展加以檢視，以了解是否真正適合我國。否則，如果行政改革最重要的長期遺產是政府執行政策能力的減縮，或是所謂「空洞政府」(hollow states)的創造，則是極為不幸的(Milward and Provan, 1993)。

誠如 Frederickson (1996: 269)所言：「當世界轉向之時，不論是新公共行政或是政府再造，都能夠增進我們的思考。然而，要記住，轉向之後將是一個新的世代，他們將會需要建立他們自己的公共行政觀點，它可能既不是新公共行政，也不是政府再造。然而，無疑地是，新的世代將會創造一種他們認為是新典範的公共行政觀點。」

參考書目

王雲五
　民44　　現代公務管理，臺北：中華文化出版社。
江明修
　民86　　公共行政學：理論與社會實踐，臺北：五南。
　民87　　「我國行政革新之政治社會分析：歷史的再省思」，公共

行政學報，第2期，頁55-91。

江明修、蔡金火、梅高文

民87　「再造公共性政府」，發表於跨世紀政府再造學術研討會，
　　　國立中興大學公共行政學系主辦(5.22)，臺北。

江明修主編

民89　第三部門：經營策略與社會參與，臺北：智勝。

吳瓊恩

民86　行政學，臺北：三民。

孟汶靜譯（Robert Bellah等人原著）

民83　新世界啟示錄，臺北：正中。

馬永成、陳其邁譯（Tony Blair原著）

民88　顛覆左右：新世代的第三條路，臺北：時報。

陳金貴

民81　「公民參與的研究」，行政學報，第24期，頁95-128。

張金鑑

民53　行政學典範，臺北：中國行政學會。

黃達強、劉怡昌

民78　行政學，北京：中國人民大學出版社。

劉黎兒譯（豬口孝原著）

民81　國家與社會，臺北：時報。

鄭武國譯（Anthony Giddens原著）

民88　第三條路，臺北：聯經。

Alejandro, R.

1993　*Hermeneutics, Citizenship, and the Public Sphere.* New
　　　York: State University of New York.

Barber, B.

1984　*Strong Democracy.* Berkeley, CA: University of California

Press.

Bell, D.

1993   *Communitarianism and Its Critics.* New York: Oxford University Press.

Butler, S.

1985   *Privatizing Federal Spending: A Strategy to Eliminate the Budget Deficit.* New York: New York University.

Caiden, G. E.

1982   *Public Administration.* Pacific Palisades, CA: Palisades.

1990   "Postcript: Public Administration and Administrative Reform," in G. E. Caiden and H. Siedentopf (eds.), *Strategies for Administrative Reform,* pp. 221–231. Lexington, MA: Lexington.

1991   *Administrative Reform Comes of Age.* New York: Walterde Gruyter.

1994   "Administrative Reform: American Style," *Public Administration Review.* 54 (2): 123–128.

Carroll, J. D.

1995   "The Rhetoric of Reform and Political Reality in the National Performance Review," *Public Administration Review,* 55 (2): 302–312.

Chapman, R. A.

1990   "Strategies for Reducing Government Activities," in G. E. Caiden & H. Siedentopf (eds.), *Strategies for Administrative Reform,* pp. 59–69. Lexington, MA: Lexington.

Cope, G. H.

1997   "Bureaucratic Reform and Issues of Political Responsiveness," *Journal of Public Administration Research and Theory.* (July): 461–471.

DiIulio, J. J., Jr., G. Garvey, and D. F. Kettl

1993　*Improving Government Performance: An Owners Manual.* Washington, D.C.: Brookings Institute.

Dunn, W. N.

1994　*Public Policy Analysis: An Introduction.* NJ: Prentice-Hall.

Frederickson, H. G.

1971　"Toward a New Public Administration," in F. Marini (ed.), *Toward a New Public Administration,* pp. 309–331. New York: Chandler.

1980　*New Public Administration.* Tuscaloosa, AL: University of Alabama Press.

1996　"Comparing the Reinventing Government Movement with New Public Administration," *Public Administration Review,* 56 (3): 263–270.

1997　*The Spirit of Public Administration.* San Francisco, CA: Jossey-Bass.

Gardner, J. W.

1990　*On Leadership.* New York: The Free Press.

Goodsell, C.

1993　"Reinvent Government or Rediscover It?" *Public Administration Review,* 53 (1): 85–87.

Gore, A.

1996　*The Best Kept Secrets In Government.* Washington, D.C.: U.S. Government Printing Office.

Hennessy, P.

1989   *Whitehall.* London: Fontana Press.

Hood, C.

1998   *The Art of The State: Culture, Rhetoric, and Public Management.* Oxford, UK: Clarendon Press.

Jun, J. S.

1986   *Public Administration: Design and Problem Solving.* New York: Macmillan.

Kelly, R. M.

1998   "An Inclusive Democratic Polity, Representative Bureaucracies, and the New Public Management, " *Public Administration Review,* 58 (3): 201–208.

Kettl, D. F.

1994   *Reinventing Government? Apprasing the National Performance Review.* Washington, D.C.: Brookings Institute.

1998   *After the Reinvention: Governance for the 21*^{*st*} *Century.* Washington, D. C.: Brookings Institute.

Lane, Jan-Erik (ed.)

1997   *Public Sector Reform: Rationale, Trends and Problems.* London: Sage.

Leman, C. K.

1984   "The Revolution of the Saints: The Ideology of Privatization and Its Consequence for the Public Land," in A. E. Gamache (ed.), *Selling the Federal Forests Seattle.* Washington, D. C.: University of Washington.

Lowi, T. J.

1969   *The End of Liberalism: Ideology, Policy, and the Crisis of Public Authority.* New York: W. W. Norton and Company.

Milward, H. B. and K. G. Provan

  1993   "The Hollow State: Private Provision of Public Services," in H. Ingraham and S. R. Smith (eds.), *Public Policy for Democracy,* pp. 222–240. Washington, D.C.: Brookings Institution.

Minogue, M., et al. (eds.)

  1998   *Beyond the New Public Management: Changing Ideas and Practices in Governance.* Chelteham, UK: Edward Elgar.

Moe, R. C.

  1993   "Lets Rediscover Government, Not Reinvent It," *Government Executive,* 25 (June): 46–48.

Nathan, R. P.

  1995   "Reinventing Government: What Does It Mean?" *Public Administration Review,* 55 (2): 213–215.

OECD

  1997   *Issues and Developments in Public Management: Survey 1996–1997.* Paris: OECD.

Olsen, J. P. and B. G. Peters (eds.)

  1996   *Lessons from Experience: Experiential Learning in Administrative Reforms in Eight Democracies.* Oslo, Norway: Scandinavian University Press.

Osborne, D. and P. Plastrik

  1997   *Banshing Bureaucracy: The Five Strategies for Reinventing Government.* MA: Addison-Wesley.

Osborne, D. and T. Gaebler

  1992   *Reinventing Government: How the Entrepreneurial Spirit is Transforming the Public Sector.* MA: Addison-Wesley.

Peters, B. G., and D. J. Savoie (eds.)

1998   *Taking Stock: Assessing Public Sector Reforms.* Montreal & Kingston: Canadian Centre for Management Development.

Pollitt, C.

1990   *Managerialism and the Public Service: The Anglo-American Experience.* Cambridge, MA: Basil Blackwell.

Rosenbloom, D.

1994   "Have an Administrative Rx? Don't Forget the Politics!" *Public Administration Review,* 53 (4): 503–507.

Senge, P. M.

1990   *The Fifth Discipline: The Art and Practice of the Learning Organization.* New York: Doubleday.

Siedentopf, H.

1990   "Introduction: Government Performance," in G. E. Caiden & H. Siedentopf (eds.), *Strategies for Administrative Reform,* pp. ix–xv. Lexington, MA: Lexington.

Savas, E. S.

1985   *Privatizing the Public Sector: How to Shrink Government.* NJ: Chatham House.

Stone, D. A.

1988   *Policy Paradox and Political Reason.* New York: Harper Collins.

Terry, L. D.

1998   "Administrative Leadership, Neo-Managerialism, and the Public Management Movement," *Public Administration Review,* 58 (3): 194–200.

Waldo, D.

　1948　　*The Administrative State: A Study of the Political Theory of American Public Administration.* New York: Ronald.

　1986　　"Bureaucracy and Democracy: Reconciling the Irreconcilable," in F. S. Lane (ed.), *Current Issues in Public Administration,* pp. 455–469. New York: St. Marlin's.

「標竿學習」初探
——兼論其在公部門之應用

孫本初

政治大學公共行政學系教授

陳衍宏

政治大學公共行政學系博士班研究生

陸、公部門之標竿學習

柒、評析與結論

摘　要

「標竿學習」依其字面上意義，可以解釋為向「業界翹楚」學習。本文擬就其理念基礎與實務運用兩大部分，完整介紹標竿學習。

自理念基礎而言，由於對標竿學習的理解眾說紛紜，本文從歷史的脈絡、學者與實務專家的分析與經驗等，加以整合進而建構了標竿學習的核心價值：「全面品質觀」、「流程觀」與「學習觀」。

全面品質觀係指標竿學習的基本理念之一，在於達成顧客的全面性滿意；流程觀則指標竿學習涵蓋學習對象的營運流程，以及組織內部的運作流程與計劃流程；學習觀則同時強調向他人學習與自我學習的精神。以上三者同時成為標竿學習的基本原則，不宜簡化為向他人學習而已。

自實務運作而言，本文介紹一般常用的分類與運作步驟。就標竿學習的類型而言，筆者以為應著重在標竿學習核心價值的掌握，而不必以詞害義、強加區分；而運作的步驟當可以「標竿學習輪」為代表，任何的實務規劃與其所闡述的基本內容：規劃、探尋、觀察、分析、適用，最後五項步驟的循環，均相差無幾，故不贅述。

最後，對於公部門能否適用標竿學習，以及標竿學習所可能存在的盲點與限制，本文以為，若能掌握標竿學習的核心價值，體認「全面品質觀」，注重「流程觀」，強化「學習觀」，私部門以及公部門彼此，尚有很多值得學習效法之處，亦能同時避免一味追逐標竿學習風潮而落入了可能存在的陷阱。

關鍵詞：標竿、標竿學習、全面品質觀、流程觀、學習觀

壹、前　言

　　全球新的經濟模式正在醞釀之中，傳統的惡性競爭已漸被合作聯盟與學習效法所取代，這種改變更是跨產業、無國界的(Finnigan, 1996)，組織（產業）若欲創造屬於自己成功的未來，「標竿學習」(Benchmarking)所揭示的向「最佳實務」(Best Practice)學習的理念，是否能提供一種經營理念或管理途徑，以因應目前動態本質的環境呢？抑或只是一套「產業觀光」(Industries Tours)之學？再者，標竿學習在1990年代之所以能成為一句流行語，究其意義，它只是另一波管理的時尚？還是它展現了在管理界思考的一種演進與革命(Bendell, et al., 1993)？歐美所興起的這一股「標竿學習風潮」(Benchmarking Boom)對西方管理界而言，無疑地確實具有舉足輕重之地位，然而國內著墨於此者並不多，故本文希冀能完整地介紹標竿學習此概念，以及實務運作的模式，並探討其如何在公部門運用，進而對政府再造能有所啟示。

　　首先，先來探討標竿(Benchmark)這個字，有關其起源並無確切的文獻可考，但卻有些說法值得參考(Andersen & Pettersen, 1996: 3)：其中之一說指出此字的來源是地質測量學，「標竿」就是在地理學上對岩層所訂定的參考點，其他岩層所處的位置便是根據這個參考點而來。另有一說則是此字起源於布商，「標竿」就是銷售員用來測量布的存量的度量衡。還有一說則是起源於釣魚比賽，將釣起的第一隻魚放在長凳上，並用刀子在凳子上劃記魚身長度，而其餘所釣起的魚便可清楚地在長凳上一較短長，這就是「標竿」的起源。

　　其次，「標竿」這個字依據《韋氏字典》(*Webster's Ninth New Collegiate Dictionary*)的定義則是：「可以被測量的參考點」或「可視為標準之物」(Fitz-enz, 1993: 26)，故將標竿視之為參考點(Reference

Point)或標點(Sighting Point)，應是一般可接受的概念(Bogan & English, 1994: 3)。

因此，標竿學習(Benchmarking)自字面上的意義解析其意涵，吾人可知即是向此參考對象或標準進行比較與學習之意。然而，它之所以能在歐美的管理界掀起風潮，必有其更深層且完整的理念基礎，以及在實務運作上的有效經驗，本文將對此脈絡一一探究。

貳、標竿學習的理念基礎

與其說「標竿學習」是新興的管理思惟或途徑，不如將其視為欲因應現今動態本質的競爭環境而集諸多管理途徑之大成者。自實務的角度以觀，上述這種說法並無太大爭議，然而從學理來看，構成標竿學習的理念基礎為何，則有待進一步地探討。否則在歐美實務界成功的諸多案例，豈是那些部分學者譏為「產業觀光」之學所能一言以蔽之？故本文將從歷史的演進、管理學界的定義與其立論的基礎，來探索標竿學習的理念基礎，以建構其核心價值。

一、標竿學習的歷史源起

標竿學習的起源，眾說紛紜，就目前的文獻整理分析之後，大抵可以分為三種說法：

(一)側重於品質改進的說法

這種說法，是將標竿學習置於以品質為主題的系絡之中來加以探討(Bendell, et al., 1993: 29–52)，其源流起始於發展與品質管制(Quality Control)相關的標準，而後更進一步成為統計的流程管制(Statistical Process Control)，這是早期的發展。到了全面品質管理(Total Quality Management, TQM)在管理學界與實務界成為顯學之

時，日本算是最早運用標竿學習的國家，而真正集大成並有較完整概念的，則為美國全錄公司(Xerox Corporation)的成功經驗。

Finnigan (1996)認為就 TQM 對於品質改善的論點中，普遍為人們所接受的觀點乃是持續不斷的改善、顧客滿意度與員工的參與，而標竿學習便是達成前述三者的一種有效工具，並提供一個可行的方向(Finnigan, 1996: 3-5)，使舊有的組織在傳統結構中面臨了改善品質的難題時有所依據，並能幫助組織界定績效表現的落差，改善品質並協助轉型。至於全面品質管理中的品質觀點，是以能察覺達成顧客滿意的品質導向為主，並重視產品本身的品質及其附加的價值，而標竿學習旨在縮短達成品質要求的時間，透過學習效法最佳的實務運作，避免無謂的摸索與成本浪費(Karlöf & Östblom, 1993: 35-57)。

因此，持此論點的學者均認為，標竿學習應是全面品質管理自然演進的結果(Bendell, et al., 1993: 7, 53-54)，其主要意義在於縮小與最佳實務間的標竿落差(Benchmarking Gaps)，所以在設計標竿學習的方案時，重點在於品質的改進。

㈡側重於分析工具的說法

此種說法認為標竿學習是昔日各種分析技術的一種延伸(Andersen & Pettersen, 1996: 8) (見圖一)，我們可以追溯到 1960 年代，此時通常將焦點置於比較不同年度的績效結果，通常更著眼於財務方面的特色。

到了 1970 年間，管理文獻開始注重策略的運用及策略性的思考，管理者便將競爭者分析與策略分析視為基本的工具，比較的重點十分武斷，以高於同業的平均水準而自滿。

在 1980 年代，全錄公司開始引用標竿學習，將比較的對象轉為最強勁的對手，這種比較的方法導致將更多的焦點置於運作績效的

測量之上。後來這項發展成為今日所熟知的「流程標竿學習」(Process Benchmarking)。流程標竿學習所指的是同時比較雙方的績效水準，並比較達成此績效所做的實務為何。

　　此種說法則視標竿學習為分析工具，偏向將可以量化測量的特色，作為評比績效的基礎，例如財務結構，生產效能等，其界定範圍不若上述以品質為主的來得廣博。

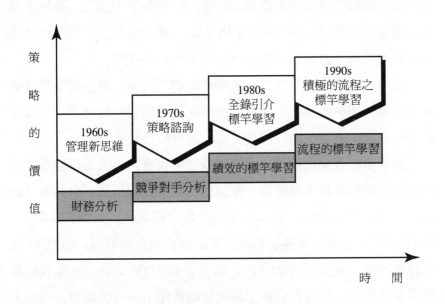

圖一：標竿學習的發展

資料來源：Andersen & Pettersen (1996: 8)

(三)源自於策略性規劃的說法

　　學者 Boxwell (1994: 2)認為，欲瞭解標竿學習何以廣為管理者所接受，必須對策略性規劃(strategic planning)的發展史談起。策略性規劃在 1960 年代開始嶄露頭角，一直到 1970 年代達於頂峰。隨著 1980 年代的全面品質運動的興起，促使策略性規劃的潮流與品質運動相結合，日本公司開始為品質管理鋪路，而其餘的公司爭相

追隨以保持競爭力(Galpin, 1997: 5-6)，日本的運作實務，便是標竿學習的前身(Bendell et al., 1993: 3)。

然而，所有策略性規劃的輔助工具，都無法回答這樣的一個問題：「如何改善競爭局勢？」事實上，「策略容易戰術難」(Strategy is easy. Tactics are hard.)，戰術與執行細節應如何運作，這將使標竿學習的地位變得更形重要。因此，持此說法的學者認為，策略性規劃下一階段的演進便是標竿學習。於是，在 1970 年代晚期，全錄公司首先運用標竿學習，至 1980 年代早期，便有許多公司使用標竿學習，並將其視之為競爭利器(Boxwell, 1994: 12-15)。

此種說法認定標竿學習具策略性規劃的特色，甚至標竿學習彌補了策略性規劃的缺陷，因為其能明白地指出戰略層次與執行層次的運行模式，故較策略性規劃完整，甚至取而代之。

綜觀由整個歷史演進的脈絡來談標竿學習，吾人可以發現，正由於全面品質管理本身係為一種廣博的哲學觀，以及一組具有「典範完整性」(Paradigm Wholeness)的理念（江岷欽、林鍾沂，民 84: 405），所以，若欲探究整個標竿學習的核心理念與價值，從 TQM 此途徑來理解，應是可行的方法，但又由於 TQM 尚無法完整表達標竿學習的理念，及其在分析工具與策略應用上獨有的特徵，是以本文欲從提昇其概念層次著手，而非僅強調其為 TQM 之一環，其因即在此。

二、標竿學習的定義

對於標竿學習的定義，至今似乎尚無一個明確的定義，因為在實務上，每一家公司或部門的需求並不相同，而管理者或從業人員對於其定義亦是言人人殊，所以，我們不妨從「為不同事物所量身訂作的一套方法」來理解(Bendell, et al., 1993: 5)。

Andersen 與 Pettersen 兩人(1996)對標竿學習所下的操作型定義

為：標竿學習是一種過程，藉由一家公司不斷地測量與比較另一家公司的流程，以使組織從比較中獲取認同，並得到協助執行改善方案的資訊。從其關鍵字句中可知，標竿學習本身是一種過程，且是一種結構化的過程，若與其他公司之運作流程從事比較時，並非只有績效的測量而已。此外，獲取比較資訊的來源，是從組織本身以外，並透過學習而來的，其重點在於改善而非只是評估(Andersen & Pettersen, 1996: 4)。

Bendell 等人則指出，標竿學習是一種尋求改善的心態及其改善的流程，這種慾望自然而然的演進。如同尋求一新的概念，標竿學習是以「借用」或「剽竊」這些觀念中做得最好的為對象，即使這是一個極特別的面向(Bendell, et al., 1993: 7)。

McNair 與 Leibfried 兩人(1992)則認為,標竿學習是「取法乎外」(External Focus)的，進而關注其內部的舉措與功能，以求達致持續的改善。換言之，首先分析組織內部已運行的活動或實務，其目的在於瞭解既存的流程或活動,然後認定一個組織以外的參考點或標準，俾以測量判斷(McNair & Leibfried, 1992: 1–2)。

全錄公司的執行長 David T. Kearns 則說明了標竿學習是針對最強勁的競爭對手或被公認的產業龍頭，評量其產品、服務或實務的連續過程(Schonberger, 1990: 1; Fitz-enz, 1993: 26)。

此外，Fitz-enz 認為，許多在實務上進行標竿學習的公司，大都可以接受以下的定義：標竿學習是一種用以確認標竿對象，經過兩相比較後，再認定可以使自己成為行業翹楚(Best-in-class)運作實務的一種系統化途徑(Fitz-enz, 1993: 26–27)。

一般而言,對於標竿學習的定義,大都推崇 Michael J. Spendolini 的定義(Fitz-enz, 1993: 27; Finnigan, 1996: 4)，此乃因標竿學習為務實之學，而其定義又較為務實之故。Spendolini 鑑於目前對標竿學習已有多種定義，故其採用一種實證的方式來對標竿學習下定義。

Spendolini 於詢問五十七家進行標竿學習的公司之後整理出的定義如圖二所示（呂錦珍譯，民 85: 21–25）：

標竿學習：

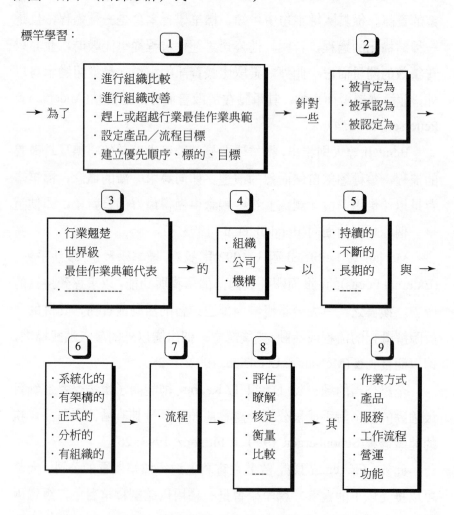

圖二：標竿學習的定義

註：方塊中的字句可任選組合
資料來源：轉引自呂錦珍譯（民85: 21–25）

　　若從以上各個學者或實務專家的論點看來，不難釐清「標竿學習」中的若干關鍵概念。而整理渠等概念後，吾人可知其關鍵概念即：

1. 標竿學習注重「流程」，這包括了標竿學習計畫本身的流程，同時亦涵蓋了組織運作的流程。
2. 標竿學習注重「學習」，任何形式的學習均可且是取法乎外的。
3. 標竿學習講究「持續性的改善」。
4. 標竿學習是系統化與結構化的活動，此活動必須有「參考點」，亦即標竿對象，而此對象又必須是最佳的。

三、標竿學習的立論基礎

Bogan 與 English (1994)這兩位標竿學習的實務專家，明白地指出標竿學習是一種基本的商業概念，也是一種截人之長、補己之短的概念。準此而言，標竿學習當然是「利字當先」，甚至可以「不恥下借」(Borrow Shamelessly)他人的觀念，以達成組織革新，取得競爭優勢為目的。因此，從成本與利益的概念來解析學習的效應，透過向他人學習（即標竿學習）的替代性學習(Vicarious Learning)，其所必須花費的成本，遠比自己摸索的線上學習(on Line Learning)要低得多。

Karlöf 與 Östblom 兩人(1993)則依循著全面品質管理的論點，指出標竿學習的相關主題便是品質與產能。品質的定義可分為兩大項，其一是顧客所感受到的(Customer-perceived)，如顧客的價值觀，對產品價格與品質的滿意等；另一則是品質的相關規範(Norm-related)，如較少的缺點、產能、成本等。而關於產能的主題，標竿學習主要是為了尋求善用資源的方法，至於要使品質與產能得以彼此的協調，則是依賴流程取向的思惟模式(Flow-oriented thinking)來達成。

再者，Finnigan (1996)視標竿學習為一種競爭評估(Competitive Assessment)，是達成員工參與與品質流程改善的利器，其關鍵概念之一的「評估」，重視的就是流程，亦即標竿對象的實務運作的流程。同時亦指出 Peter M. Senge 所指出的學習概念，便是使自己更形卓

越，成功的標竿學習在概念上亦復如是，在於使自己能更上層樓。再者，成功的標竿學習，其另一重點則是在於能正確地使用並設計標竿學習整體運作的流程。

McNair 與 Leibfried 兩人(1992)則對標竿學習的立論基礎建立一套完整的體系，渠等以為標竿學習的哲學基礎在於不斷的改善 (Continuous Improvement)，其所關懷的面向則是利害關係人(Stakeholders)，前者指的是對最佳的運作實務永無止境的追求；後者則是將利害關係人定義為四大族群，分別為生產者、雇主、員工以及顧客，成功的標竿學習並非取決於利潤的多寡，而在於是否能滿足這些利害關係人的期待。

Bendell、 Boulter 與 Kelly 等三人(1993)則直言標竿學習的關鍵成功因素在於「流程」。流程是指輸入項轉換成輸出項的一種機制。輸出項與原先的輸入項可能大異其趣，它可以包含服務、產品、文書資料或其他細節瑣事。基本上，他們相信將焦點放在流程之上，有助於確認改善的實質內容，這使得流程的標竿學習成為改善的重要關鍵，當然這種改善的基本命題，仍是以全面品質管理的理念為中心的。而所謂的流程，除了強調內在的作業流程外，同時整個標竿學習的設計流程亦不容忽視。

此外，Spendolini (1992)則從全錄公司的「競爭標竿學習」(Competitive Benchmarking)的概念來說明標竿學習的觀念和目的。一般人通常把這種流程當作是一種蒐集競爭資訊的方式。但深入理解後，則可以發現標竿學習包含下列兩個層次：

第一，標竿學習是一種流程。這個流程不但可以用來瞭解競爭的對手，也可以用來瞭解任何組織。關鍵就在於先訂定出某些企業功能（例如生產、工程、行銷、財務等）的共通衡量標準，然後再找出在這些特定企業功能上卓然有成的領導者或創新者與自己的方法作比較。此方法之所以可行乃因所謂的「卓越」，往往具有相當的

共通性。

　　第二，標竿學習的焦點，超越了產品或服務的範疇，涵蓋到「流程」的問題上。其重點不僅是另一個組織生產了「什麼」，更在於這個產品或這項服務是「如何」設計、製造、行銷以及進行售後的服務。所以，卓越的流程才是主要的考慮因素。

　　Spendolini 更提議以「學習」為架構，把標竿學習定位成另一種形式的專業發展，可以補足其他學習方式之不足。若能如此，則標竿學習就變成一項基本工具，能夠在向外找尋觀念及靈感的過程中引導大家。本質上，標竿學習就成為學習型組織的一項工具（呂錦珍譯，民 85: 15–16）。

　　自前述標竿學習的立論基礎觀之，吾人亦可發現標竿學習的關鍵特色在於：

1. 標竿學習是向他人採行任何方式的學習，就其本身而言，型塑一種學習型組織以及相關的構念則相當重要。
2. 標竿學習在於尋求「不斷地改善」，以達成「顧客滿意」，並實現「利害關係人」的期待。
3. 標竿學習本身就是競爭評估的利器，存在著彼此「比較」的意涵。
4. 標竿學習重視「流程」，其包含組織作業流程與標竿學習方案設計的流程。

參、標竿學習的核心價值

　　綜觀文前對於標竿學習理念脈絡的探究，吾人可知標竿學習的核心價值應有下列三端，亦是本文對其所欲提出的完整概念 —— 標竿學習即是由「全面品質觀」、「流程觀」與「學習觀」此三者所構成，不但三者之間相輔相成，同時亦彌補了標竿學習可能存在的缺

陷。茲將「全面品質觀」、「流程觀」與「學習觀」等一一說明如下:

一、全面品質觀

此論點源於「全面品質管理」(TQM)的啟發,TQM 所重視的原則為 1.顧客導向(Customer Focus); 2.持續的改善(Continuous Improvement); 3.團隊合作(Teamwork)(Dean, Jr. & Bowen, 1994: 395,轉引自江岷欽、林鍾沂, 民 84: 407); 4.流程取向(Process Orientation)(Wilkinson, et al., 1998: 12–14)。任何學者或實務專家均不能否認「品質」是 TQM 的中心思想, 亦可指組織所提供之服務, 及感受對最終使用者所認知的價值(Swiss, 1992: 356–362), 而在追求「高品質」理念的同時, 輔以其他的相關措施 (或原則), 本文不擬於此著墨過多, 故將「標竿學習」的「全面品質觀」定位於「達成顧客全面性的滿意」此一基礎之上, 輔以流程觀與學習觀, 成為標竿學習的基本原則。

二、流程觀

依前文所做的介紹, 吾人可以發現, 標竿學習在運作上相當重視「流程」, 而其同時又彰顯了雙重的意義:

其一為:標竿學習所效法他人者, 是標竿對象營運的流程。而此一論點超越了產業別的差異或不同部門的限制。

其二為:標竿學習同時注重本身流程的管理, 所謂本身的流程同時指的是部門或產業運作的流程及推行標竿計畫的流程兩項。

上述兩點便是「標竿學習」的「流程觀」所涵蓋的基本意涵, 在付諸實行上, 同時指涉「流程再造」(Process Reengineering)與「流程管理」(Process Management)兩大範疇。

此外, Hale 與 Hyde 兩人(1994: 127)認為, 流程再造係一種重新設計的系統策略, 其概念的萌發並非憑空而生, 而是奠基於下列管

理理論上（轉引自孫本初，民 87b: 393-394）：策略規劃、品質管理、參與管理與方案管理。對於流程再造的啟發，Linden (1994: 75-81) 認為，可從下列三個面向著手：企業界與政府部門成功的經驗、製造業的同步工程與精簡生產流程，加上以時間為基準的競爭觀念，這些觀念與標竿學習的原本精神不謀而合，頗值得借鏡。

至於流程管理，其主要目的在於協助組織能達成其管理目標 (Tracey, 1994: 139)，與標竿學習的關係在於相互補足管理上的盲點與缺失。因就標竿學習在關注結果取向（品質）的同時，亦應關注流程取向（執行）二者之間能否達成平衡(Shiba, et al., 1993: 398-401)。

綜上所述，就標竿學習而言，對外效法他人運作流程是理所當然，但既涉及組織內部的變革，則對於組織內部的流程再造與管理，自然也是不容忽視的，故「標竿學習」的核心意涵之一為流程觀，其重要性是不言而喻的。

三、學習觀

本文所提出的「學習觀」，主要包含兩種學習精神，分別為向他人學習與自我學習。所謂向他人學習，與原先標竿學習所標榜的基本意義相同，亦即向最佳的實務典範(Best Practice)學習。至於自我學習的部分，則是指標竿學習的自我超越，乃強調其標竿學習 (Bench-learning)的積極意義(Karlöf & Östblom, 1993: 180-187)，目的在使組織透過學習，能凌駕於競爭的對手之上，成為其他組織的學習標竿(Benchmarked)。更進一步而言，標竿學習的理念本身具有循環性，故能不斷地改進與學習。即使組織本身已是公認的最佳典範，仍有不同的面向可以向他人學習，以求自我超越，同時也跨越了標竿學習本身在學理上可能的侷限。

肆、標竿學習的類型

就標竿學習的類型而言，檢閱各種相關文獻之後可以發現，在實務上它顯得相當多元，且為了因應實務的需要，並無定於一尊的說法，不論是何種標竿種類，最重要的應當是對標竿學習的展望有個清楚的遠景(Andersen & Pettersen, 1996: 7)，這也正是本文亟欲建立標竿學習的理念基礎與核心價值的用意。

本文對標竿學習種類的介紹，主要是採取 Andersen 與 Pettersen (1996: 5–6)兩位學者的區分架構，依比較的標的(what)及比較的對象(who)來說明，實際運用上當然不只這些類型。❶

---

❶ 標竿學習的種類相當繁多，平心而論，若能釐出了標竿學習的理念與價值，則只要合乎標竿學習基本理念或價值者，皆可堂而皇之地冠上「某某標竿」，筆者不擬於此多作評述，因為文獻上有很多類似的用法，故筆者特別強調標竿學習理念與價值之重要性。

再者，此處列舉 Andersen 與 Pettersen 的說法，需要特別說明的是：依其說法，標竿學習的標的指的是 "benchmarking of what"，標竿學習的對象則是 "benchmarking of whom"，凸顯這樣的說法因為前者強調「學什麼」，後者則是「向誰學」。但就許多參考文獻來看，一如前段所述，這些所謂「某某標竿」常是混用而不加以區分的，而英文文獻也應以使用時機加以理解，例如：benchmark(s)，指的是標竿，陳述一種靜態的用法，如此就可能指的是標竿學習的對象或標的，若為動態用法則為「學習」，或「被學習」(be benchmarked)，若為後者，則又可能是標竿學習的對象或標的了。而 benchmarking 其所指的就更廣，除了包括上述可能情形外，也將其視為一種方法或工具。因此，在中文區分上，若將標竿學習視為一種管理方法、工具或理念，則這樣的組合約略有三端，一為學習的本體，一為向誰學，一為學什麼，學習的對象通常譯為標竿對象、標竿夥伴、標竿等，學習的標的則譯為學習標竿或標竿等，在區別實益上，讀者不必以詞害義，應掌握其精神及相關

一、依據比較標的加以區分為三種類型

㈠績效標竿(Performance Benchmarking)

績效標竿是針對績效測量作比較，以決定一個公司的良善標準為何。

㈡流程標竿(Process Benchmarking)

流程標竿是針對企業流程之執行方法與實務的比較，目的是為了學習最佳實務，以改善自己本身的流程。

㈢策略標竿(Strategic Benchmarking)

策略標竿是與其他公司從事策略選擇與處置的比較，目的是為了收集資訊，以改善自己本身的策略規劃與處理。

以上三種標竿學習的基本類型，若依學習的層次(Levels)加以區分，則以策略的標竿學習為最高，績效的標竿學習次之，流程的標竿學習則最為基本(Bogan & English, 1994: 7-8)，如圖三所示。策略的標竿學習的焦點通常置於世界級的產業，或一國之中執牛耳者，如能因此而獲得改善的啟發，通常其獲得的利益是最大的。而績效的標竿學習則注重產品的輸出或所提供的服務能否達成顧客的滿意，所面對的是直接的競爭者，而此類型的標竿學習所獲致的改善利益，自然不若前述的策略的標竿學習。至於流程的標竿學習，特別重視實務的運作以及運作的能力，通常是以組織內部最佳的流程作為學習的對象，是故就改進績效而言，在組織內部雖是容易，但其獲得的利益，相較前二者也是較低的(Bogan & English, 1994: 40-44)。

說明。

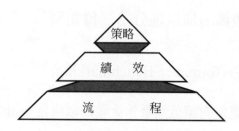

圖三：標竿學習基本型的層次示意圖

資料來源：Bogan & English (1994: 8)

二、依據比較對象加以區分為四種型態

標竿學習可以依據比較的對象分為四種型態（Andersen & Pettersen, 1996: 5;呂錦珍譯，民 85: 31–38）：

㈠內部標竿(Internal Benchmarking)

內部標竿是在相同的公司或組織，從事部門、單位、附屬公司或國家之間的比較。而學習的流程是從內部開始，其目標就是要找出內部績效的標準，通常這種學習會帶來大量的資訊分享。

㈡競爭標竿(Competitive Benchmarking)

競爭標竿是和製造相同的產品與提供相同服務的最佳競爭者，直接從事績效（或結果）之間的比較，其目的在於找出競爭對手的產品、流程及經營結果的特定資訊，然後再與自己組織中類似的資訊作比較。

㈢功能標竿(Functional Benchmarking)

功能標竿是和具有相同的產業與技術領域的非競爭者，從事流

程或功能上的比較，其目的是從在特定領域中已樹立卓越聲響的組織，找出最佳的運作實務。

(四)通用標竿(Generic Benchmarking)

通用標竿是無論任何產業，皆以本身的流程來與最佳的流程從事比較，易言之，使用「通用」此字，是指「沒有品牌」的意思，也就是把注意力集中在優異的工作流程之上，而不是集中在特定的組織或產業上。

上述四種型態，各具特色：內部標竿學習，在此類型計畫中，通常是一個溫和的開始，內部標竿學習主要是利用公司內部不同單位之間來從事評估與比較，因此，內部標竿的優勢在於其較容易界定比較的流程，資料與資訊較容易取得，而且通常有一個標準的格式。至於競爭標竿學習則涉及一個敏感的（秘密的）領域，因為競爭標竿是競爭者分析的延伸，主要是以最佳的競爭者為分析對象，而不是以一般的平均標準為對象。由於其涉及競爭者之間秘密資訊分享的問題，以及法律和倫理的限制，競爭標竿通常被視為表面的且過於著重數據。至於功能標竿則意指從最相近的對象中來學習。在功能標竿中，標竿對象可以為顧客、供應者或其他相同產業或具有相同技術領域的公司。通常較易與這樣的公司保持密切接觸，且這樣的公司與自己本身所面對的問題通常也較為類似。最後通用標竿學習則具創造性運用的特色，因其在完全無關的產業中尋求一個與自己本身具有相類似流程的公司，有時可能需要創意，因為一個公司的知識亦要同時移轉至另一個公司。所以，通用標竿在新技術或實務的突破潛力是最高的(Andersen & Pettersen, 1996: 6)。

表一為不同類型的標竿學習所組成的矩陣圖，吾人可以藉此來尋找最佳的標竿組合：

表一：標竿學習類型的結合矩陣

	內部標竿	競爭標竿	功能標竿	通用標竿
績效標竿	○	◎	○	△
流程標竿	○	△	◎	◎
策略標竿	△	◎	△	△

註：相關程度：高◎，中○，低△
資料來源：Andersen & Pettersen (1996: 7)

　　由上可知，某些標竿學習在類型上，彼此的組合是比較有相關的。例如：內部的標竿學習，在獲取新資訊上較有限制，而且較沒有潛能尋求大幅度改善的機會；競爭標竿在比較績效與策略兩層次上則較能派上用場，但因為有關企業流程的細節與秘密資訊間的交換容易發生問題，所以在流程層次上則實施困難。功能與通用標竿則在結合流程標竿時可以產生最高的價值，但在績效測量與策略抉擇則否(Andersen & Pettersen, 1996: 7)。

伍、標竿學習的流程

　　賡續本文前面所提的「流程觀」，其包括學習別人最佳的運作流程以及自身組織流程的改進外，另一重要的「流程」就是推行標竿學習計畫的流程。就如同標竿學習的種類一樣，標竿學習的計畫流程在實務界也有許多模式，本文將介紹「標竿學習輪」(Benchmarking Wheel)以簡介標竿學習流程的基本內容，其包括：規劃(Plan)、探尋(Search)、觀察(Observe)、分析(Analyze)、適用(Adapt)。從「標竿學習輪」中（如圖四）顯示標竿學習流程的基本內容有：

　1.選擇與證明何種流程是值得學習與作為標竿的。

　2.確認哪一個組織或誰在執行這樣的流程時表現得最為突出。

　3.觀察與分析所要學習的標竿夥伴如何執行他們的流程。

4.分析組織本身與標竿之間二者，造成績效落差的原因為何。

5.基於以上的分析來進行組織本身的改善。

而以上的內容分別可以落實在「標竿學習輪」的各階段中，茲將其一一說明如下(Andersen & Pettersen, 1996: 13-20)：

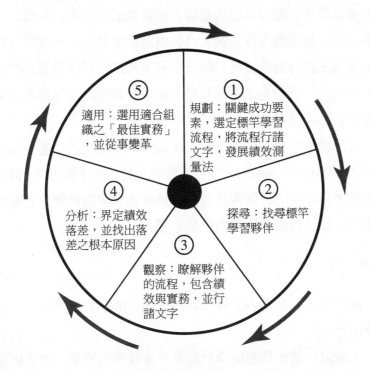

圖四：標竿學習輪

資料來源：Andersen & Pettersen (1996: 14)

㈠規　劃

經驗顯示規劃階段是所有階段中最重要的一環，因為良善的規劃能為有效的標竿研究建立基礎，其活動包括：

1.必須提昇對組織策略的覺察，並加以確認。進而基於組織的策略，來選擇值得作為標竿的流程。

2.組成標竿學習團隊。

3.瞭解並證明值得作為學習標竿的流程應該為何。

4.建立對流程進行衡量的績效標準（例如品質、時間或成本）。

透過確定組織重要的成功因素，與評鑑影響企業流程的主因，來為標竿學習選擇適當的流程。在觀察標竿學習的對象之前，最重要的莫過於先去瞭解自己的組織，例如組織的流程、步驟、方法、實務、每一個活動所涉入的人員與績效的衡量等。一般而言，許多組織都缺乏此方面的資訊，所以在從事管理時都僅針對部門，而不是針對流程，而對企業流程其基本知識的理解，以及相關的績效衡量標準也都很低。

至於標竿學習團隊(Benchmarking Team)的成員，應該包括流程主導者(a Process Owner)、執行流程的人員、管理聯絡者、與流程相關的顧客與供應者。團隊成員應該積極地參與關於流程資訊的提供與證明，以及對績效衡量標準的選擇。

㈡探　尋

探尋階段主要是為了尋求與確定適當的學習標竿，此階段包括以下的活動：

1.設計一連串理想的學習標竿所應具備的標準，並且應使全體成員感到滿意。

2.尋求潛在的標竿學習對象，亦即探尋所有在流程方面優於本身組織的對象。

3.對所有列出的標竿學習夥伴從事比較，並且選擇最佳的學習標竿。

4.與標竿學習夥伴密切聯繫，以獲取其參與標竿研究的資訊。

從上述活動可知，與其視標竿學習為一種方法或技巧，不如說標竿學習是在對組織之間作彼此的比較，建立可接受與合法的環境或網絡。因此，在執行數個標竿研究後，往後的研究將因為組織彼

此的聯絡與接觸而更加受惠，同時亦可在尋求學習標竿的階段中，節省許多時間成本。

　　但是若太過於依賴標竿學習夥伴所連結的網絡，相對地亦會造成危險，因為如此一來，組織在向外尋求學習標竿的能力容易喪失。在網絡之內，組織之間是因為如此地熟悉彼此，並凝聚濃厚的向心力，以至於喪失「往外看」(look outside the box)的競爭能力，而將因此耽溺於次佳的夥伴。所以，限制組織必須從網絡中尋求親密的學習標竿實應三思。

㈢**觀　察**

　　觀察階段的目的，係在於研究所選擇的學習標竿以瞭解其流程。為了善用資訊以利於改善，資訊的蒐集應該有三個層次：

　　1.績效層次，係用來充分顯示和組織本身相較的標竿對象有多好。

　　2.實作或方法層次，係用以促使績效層次的達成。

　　3.促成層次，根據實作或方法來使流程的執行成為可能。

　　而觀察階段有三個步驟：

　　1.評鑑所需的資訊為何。

　　2.選擇適當的方法與工具以便蒐集資訊與數據。

　　3.觀察與詢問。

　　在此階段，僅是觀察標竿對象的流程表現有多好是不夠的，為了學習與改善，吾人必須發覺標竿對象的表現，是「如何」與「為何」可以表現良好。在標竿研究中，有許多方法與技術可以善用在觀察階段之中，例如問卷、面談或直接的觀察等。

㈣**分　析**

　　分析階段的主要目的是為了瞭解：

1. 組織本身與學習標竿之間的流程所產生的績效落差。
2. 導致績效落差的根源為何，也就是說促使標竿夥伴達成高績效層次的方法與實作為何。
3. 導致績效落差的主要媒介。

其方法為：

1. 將所收集的資訊與數據予以分類。
2. 控制資訊與數據的品質。
3. 對數據予以標準化。
4. 確認績效落差。
5. 確認導致績效落差的原因。

除了規劃階段是標竿研究成功的基礎之外，分析階段也是相當重要與困難的。在觀察與造訪一個或數個標竿夥伴後，研究團隊很可能因為數據或資料品質的不佳，而對分析結果失去動機。所以，對潛在危險的覺察與進行一個完整的分析是相當重要的。

值得注意的是，從學習標竿所收集到的資訊，並不總是遵循上述分析階段所運用的方法與途徑，因為這些數據資料通常不易自學習標竿取得，導致量化分析的減少。所以與其先決定績效落差，不如先直接確定為何學習標竿可以優於組織本身，並值得學習。

(五)適 用

標竿研究的主要目的應該是為了創造變革與進行改善，否則表示標竿學習的潛在優勢並沒有完全發揮。因此，從分析階段所獲得的發現，必須能夠適用在組織本身的情況下。其任務包括：

1. 分析階段所獲得的發現，能夠透過參與以及資訊交流來溝通，並且贏得大家的認同與接受。
2. 為改善計畫建立功能目標，並且促使其符合組織其他的改善計畫。

3.設計執行計畫。

4.讓執行計畫轉換為行動。

5.監督進程(progress)與調整偏差。

6.以一個最終報告來結束標竿研究。

㈥循　環

標竿學習不應僅是短暫的事件，而應是持續性地改善組織績效的過程。故其應包括以下的活動：

1.校準標竿，亦即不斷向「最佳實務」看齊。

2.促使標竿學習的流程成為一種循環，也就是說為新領域或新流程從事新的標竿研究。

3.標竿學習過程的本身，是基於標竿研究的經驗，而這些經驗必須從執行中來學習。

這將促使標竿學習輪能夠運轉，唯有讓標竿學習的過程得以循環，才能確定標竿學習的潛力得以完全發揮。否則僅執行一次標竿研究，將會浪費之前標竿學習訓練的投資，並喪失標竿學習團隊所獲得的專家資源，促使下次的標竿研究變得更為困難，而且容易重蹈覆轍。

文前已將標竿學習的理念與實務經驗作了介紹，自理念基礎言，筆者相信本文已掌握其梗概；自運用取向言，標竿學習以「務實之學」自居，故其運作模式、流程、類型等，自然顯得相當多元，也因此擇要簡介；至於其他相關的配套技術，例如功能途徑流程圖(Functional Process Flowcharts)、矩陣分析法(Matrix Analysis)、落差分析(Gap Analysis)、蛛網圖(Spider Charts)、Z 形圖(Z Chart)等等(Keehley, et al., 1996: 234–240)，限於篇幅不作細論，從而強調理念基礎的完整性，這將更有助於宏觀計畫的推行或變革，不至於自限於應用的技術取向。

陸、公部門之標竿學習

衡量政府機關的績效以促進效率的作法，已有很長的歷史，但是卻不是以「標竿學習」之名為大家所熟悉，戴明(W. Edwards Deming)的論著直到 1980 年代中期才在美國家鄉受到重視，但是其所主張的統計上的績效衡量(Statistical Performance Measurement)與控制圖標竿(Control Chart Benchmarking)等方法，早在 1940 年代末期，日本公、私部門就廣為應用，一般認為，發現與適用「上上選者」(dantotsu)的日本實務，就是標準的標竿學習(Cohen & Eimicke, 1998: 67)。

在美國，直到 1990 年代，標竿學習才逐漸在政府部門其管理革新的作法中崛起，然而其在公部門中的發展卻相當快速。在 1994 年，《*Governing*》雜誌則敘述有關「標竿學習的旋風」(Benchmarking Craze)(Walters, 1994)，使得公共管理者更加重視。事實上，之所以標竿學習在公部門的發展，比其他的管理革新技術更容易地受到公經理人所接受，乃是因為他們視標竿學習為同儕競爭的過程。管理者可以注意其他政府組織的運作，以評估自己，同時更可學習新的方法。儘管標竿學習只侷限在部門之內而顯得太狹窄，但是至少可鼓勵許多公經理人超越自己本身的機構，而去衡量成功的可能性與尋求更佳的運作方法(Cohen & Eimicke, 1998: 67)。

基本上如前述的推論並無太大爭議，而依據相關研究數據及文獻，亦證明標竿學習在公部門的運用，仍是有效而且可行的，在使用昔日老舊的方法，來提昇組織績效顯得無用武之地之時，標竿學習確實是有力的分析工具，而且在向最佳運作實務學習效法時，所獲致的改善也是明顯可見的(Bruder & Gray, 1994: S9; Janofsky, 1995: A8; Gay, 1992: 18)。

　　從歷史源流來看，公部門適用標竿學習法，可追溯至美國的胡佛會議在 1950 年代的作用，其就是藉由尋求領導當時公私組織的最佳實務，以促進美國政府聯邦機關的效率。時至 1990 年代，由美國副總統高爾所領導的國家績效評估會議（National Performance Review,簡稱 NPR），其主要內涵就是新政府運動。回顧 David Osborne 與 Ted Gaeblers 所謂的新政府運動與 NPR 報告(Gore, 1993)的內涵，都顯示了將最佳實務模型作為績效改善的途徑。標竿學習與新政府運動有相當大的重疊性，Osborne 與 Plastrik 定義 "Reinvention" 為公共系統與組織的根本轉換，以大幅度增進效能、效率、適應力與革新能力(Osborne & Plastrik, 1997: 13-14)。新政府運動要求組織決策層級的扁平化，並且讓組織能夠充分授能(Empowerment)給組織成員，增加他們自由裁決的能力。而一般組織就是運用標竿學習來尋求「根本的轉換」(Fundamental Transformation)(Cohen & Eimicke, 1998: 67-68)。

　　此外，透過各種獎項（如 Malcolm Baldrige National Quality Award, Carl Bertelsmann Prize 等）的讚譽與表揚，使標竿學習法運用在公部門的追隨者與日俱增。原因在於決定獎落誰家的裁判們，在面對競爭激烈的各參賽者時，要求的績效評比指標將日趨嚴苛，而參賽者亦竭盡所能展現如何選擇競爭標竿，以達致績效與流程的實質改善。如此一來，將使組織對各獎項的標準或最佳實務產生認同，進而學習效法甚至超越之，以保組織之創新與卓越，因為每個組織都想出類拔萃，成為最好的(Keehley, et al., 1996: 3-4)。

　　雖然標竿學習聽起來簡單，且以相當快的速度遍佈，但並不保證對每個組織有絕對的效用(Biesada, 1991)。一般觀念中，標竿學習的過程中沒有最佳的模型，組織應該選擇本身最熟習，且最能符合自己的特定情況的模型。Cohen 與 Eimicke 針對政府部門而設計的標竿學習模式為(Cohen & Eimicke, 1998: 70-72)：

1. 決定哪一個單位或運作流程對自己的組織最為有益。
2. 認定衡量成本、品質與效能的主要變數。
3. 選擇最佳的作為標竿。
4. 選出績效最好的模式並予以衡量。
5. 衡量組織本身與最好的組織之間的落差。
6. 認同標竿學習的活動，並設法縮短與標竿的差距。
7. 執行行動議程(agenda)，且監督運作的流程。

綜合分析公部門運用標竿學習法，從本文前述中所一再強調的理念價值來理解，可從以下兩個面向說明之：

第一：自標竿學習的對象為企業界而言

由於當今流行於各國的管理風潮，促使各國政府的公共事務產生「典範移轉」(Paradigm Shift)的現象，這股潮流可以統稱為「新公共管理」（孫本初，民 88: 13），其特質之一便是「引進市場競爭機制與強調運用私部門的管理風格」(Hughes, 1994: 68–69)，易言之，公部門與私部門兩者所使用的管理方法，在實際選用時是講究效用主義的，其關係是互補而非完全替代（孫本初，民 87: 457）。

準此而言，在倡議政府再造所追求的企業型政府(Entrepreneurial Government)理念下，標竿學習所指引的，便是市場機制的運作流程與績效的追求，而非企業化的營利觀點。質言之，本文中對標竿學習的構成要素之一的「流程觀」則是著重政府運作效率的提昇，而「全面品質觀」則在於服務品質的認可，兩者確有助於政府運作績效的改善，再輔以「學習觀」以改善官僚體制既有的習性，「標竿學習」便是一套內外兼具、務實可行的方法。

第二：自標竿學習的對象為政府部門而言

此概念與上述的內容大同小異，差別只在於學習的對象為公部門。但必須更進一步說明的是，此處所謂的政府部門，即政府部門成功的實務經驗，可細分為兩個主題，一為他國政府再造成功的經驗，

另一為對政府部門間良好運作流程的學習，這些都是學習的對象。

首先，在各國的政府再造或行政革新的計畫中，如此大規模的計畫，能對我國有所啟示，乃是透過標竿學習的方式，萃取成效卓著的案例經驗（江岷欽、劉坤億，民 88: 19），這與標竿學習的基本認知並無二致，但由於各國的民情文化、法令規章並不相同，往往成為「制度移植」最大的致命傷，因此，透過標竿學習中的「全面品質觀」，具體落實符合我國民情文化的顧客需求，進而追求服務品質的高滿意度；而「流程觀」則可以從他國經驗的成功歷程師法其值得學習之處，是以標竿學習並非制度的移植，而是一種制度的反省與經驗的學習。

其次，國內各部門之間值得效法的運作流程，雖不如國際間的成功經驗來得宏觀，透過本文所界定的「全面品質觀」、「流程觀」與「學習觀」，加以琢磨研究，同樣是具體且可行的方法。

柒、評析與結論

有人曾說過，第一個標竿者的光芒是第二個人所點燃的(The first benchmarker was the second person to light a fire.)(Cohen & Eimicke, 1998:66)，言下之意，頗值玩味！綜觀世局變化，大型企業界在推行標竿學習計畫時，經常存在著既競爭且又相互得利的良性循環之中，原因不外乎在地球村儼然成形的此時，跨國性企業強者恆強的局面似已篤定，所以，一家企業值得效法學習的，絕非只是產品類別而已，而是其營運模式，當然亦包括各種特質，如組織文化、運作流程、領導者的眼光與智慧等，標竿學習無疑指出了可行的方向：未必非得在同質性高的產品爭長短。所以是一種既競爭又互利的循環。

因此，標竿學習的優異之處是顯而易見的，舉如(Cohen & Eimicke, 1998: 74–76)：

其一，從事標竿學習的過程，即使無法達成所欲的改善目標，其實也是相當具有價值的。此乃因藉由持續性地尋找與認定最佳者，並且模仿或超越最佳目標者。一個組織即可藉此以型塑其組織文化與行為，進而驅動強烈的競爭力、榮譽感、信任感、精力等，來促使組織的表現更為卓越。再者，標竿學習促使團隊的形成並增進團隊合作(Teamwork)，鼓勵組織關心顧客、知道如何排定優先順序，並且能夠對績效評估取得共識(Ammons, 1996)。

其二，標竿學習也可以刺激另類的思考(out-of-the-box thinking)與持續尋求最佳實務的恆心。印第安那波里的市長Stephen Goldsmith 贏得了 1995 年的福特基金會(Ford Foundation) / 甘迺迪學校革新榮譽獎，其常言道成功的秘密就是在市政服務的企業中尋找仿效者並且認定最佳者，然後，在得到他們的同意後拷貝(copy)仿效者的所作所為。所以，其自稱為最完美的標竿學習者。

其三，藉由標竿學習所建立的績效報告，可以提醒組織的服務次序與責任，更有利於將焦點置於課責(accountability)之上，而其亦可以輔助預算抉擇與適當分配額外的資源。在政府部門中，組織處理事情時，通常都設想為消防演習(fire-drill)的危急狀況，最好與最閃亮的員工，就是能持續地從一個主要的問題解決狀況，奔波到另一個練習狀況的人，完全沒有關注在此責任領域內的組織績效。然而，績效報告的建立，以釐清組織的服務次序與責任，危機仍可以適時地被處理，績效評量與標竿學習亦可以確定組織的資源應如何適當地分配，以符合長期與短期的目標與責任。

最後，標竿學習可以避免組織因為「夠好的」(good enough)選擇就滿足，也不會因此僅針對「最多就只有這樣了」(all that it can be)而不知上進。標竿學習可以引導組織改善，並且評估品質與價值，使組織明瞭什麼是對顧客、組織成員與評估者而言是最重要的。

　　然而，標竿學習在運作時，也並非萬靈丹，仍須付出相當的代價，相對而言也是其缺點，舉例而言(Cohen & Eimicke, 1998:74–76)：

　　首先，標竿學習所認定的最佳比較對象往往是過於理想化而難以達成。因為上層管理者往往預定了難以達成的學習目標而誤用標竿學習，而這樣的情形不管在公或私部門都可能發生，在私部門，AT&T 就因為向 NCR 作標竿學習而失敗；在公部門，美國福利改革的反對者就批評福利改革的支持者誤用威斯康辛州(Wisconsin)的改革努力；而民營化最成功的標竿——大不列顛(Great Britain)在許多非洲國家也無法奏效。

　　其次，標竿學習往往在成果無法量化時，有評估與衡量上的困難，並且無法預見績效改進的成效，蒐集資料也有困難，而當指標迅速地激增，標的逐漸增加，時間的需求也將遽增。

　　再者，標竿學習因為組織工作的多元化，在資料蒐集與報告上會變得無意義、浪費時間與花費昂貴。因此，若是表現不佳或不守信用，標竿學習也會損壞組織的創造力與名譽，不僅抑止組織革新的創造力，並阻斷突破性的想法，還會讓組織的企圖心與成就感喪失殆盡。難怪戴明即曾嚴厲地評論，一個績效標竿可能是組織擁有更好品質與更高績效的主要障礙。

　　最後，標竿的選擇僅是公開地向其他組織經驗學習的一種選擇，因此很難論斷學習的觀點究竟為何，對有創造力的公經理人而言，如何使標竿學習與革新策略配合無間？何種標竿學習方法最能符合組織的需要與文化？此都將是一大難題。

　　一種管理方式的風行，這是既定的事實；而無法苛求其面面俱到與毫無缺點，則是管理者應有的體認，真正重要的是瞭解其限制，發揮其正功能。若能如此，管理者方不至於因噎廢食而拒標竿學習於門外，更不會盲目追尋而濫用。

　　在實務的模式運用與選擇上，Cohen 與 Eimicke 提出若干建議

(1998: 72–74)：

一、謹慎選擇標竿學習的標的(Benchmarking Targets)

在實際的運作經驗中，重大的錯誤多產生在標竿學習開始的階段，而非在過程之中的其他步驟。一般而言，大多數組織或許會認為標竿學習計畫是相當容易起步的，因為組織成員最瞭解自己的組織，而且知道需要改進什麼，事實上未必如此。所以，「慎始」常是標竿學習的致勝關鍵。首先，在瞭解組織本身之前，標竿團隊應與組織中大部分的單位，共同針對每一個欲改善的流程，從事如何建立「標竿」的研究任務。任務開始時，研究團隊必須針對幾個特定的主要領域來進行改善的議程，如若可能，這些「標竿」應是很容易被衡量的流程或單位，同時這些自設的「標竿」，其中最好是有些已經是傑出的組織早已在從事的了。

二、績效指標(indicators)的設定

標竿學習計畫運作的初期，是傾向於各方面都能進步至最好的——包括品質、數量、成本、效率、速度與顧客滿意，因此，有企圖心的目標是相當有用的，特別是希望能凌駕競爭對手時。此外，當被要求在合理的時間範圍內，與適當的管理成本下，完成整個標竿計畫的流程時，此時就必須限縮整個範圍到最重要的指標之上。因此，謹慎地瞭解蒐集資料所需要花費的成本，衡量產業的標準、管理的核心焦點、顧客需求等，是標竿學習在所選擇設定指標時所必須顧慮的。

三、選擇適當的模範角色(role model)

選擇適當的比較基礎是相當複雜的，選擇標竿對象（模範角色）應秉持什麼樣的標準？這並沒有正確答案。因為每一個組織均具有

許多可衡量比較的標的，究竟是應該為不同的標準，選擇不同的組織來從事比較？抑或是選擇每一個衡量標準，都能符合自己組織所需要的某一個組織來作比較？這是個難題。

此外，何謂適當的標準？世界上最好的？國家中最好的？領域中最好的？地區、規模、城市或是自己的組織中最好的？是要將自己的組織和同部門的組織作比較，抑或是任何部門，例如：公部門、私部門、非營利組織？還是無論任何部門，只企圖向最佳者學習以成為最好的？其實這沒有絕對的答案。

事實上，標竿學習團隊必須在改善過程中的每一個步驟，增添現實主義的色彩，成員有強烈的企圖心固然可嘉，但時間、資源卻是有限的。此外，團隊所撒下的網愈廣，從事比較時就愈會顯得困難橫生，而所從事的分析自然所費不貲。雖然不同種類或部門的比較，最可能產生另類的革新，但同時也最可能執行困難或慘遭失敗。因此，適當模範角色的選擇，應該在資源、現實情況與潛在獲利之中取得平衡。

四、評量落差(gauge gap)

當許多組織在進行標竿學習的過程中，問題之一是其模範角色為何？當模範角色在實質上為不同的規模、不同的部門或運作上為不同的文化與社會時，應盡可能調整對方的實務經驗來配合自己流程。在此必須強調的是，計畫的推行一定要從事那些既可以受到顧客、消費者、員工或市民所重視，而且可以得到實質改善的活動。

此外，對學習者而言，總是傾向於研究與評量已經相當熟悉，而拒絕研究難以學習的流程；在組織中則傾向於著重容易評量與變革的內部流程。但是往往這樣的研究過程對顧客而言，不是影響力較小就是毫無影響力。

準此，在評量落差時，必須同時發展計畫以期縮小差距，或是

努力從事完整的標竿學習，切忌僅作學術研究而落得紙上談兵。

五、監督進程(monitor progress)

　　一旦執行了縮小績效落差的計畫時，就必須持續地評量與監督自己組織的改善程度。這與 TQM 的原則不謀而合，因為從事改善的過程從不會有完成的時候，如此方能刺激組織不斷地進步。綜言之，組織的起始目標可能是要縮短組織本身與模範角色之間的績效落差，但是，終極目標就應該是凌駕標竿對象目前的績效，並且能夠在未來成為對方的模範角色。

　　歸根結底，標竿學習對實務運作與經營經驗的助益頗多，適當的規劃與目標設定要比蒐集資料更重要，執行改善策略又比尋找最好的模範角色更為重要，簡而言之，對標竿學習的根本原則有所承諾，對組織從事標竿學習的運作時是相當有價值的。準此而言，根本原則的承諾，在於標竿學習的核心價值，其為「全面品質觀」、「流程觀」與「學習觀」，而此三者正是構成完整的標竿學習的理念基礎，嚴格而言，三者皆不可偏廢。「學習觀」主要在於組織內部的改造，例如組織文化、主事者及員工心智模式的建構等，而「流程觀」則說明了學習的方向與內部運作的改善，「全面品質觀」則是達成對內的服務或產品的高標準要求，以及對外顧客的滿意。唯有務實可行的核心理念，並配合彈性的模式運用，或可幫助管理者更輕易地瞭解其全貌而運用自如。

　　「他山之石，可以攻錯」，標竿學習在清楚的界定自我與標竿對象後，能以最簡單、最原始的方法──「學習」，來達成「截人之長、補己之短」的理想，當然是組織績效改善與變革的利器之一。

參考書目

呂錦珍譯（Spendolini, Michael J.原著）

　民85　　標竿學習——向企業典範借鏡，臺北：天下文化。

江岷欽、林鍾沂

　民84　　公共組織理論，臺北：國立空中大學。

江岷欽、劉坤億

　民88　　企業型政府——理念、實務、省思，臺北：智勝文化。

孫本初

　民87　　公共管理，臺北：智勝文化。

　民88　　「公共管理及其未來的發展趨勢」，收錄自R. T. Golem-
　　　　　biewski、孫本初與江岷欽等主編，公共管理論文精選(I)，
　　　　　臺北：元照。

Ammons, D.

　1996　　*Municipal Benchmarking: Assessing Local Performance
　　　　　and Establishing Community Standards*. Thousand Oaks,
　　　　　CA: Sage.

Andersen, Bjørn and Per-Gaute Pettersen

　1996　　*The Benchmarking Handbook: Step-by-Step Instructions*.
　　　　　London: Chapman & Hall.

Bendell, Tony, Louise Boulter and John Kelly

　1993　　*Benchmarking for Competitive Advantage*. London: Finan-
　　　　　cial Times Pitman Publishing.

Biesada, A.

　1991　　"Benchmarking," *Financial World*, 160 (19): 28–32.

Bogan, Christopher E. and Michael J. English

1994　*Benchmarking for Best Practices: Winning through Innovative Adaptation.* New York: McGraw-Hill.

Boxwell, Robert J.

1994　*Benchmarking for Competitive Advantage.* New York: Mc-Graw-Hill.

Cohen, Steuen and William Eimicke

1998　*Tools for Innovators: Creative Strategies for Managing Public Sector Organizations.* San Francisco: Jossey-Bass.

Finnigan, Jerome P.

1993　*The Manager's Guide to Benchmarking—Essential Skills for the New Competitive-Cooperative Economy.* San Francisco: Jossey-Bass.

Fitz-enz, Jac

1993　*Benchmarking Staff Performance—How Staff Department Can Enhance Their Value to the Customer.* San Francisco: Jossey-Bass.

Galpin Timothy J.

1997　*Making Strategy Work—Building Sustainable Growth Capability.* San Francisco: Jossey-Bass.

Gore, A.

1993　*From Red Tape to Results: Creating a Government That Works Better and Costs Less: Report of the National Performance Review.* Washington, D.C.: U.S. Government Printing Office.

Hale, S. and A. Hyde

1994　"Reengineering in the Public Sector," *Public Productivity & Management Review*, 18 (2): 127–131.

Hughes, O. E.

　1994　*Public Management and Administrator: An Introduction.*
　　　　Hong Kong: St. Martin's Press.

Karlöf, Bengt and Svante Östblom

　1993　*Benchmarking: A Signpost to Excellence in Quality and
　　　　Productivity.* New York: John Wiley & Sons.

Keehley, Patricia, Steven Medlin, Sue MacBride and Laura Longmire

　1996　*Benchmarking for Best Practices in the Public Sector:
　　　　Achieving Performance Breakthroughs in Federal, State,
　　　　and Local Agencies.* San Francisco: Jossey-Bass.

Linden, R.

　1994　*Seamless Government: A Practical Guide to Reengineering
　　　　in the Public Sector.* San Francisco: Jossey-Bass.

McNair, C. J. and Kathleen H. J. Leibfried

　1992　*Benchmarking—A Tool for Continuous Improvement.* New
　　　　York: John Wiley & Sons.

Osborne, D. and P. Plastrike

　1997　*Banishing Bureaucracy: The Five Strategies for Reinven-
　　　　ting Government.* Reading, MA: Addison-Wesley.

Schonberger, R.

　1990　*Building a Chain of Customers.* New York: The Free Press.

Shiba, Shoji, Alan Graham and David Walden

　1993　*A New American TQM—Four Practical Revolution in Man-
　　　　agement.* Portland, OR.: Productivity Press.

Swiss J.

　1992　"Adapting Total Quality Management to Government,"
　　　　Public Administration Review, 52 (4).

Tracey, William R.

    1994   *Human Resources Management & Development Handbook.* New York: AMACOM.

Walters, J.

    1994   "The Benchmarking Craze," *Governing*, Sept., pp. 40–45.

Wilkinson, Adrian, Tom Redman, Ed Snape and Mick Marchington

    1998   *Management with Total Quality Management: Theory and Practice.* Hong Kong: Macmillan Press.

組織學習理論發展評析

盧偉斯

中央警察大學行政管理學系副教授

摘　要

　　對組織管理的理論或是實務而言，組織學習代表某種觀察解釋組織現象的轉捩點，也反映新世代的管理哲學。近來的組織學習研究有一種「器用取向多過理論化關懷」的現象，可能造成組織學習理論發展的停滯。基於此一旨趣，本文特別針對 1996 年以後的組織學習論述進行文獻回顧，藉以掌握理論發展的近期動態。討論結果發現，組織學習原創論點和近期理論的接續關係是相當明顯的，後續研究不但深化了原創的命題，並且擴充了理論的解釋內涵。而近期研究更有幾點值得關注的發展方向：1.概念明確可操作、命題清晰指出變項間關係、理論架構完整，顯示組織學習知識累積的成就。2.嘗試結合組織理論各相關概念，發展出新的討論主題，不但饒富創意，也使組織學習不再只是「心理學的組織學習」，而能成為「組織理論的組織學習」；確立了組織學習在組織研究領域的正當性與獨立性。3.多篇論文運用「多元典範觀點研究途徑」，組織學習的研究也已從「發現系絡」的階段進入「驗證系絡」的階段，擺脫了前典範的尷尬。

關鍵詞：組織學習、組織調適、行動理論、組織知識、資訊處理、
　　　　組織記憶、團隊學習、組織認同、組織文化、制度學習

壹、前　言

到了現在，「組織學習」(organizational learning)不再只是個流行的字眼，不論是對組織管理的理論或是實務，它都是一個重要的里程碑與轉振點，代表某種觀察解釋組織現象的不同角度，也反映新世代的管理哲學。

早從 1953 年 Simon 氏以「學習」的辭彙比擬美國政府經濟部門的重組過程，十多年後 Cangelosi 和 Dill 二氏(1965)嘗試就組織學習的概念進行理論的構築，倏忽已近半個世紀。其間不但吸引理性抉擇組織論大師，如 March 氏(Cyert & March, 1963; March, 1991; March & Olsen, 1976; Levitt & March, 1990)的青睞，新人群關係學派祭酒 Argyris 氏更從七〇年代開始投注心力於相關研究，而被詡為「組織學習之父」(Fulmer & Keys, 1998)。直到九〇年代 Senge 氏的《第五項修練》一出(1990)，學習型組織於焉成為跨世紀的管理典範。

雖然如此，歷經三十年蓬勃發展的組織學習論述，到了現在，卻依然存在同樣的理論化困境：一是概念字眼(terminology)使用上的分歧，二是論據觀點（即解謎規則）的發散，三是理論架構共識的欠缺（盧偉斯，民 85a: 7–9; Hedberg, 1981; Garvin, 1993; Crossan et al.,1999)。若再從知識社會學的角度分析，將不難發現近年來有關組織學習的各種研究，產生一種「器用取向多過理論化關懷」的現象。這種趨勢將使原具有濃厚人文主義味道的組織學習，快速的淪為另一種控制的手段，而輕忽理論觀點溝通與相互理解的結果，終將造成組織學習理論發展的停滯（參看盧偉斯，民 87a; Gherardi, 1999)。

基於上述同樣的關懷，作者曾嘗試處理有關組織學習概念的正當性、理論的基本假定、理論系統意涵、研究定向與定位等諸種問

題（盧偉斯，民 84、85a、86）。本文接續此一旨趣，將特別針對 1996
年以後的組織學習論述進行文獻回顧，藉以掌握理論發展的近期軌
跡，創造組織學習領域內相互溝通理解的條件。而以下的探討包括
兩條主軸：一是組織學習的原創性理論，二是組織學習近期的理論
發展。

貳、組織學習的原創性理論

一、組織學習即組織適應

　　March 和 Simon 二氏在 1958 年的經典《論組織》(*organizations*)
一書中即有關於組織學習的討論。他們的理性抉擇組織分析係基於
兩個基本假定：人類有限的理性行為，組織所有的動作就是「作決」
(decision-making)。組織為維持其所偏好的特定環境平衡狀態，而進
行一連串的問題解決、方案蒐尋與選擇活動，隨著解決問題實作經
驗的累積，且在有限理性的前提條件下，將發展出各種對應環境變
化的決策例規與標準作業程序。所以，組織做為一種自我調適的理
性系統(adaptive rational system)(Cyert & March, 1963: 99)，組織學習
就是組織適應環境變化的理性作為，包括組織目標的適應、決策關
注焦點的適應、問題探究規則的適應。March 和 Simon 二氏借用刺
激反應模式來說明組織如何以嘗試錯誤(trial and error)的方法，從成
功與失敗的教訓中習得各種決策規則，並據以規避環境的不確定性
(1958: 139–142)，Levitt 和 March 二氏則直接將組織學習界定為「組
織從歷史經驗中推衍出某些圓滿目標的決策例規來導引成員的行為
表現」(1990)，這種組織經驗學習的過程可以圖一表示。

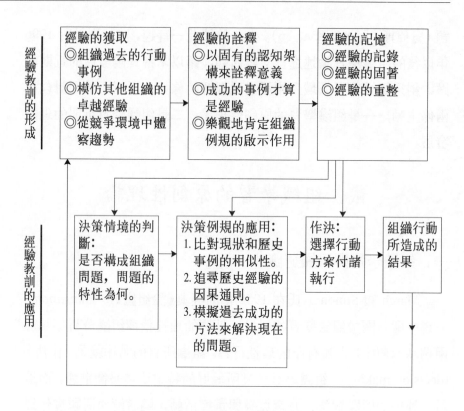

圖一：組織經驗學習的過程

資料來源：作者自繪

　　上圖使我們更加明瞭組織學習的機制：組織如何獲取經驗、如何詮釋經驗、如何存取記憶，組織如何從過去有限的經驗事例中感知歷史對組織的意義，如何將歷史的影像聲響重現，使我們能夠透過摹擬的方法來處理現在所遭遇的問題(March, Sproll & Tamuz, 1991)。March 和 Olsen 二氏亦曾針對組織適應學習的機制加入「認知」的因素，據以說明組織學習的門檻(1976)。他們認為：環境刺激直接衝擊成員個別的認知模式與自處之道，當個別的認知習慣與理性行事標準改變後，即對成員在組織生活中的參與態度和抉擇行為造成一定的影響；如果這種影響夠大、受影響的對象夠多，將會促成組織決策規則的調整；而組織集體行動標準的改變，回過頭來影

響組織與環境的平衡狀態，由是形成一種學習的循環。但如果成員受制於行為改變的風險而未能將環境刺激加以反應，即構成「受社會角色限制的經驗學習」，如果人員個別理性行為的改變無法促成集體理性的調整則是一種「散漫的聽眾經驗學習」；即使決策例規調整了，而組織樂觀的相信環境將以令人滿意的回應方式重複出現，那就會造成「迷信的經驗學習」。

在有限理性的前提下，組織目標的自我穩定作用與組織抉擇的惰性原理(March & Simon, 1958: 178–180; Cyert & March, 1963: 47–82)，使經驗學習註定是一種增強既有行為模式的學習。但誠如March 氏所言「理性學習使我們免於無知愚蠢，也使我們怯於創新實驗。」(1991: 73)組織似乎必須學習如何在探察新知(exploration)和應用所知(exploitation)兩種衝突的動機下，妥善分配有限的資源。

二、組織學習即組織行動假定的改變

Argyris 和 Schon 二氏 1978 年的《組織學習》一書被公認是最具原創性的著作之一，影響後續的組織學習研究相當深遠。C. Argyris 新人群關係學派的組織分析和理性抉擇組織論大不相同，側重在自我實現的人性假定(Argyris, 1973a & 1973b)，試圖從人類活動的心理面與社會面來解釋組織行為，並相信組織長期的效能和成員的人格發展、心理滿足、組織內人際互動的社會氣氛息息相關。組織做為一種人與組織交相融合的心理社會系統(Argyris & Bakke, 1954)，其目標係透過行動假定的分享來達成，而組織學習即成員反身關照組織的行動理則是否出錯，並加以矯治的集體努力過程。組織行動理論所指不僅是靜態的任務體系規章制度，也包括成員對組織意象的動態認知與實踐，成員不斷的嘗試從組織系統中確認自我，檢證個人發展與組織發展相結合的可能性，建立組織生活對自己的意義，進行一種實踐反思的探索(Argyris & Schon, 1978: 16–17)。這

種反思探索往往源自於成員個人對組織行動理論的認知差距，一般而言，當個人行動的結果和預期的結果不相合時，會想辦法調整自己對組織行動理論的認知錯誤，使「心中想的」與「實際發生的」趨於一致。但是當個人認知與行動理論的差距嚴重到不能忍受的時候，就會反過來檢討並修改行動理論。針對既定的目標、政策，找尋行動方案與目標乖離的錯誤並予以矯正，藉以媒合行動和預期結果間的關係，連結手段與目標間的關係，貫徹工作方法和績效標準間的關係，是謂「單回饋圈學習」(Argyris & Schon, 1978: 18–20)。在抽象的組織意圖指引下，重新修正目標政策與組織意圖的關係，設法找出意圖與結果圖象間乖離的地方予以矯正(如修改組織目標、目標的優先順序，調整政策方向或改造組織規範)，並往下找尋可行的具體作為，即謂「雙回饋圈學習」(Argyris & Schon, 1978: 20–26)。

若以上述的概念架構來解釋組織的運作過程，並借用學習心理學「刺激對刺激」的認知模式來說明，行動理論觀的組織學習模式可以圖二表示。

當組織行動的實際結果和期望結果相合時，即表示行動理論足以應付環境刺激所產生的影響，而當既有的行動理論未能有效指引組織採取適當的作為來回應環境刺激時,便發生實際和期望的落差，差距將造成執事人員對行動理論有效性的困擾與懷疑，形成組織運作的難題。組織針對此一落差重新理解並建構環境刺激與行動回應間的關係形態,在既定的政策目標下調整手段策略即構成單圈學習，更改根本性的目標規範即形成雙圈學習；單圈學習使組織行動理論更加周延完整，雙圈學習則會更動行動理論的內容與結構。

做為一位人群關係學派的繼承者，Argyris 更關心的是限制組織學習的各種結構條件，這種限制將直接妨礙個人在組織中的人格成長。在他多項的研究中(1982, 1985, 1990, 1993)一再指出，唯理的金字塔型組織設計與人際間過度自我防衛的心理機制，造成虛矯掩飾

及互不信任的組織文化，阻斷組織行動假定分享的過程，也限制了
雙圈學習發生的可能。

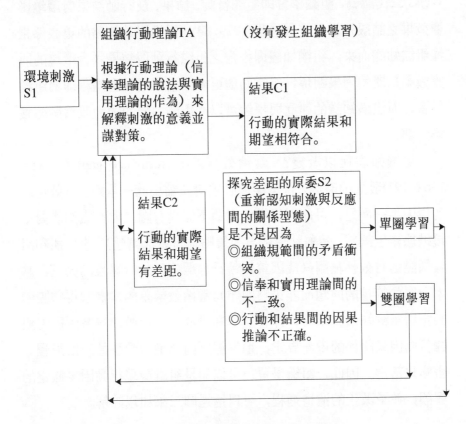

圖二：行動理論觀點的組織學習模式

資料來源：作者自繪

三、組織學習即組織知識的發展

大約和 Argyris 和 Schon 所著《組織學習》一書出版的同時，
Duncan 和 Weiss 二氏從策略管理及組織政治的角度展開另一層面
的討論，亦深具原創價值(1979)。權力政治的組織分析假定：組織的
運作即組織內各利益團體為解決彼此意見和利害的衝突所為之權力
活動，而組織適應環境的各種策略選擇，也是這種權力互動和利益

交換的結果；在一般的情況下，組織變革的策略往往由其內部的得勢團體(dominant coalition)來主導 （盧偉斯， 民 87b）。 Duncan 和 Weiss 二氏認為，組織學習即組織行動、結果、及行動結果對環境影響效果之諸般知識的發展過程(1979: 84)。組織變革策略的更張係根據組織知識而來，組織知識即推定之組織行動與結果（含環境的回應效果）間的因果關係；組織知識更新或增長的社會過程即為組織學習，而組織知識的建立與採納可以從組織內部的權力政治動態獲得解釋。

組織知識何以改變？ 當績效落差(performance gap) (Downs, 1967: 191)發生的時候，得勢團體必須設法縮小此一差距。績效落差的原因不一而足，可能與組織知識的不完備有關（如組織知識對環境狀態產生誤判，致無法形成有效策略進行組織調整），也可能和組織知識的有效性無關（或因策略執行的瑕疵、執行過程的失控，基本上屬於管控的問題而非策略問題）。當績效落差的事實被得勢團體判定與組織知識有關時，即會展開知識的改造活動，得勢團體對組織行動因果關係的重新界定，還得經歷內部權力鬥爭的政治過程才告塵埃落定。因此，組織學習也可以說是組織發現行動因果假定的謬誤，並予改正的演進過程，可以透過圖三來加以瞭解。

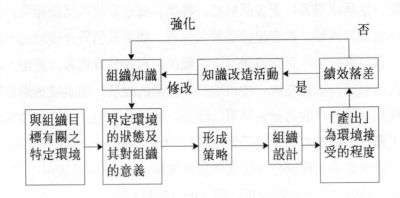

圖三：知識應用觀點的組織學習過程

資料來源：改寫自Duncan & Weiss (1979: 98)

四、組織學習即組織資訊的處理與詮釋

　　組織溝通是八〇年代較流行的組織分析觀點，組織被視為一種資訊處理的系統，也是一種賦予資訊意義的系統。Daft 和 Huber 二氏認為，組織學習即組織資訊處理和詮釋的過程，組織透過資訊的獲取、分配、解釋與記憶活動來學習。而組織學習的研究在探討：組織如何採行恰當的溝通策略、結構及科技，用來汲取、消化有關內外環境的資訊，以供決策所需，學習能力的提升將使組織更能適應環境的變化(Daft & Huber, 1987: 2–3)。G. Huber 進一步說明，凡組織之構成單位（個人與團體）能夠羅致對組織有所裨益的知識，即可謂之組織學習(1991: 89)。其所稱組織知識係指：舉凡吾人對環境事實的認定與詮釋,基於此一認識而產生相關之行動因果信念(即問題對策的應用邏輯)，並發展出具體的行動程序與方法訣竅(know-how)。這種知識可能產生立竿見影的效驗，如行為的改變；也可能形成某種潛移默化的影響，如認知與態度的改變。

　　組織學習的機制與環境認知的形態有關，如果我們假定環境是一種客觀的實體，則環境資訊決定吾人的理解，組織藉資訊獲取和

分配的活動來學習；而資訊蒐集的標準、探求資訊的活動頻率、資訊的數量與性質，影響組織學習的進行。如果我們假定環境是不確定、模稜兩可的，只有經過吾人主觀的解釋才具有意義，經由人員彼此的討論、意見交換，才可能形成共通的認識；則組織透過資訊詮釋和意義分享的活動來學習；因此，成員的主觀意圖、認知形態及人際互動關係左右組織學習的進行(Daft & Huber, 1987: 9–10)。若將組織學習的過程區分成幾個階段來瞭解，可以圖四表示 （參看 Huber, 1991: 91–100;盧偉斯，民 85b: 32–38）。

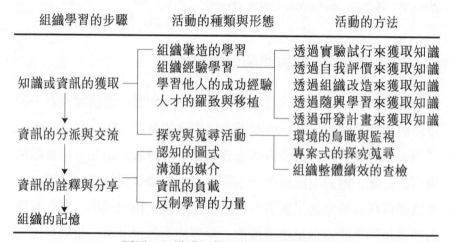

圖四： 組織溝通觀點的組織學習過程
資料來源: 改寫自Huber (1991: 90)

參、近期的理論擴展

一、組織記憶的作用

根據 March 等人的論點(Levitt & March, 1990; March, Sproll & Tamuz, 1991)，組織學習就是經驗知識的獲取、詮釋、記憶與應用的

過程，組織記憶(organizational memory)是學習的重要機制也是學習的結果(Huber, 1991)；不過，這樣的描述仍然無法解釋「探察新知」和「應用所知」兩種衝突的學習類型，Moorman 和 Miner 二氏的研究適足以填補此一空缺(1998)。

Moorman 和 Miner 二氏提出「即興創作學習」(organizational improvisation)的概念用來說明組織記憶對組織學習的不同影響。二十一世紀的現代組織面對快速變遷的競爭環境和科技進展，必須像爵士樂團的即興創作一般，在演出的瞬間將創作與演奏一氣呵成，擁有快速組合知識並即時付諸行動的能力。即興式的創作並不完全受制於前一節樂曲的影響，它可能是靈光一動的創新，導引樂章朝另一個新的方向發展；組織的即興創作學習也有兩個層面，它可能是適度的調整既有的組織知識而稍加變化，也可能跟原來的知識南轅北轍。因此，組織記憶在即創學習的過程中扮演關鍵性的角色，它一方面是學習的基礎，另一方面又會受到即創學習的衝擊而改變知識儲存的內容。在即創學習的過程中，組織記憶可以區分為程序性的記憶(procedural memory)，即組織習得之作業例規、技巧訣竅，與宣示性的記憶(declarative memory)，組織習得之通則性行動因果模式（Anderson, 1983;並參閱盧偉斯，民 87b: 43）；受記憶類型的不同影響，即創學習的速度可能快也可能慢，學習的成果可能相當新奇也可能與原有的行動維持一貫的關聯。組織即興創作學習的概念架構可以圖五表示。

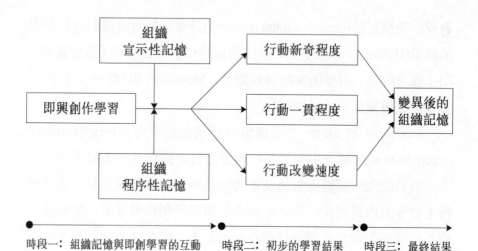

圖五：組織即興創作學習的概念架構

資料來源：改寫自Moorman & Miner (1998: 707)

　　根據 Moorman 和 Miner 二氏的推論，以上關係可以發展出幾項驗證命題：

1. 組織學習倚賴程序記憶的程度越高，越可能產生一貫性程度較高的學習結果，即創學習的速度也會越快，但學習結果的新奇程度就越低。

2. 組織學習倚賴宣示記憶的程度越高，越可能產生一貫性程度較高的學習結果，且學習結果的新奇程度也會越高，但即創學習的速度就變慢。相對的，即興創作學習對組織記憶也發生一定的影響，兩者具有相互影響的關係。

3. 即興創作學習就像某種沒有計畫的創新實驗，可能造成組織記憶的改變。

　　總之，Moorman 和 Miner 二氏不但提出「即興創作學習」的概念模式妥善解釋了組織記憶在學習過程中的作用，組織知識的應用與改變（請比較本文前節第三項），也說明了影響 March 氏所提探察新知學習活動的主要關鍵；此外，二氏所提概念架構周延廣泛，命

題明確且有操作化的嘗試，值得後續研究參考。

二、心理安全感對組織學習的影響

　　Argyris 氏的組織學習論係以組織成員為媒介，進而構成集體探究組織錯誤的活動過程；透過人際互動溝通，個人將發現的問題與他人分享並接受檢驗，基於共通的認識（知），發展為共同的矯治作為，因此由個人學習、團體學習而成為組織學習。但在組織學習的層級發展過程中，因為自我防衛的心理天性、人際間特殊的互動模式（Argyris 氏稱之為模式 I 的行動理論）、與兩者相濡以沫所形成的組織文化，妨礙了個人學習，也阻礙了組織學習（Argyris, 1985; 盧偉斯，民 85d: 315–316）。有關組織中人際關係的形態對學習行為的影響，Edmondson 氏(1999)援用 Schein 和 Bennis (1965)「心理安全感」(psychological safety)的概念探討工作團隊中的學習行為，補充並驗證了 Argyris 氏的論點。

　　受品質管理運動的影響，現代組織的運作仰賴「團隊」的組織設計形態甚深，在作業關係密切、互動機會頻繁、任務目標明確的團隊條件下，找問題、互相切磋、試驗檢討、解決問題成為不可或缺的動作。但另一方面，在團體的公開場合檢討別人發生的錯誤或是熱心的分享心得，總得承擔一定的人際風險；在中外皆然的「顧面子」文化下，開誠佈公的溝通行為基本上是不安全的。Edmondson 氏(1999)即在此一問題的關照下，進行理論的驗證，其架構示意如圖六：

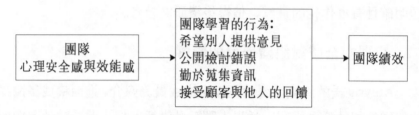

圖六：團隊學習的模式

資料來源：改寫自Edmondson (1999: 357)

團隊學習模式的驗證假設說明如次：

1. 團隊中的學習行為與團隊績效具有正向的關聯。
2. 團隊的心理安全感與團隊學習行為具有正向關聯。

　　團隊心理安全感指的是團隊成員共享的一組信念，在團隊中「我沒有什麼好顧忌」的一種共同感受。這種感受是一種實際經驗的結果，不待言傳而眾所知悉的人際規範；一種互相尊重與信任的氣氛，讓每個人都有信心「做他自己」。這種心理安全感越高，團隊成員越能勇敢的提出問題、發現錯誤、尋求支援、更正錯誤、提升品質。

3. 團隊學習行為是團隊心理安全感和團隊績效的中介變項。
4. 團隊效能感與團隊學習行為具有正向關聯。
5. 團隊效能感不但和團隊學習行為具有正向關聯，也是團隊心理安全感影響效果的控制因子。

　　團隊效能感(team efficacy)指的是團隊中「我能夠」、「我有信心解決問題」、「我對團體能夠有所貢獻」的一種集體感受與氣氛。當成員的自我效能感越高，對團隊學習行為越有幫助；此外，團隊心理安全感效果的發揮，不單是成員相信「我的建議不會被拒絕」，還包括他們相信「我的建議不但能夠被採納並且真的有用」。

Edmondson氏針對同一家製造業公司的五十一個工作團隊進行

訪談、觀察與問卷調查，研究結果顯示：雖然對團隊效能感並無顯著影響，但工作團隊中心理安全的氣氛對人員學習行為確有一定程度的影響。Edmondson 氏的研究不但擴充了 Argyris 氏的論點，也使我們對團隊學習的機制有更進一步的瞭解。

三、組織自我認同與組織學習

「變遷」究竟是人類社會的宿命還是有意識的選擇，一直是組織變革研究的重要哲學命題。Argyris 氏從心理分析的觀點出發，深入探討人類天性、行為理則、人際互動表現、組織文化等與學習的關係，發現組織學習開展的兩個重要門檻：個人學習如何發展為組織學習，如何跨越單圈學習進入雙圈學習；他的規範性結論是，唯有透過真誠無欺的人際交往，勇敢的向他人表露自己的意義架構並展開「對話」(Dixon, 1994)，則人員的內在自由和組織長期效能就能攜手並進。跟隨 Argyris 有關自我防衛機制對組織學習影響的分析，Brown 和 Starkey 二氏從心理動態的觀點提出更深入的理論說明 (2000)。他們認為，組織本就是人心的歸宿，人類避免不確定的恐懼焦慮的心理庇護所，組織實體即為人員自我概念的投射與自我認同的歸趨。組織中個人的自我認同受同儕社會期望的形塑，而享有自尊(self-esteem)的感覺；這種個別的認同將進一步形成集體的自尊與組織的自我認同(organizational identity)。一如個體的自我防衛機能，為避免認同危機所引起的焦慮和不安全感，組織集體有維護自尊與認同完整性的需要。從這個角度來說，組織學習成為人們挑戰、質疑、改變組織自我認同的一種心理掙扎（或是 Argyris 所稱挑戰現狀、對組織行動理論的反思與改造）；而當組織認同遭受威脅時，人員自然會挺身而出進行集體自我概念的保衛戰，這些複雜的心理動態可以歸納為下述五種：

1.拒絕承認(denial)。當組織錯誤發生時，基本的反應就是「我

沒有錯」、「天下太平，沒有這回事」，透過否認的方式來逃避其所面對的事實，這種反應讓成員信心飽滿，覺得組織是「所向無敵的」，根本不必要擔心。

2. 合理化(rationalization)。當組織遭受挫敗時，人員會找些理由來自圓其說，事情並沒有想像得糟，一切都在掌握之中。這種對資訊的選擇性認知，基本上就是自欺欺人，特別是機關主其事者，往往會以怪罪他人或事情無可避免做為遁辭。

3. 理想化(idealization)。理想化的心理作用就是過度樂觀和不切實際的判斷，情緒性且盲目的相信「我們都在成功的船上」、「未來的一切都是美好的」。當大家都沉浸在光榮歲月、英明領袖的集體氣氛下，組織就會膠著在失敗的行動策略上而不願意調整。

4. 幻想(fantasy)。幻想的作用就是做白日夢，不願意面對困難而假想自己已經達成目標，也就是一種透過想像來獲得滿足的集體退縮行為，使組織莫名其妙的堅持某一個特定的行動路線。

5. 象徵化(symbolization)。象徵化就是將內在的需欲、想法與情結，假扮為外在事物的一種心理過程。語言符號原是思想的媒介而非思想的內容，語言符號本是理解的視窗而非理解的對象本身；但是當我們面對困惑而不得其解的時候，很可能會產生膠柱鼓瑟的反應，陷入「文字障」而不自覺。這也就是當組織面對策略變革的關頭時，緊抱舊有路線不放的符號迷思；而領導者更會藉符號的詮釋來考驗跟隨者的忠誠與能力。

為轉化上述自我認同的防護機制，Brown 和 Starkey 二氏建議從自我的重新整合著手，讓人員在沒有認同失落顧慮的情緒氛圍下，進行自我概念形成過程、組合結構與認同內容的重整(Blasi, 1988)。

而組織必須以新的文化氣氛來協助人員認同的移轉，Hirshhorn 氏即建議：我們必須揚棄現代組織以男性自尊為單一心靈的文化(masculine type organization)，改以鼓勵懷疑、兼容對立價值情感的後現代女性組織文化，人們將從利他的信念架構下重新出發，整修破碎的人我關係與自我認同(1988)。此外，就個人的自我重整言，務須體認到：完美的自我只是個不切實際的幻覺，我們的目的不在建立一個長治久安的靜態自我認同；相反的，是一個歷經煎熬、內容豐富的自我認同。在這個過程中，我們面對內心需欲和外界要求的交戰，而從認同「接續」與「斷續」的成長考驗中破繭而出。這一切都須要我們重新面對自我，反思自我的構成，以批判的態度開發自我的一切可能性，從破與立的過程中真切的擁抱自我。而對組織的認同重整言，策略規劃的目的即在於：不斷提出問題來找尋不一樣的參照架構，以促進組織因應環境變化的調適能力，Brown 和 Starkey 二氏也建議，採行劇本規劃(scenario planning)的策略管理做為是一項不錯的選擇（參考 Schoemaker, 1993; van der Heijden, 1996）。

　　總的來說，Brown 和 Starkey 二氏從自我防衛的心理動態，討論組織病態心理調適對變革的阻礙現象，將組織認同與組織學習做了一個很好的聯結；他們也提供了一個觀察集體認同變遷的完整架構，有助於理解組織與管理的本質；此外，他們指出學習型組織管理者的重要責任：會心瞭解人員行為的自我保護本質，創造屬員面對自我的組織氣氛，導引他們朝更成熟的心理狀態發展。

四、組織文化與組織學習

　　根據資訊溝通的觀點，組織學習乃組織資訊處理過程中有關理性邏輯(logistics)和主觀詮釋(interpretive)兩種問題的解決和改善(Daft & Huber, 1987: 10–11)。前者與組織如何取得內外環境相關資訊、決策所需資訊數量為何、組織如何分派資訊蒐集和處理的職能、

如何整理與傳遞資訊等活動有關。就組織學習來說，經驗學習所建立的各項例規，其作用在建立資訊獲取與分配的管道制度，使部門分工能夠有效的監測環境變異；例規也代表資訊過濾的標準、資訊傳播的流程和資訊使用的授權。一般而言，層級式資訊處理分工系統的設計，其目的在降低不確定性及風險，因此不歡迎也不接受「飽滿度」(richness)較高的情報（參考 Daft & Lengel, 1984; Daft, Lengel & Trevino, 1987; 盧偉斯，民 85b: 29–31）。理性的部門分工也會形成資訊門檻，行政人員往往受制於有限的情報，而不知道如何運用新的資訊和技術來進行改善；更可能的是，行政人員壓根不同意改革計畫那一套，所以組織學習不會成功。

再從資訊詮釋的面向分析，組織學習不只是資訊的蒐集與傳導，且與組織如何藉由主觀的詮釋作用來處理資訊的模稜兩可性(equivocality)(Weick, 1979)，如何發展一套共通共享的詮釋架構來理解資訊意義等活動有關。共通的詮釋架構就是前述的決策例規、行動理論和組織知識，牽涉到人員資訊處理活動的基本信念、假定與態度。因此，組織學習的課題發生在：資訊詮釋的交流與合意的達成，不同詮釋間的對話與衝突解決，共通認識的儲存、記憶與付諸行動。

Mahler 氏即試圖從資訊處理的觀點探討組織文化對組織學習的影響關係，說明公部門中科層文化如何影響行政人員的資訊詮釋與學習活動(1997)。根據 E. Schein 的見解(1992)，組織文化可以說是一個團體集體學習的累積結果，具體表現在各種組織的創制與人造物，投射為共同的價值信念，更深化為集體持有之基本假定。這些集體的信念假定不但是人員認知事物的參照架構，也成為問題界定、資訊過濾、解釋推論與決策行動的主要標準。Mahler 氏以資訊詮釋行為為中介變項，根據他對美國中央與地方政府政務推動的觀察，歸納出五種組織文化對學習的影響。

1. 影響機關對績效表現的詮釋

　　對公共組織而言，機關表現的良窳是一種相當主觀的詮釋問題（參考盧偉斯，民 87c: 123–124），諸如機關的使命任務為何、政策的成功或失敗、何者為有待處理的公共問題、那種方案是可行的等等。在唯官僚專業是從的文化下，組織績效的審視有三種傾向：一是誇功飾過、乘勝追擊。二是面對重大挫敗或災難危機，不僅掩過飾非還要相信「明天會更好」。三是政府間的本位主義與互不信任。相反的，若從組織文化的改造著手，組織學習的進展仍大有可能，如採用由上而下的策略，任命機關外的人員擔任首長推動文化改造；或採行由下而上的策略，引進顧客滿意的類似市場機能，從頭改變官僚對於責任與服務的基本信念。美國有些地方政府引進「與人民共同規劃政策」的觀念，讓老百姓參與政策過程成為一種公務專業倫理，也有促進機關學習的功效。

　2.影響機關對行政例規的詮釋

　　徒法無足以自行，同樣的，機關內的各種例規程序必須依賴人員的主觀詮釋才能發揮具體的行為指導作用；人員如何理解並應用行政例規程序？如何賦予其意義？主要仍受到機關組織文化的影響，特別是機關的專業價值判斷，決定了各項行政裁量和方案的選擇，也左右法規改變和方案變革的可能性。組織文化是行政例規的主要意義來源，也是行政例規的守護神，而外界的批評或是新的程序方法將被視為對機關行政倫理的一大威脅。

　3.影響機關資訊來源的正當性

　　組織文化是機關「界限防守」和「資訊選擇」的主要準據之一，決定何種報告才是可信的、何種情報才是有用的、如何討論對話才是有效的，換言之，決定了進入機關的各種資訊來源的正當性。政策學習的相關研究指出（參考 Sabatier & Jenkins-Smith, 1993; 吳定，民 88; 陳恆鈞，民 89），行政機關比較相信同一專業內的溝通與討論結果，及其對政策變遷的相關建議；而對政策行動者的公開辯論

興趣缺缺。

4.影響機關對外界需求的考量

行政機關如何看待外界的改革呼聲？行政官員如何看待民眾、利益團體所提出來的需求？行政人員與公眾對於公共問題是否擁有共通的理解架構？這些問題都與組織詮釋資訊的學習能力有關。但畢竟，公眾對行政回應怠惰的懲罰力量是有限的，顧客的抱怨往往被忽視，甚至被官僚歸因為民眾不夠瞭解行政程序所致。行政機關對外界需求的考量，在在受到機關專業價值、公共服務觀念及行政倫理內容的影響，這些改變都可以從組織文化的角度切入。

5.次文化對組織學習的影響

機關內部或因部門分工、專業性質、社會網絡、出身背景的不同，自然形成各式各樣的非正式組織與次級文化，而次文化對組織學習的影響有利亦有弊。固定的工作設計，使人久居一部、視野狹隘，限制了學習的寬廣度。反之，如果能促進次文化間的交流溝通，往往能迸出學習的火花。

Mahler 氏的研究補充說明了 Argyris 氏組織文化影響學習過程的論點，也指出文化改造與組織學習實為政府再造成敗與否的關鍵。從研究方法的角度來說，結合「文化」、「學習」與「資訊處理」三種組織理論的嘗試亦饒富新意，可惜的是，理論推導的架構稍嫌粗疏，未能有效指明彼此間的影響關係。

五、體制觀點的組織學習理論架構

組織學習不單純只是打破現狀或是「為改變而改變」，而是如何在體制賡續和另闢蹊徑之間求取兩者間的和諧。組織學習論的先趨 March 氏認為，組織學習就是在處理「探察新知」與「精鍊已知」兩種衝突力量的緊張關係(1991)；然而，這項重要的課題，卻長期遭受研究者的忽略，Crossan 等人(1999)認同策略更新與制度維繫兩者

缺一不可的假定，提出另類的組織學習理論架構。

Crossan 等人認為，組織學習的過程包括四個次要過程：直覺（觀）過程(intuiting)、詮釋過程(interpreting)、整合過程(integrating)和制度化過程(institutionalization)，而此四項活動分別發生在成員個人、部門團體與組織整體三個學習層次，如表一所示：

表一：組織學習層級與過程的關係

學習發生的層級	學習的次級活動	輸入項	輸出項
成員個人 部門團體 組織整體	直覺（觀）過程	各式各樣的經驗與意象	各種隱喻
	詮釋過程	語言與認知圖式	交談與對話
	整合過程	共享之理解與相互調整認知	互動的系統
	制度化過程	各項例規與診斷系統	規則與程序

資料來源：改寫自Crossan et al. (1999: 525)

上表所示，意指每一項學習活動的發生並非限定於某一個特定的學習層次，如在個人的層次可能發生直觀與詮釋兩種活動；各項學習活動的概念內容分述如次：

1.直覺（觀）學習

直覺是一種潛藏於個人經驗之流中的下意識作用，使人對事物產生新的理解並發覺新的可能性。專家的直覺(expert intuiting)就像圍棋高手，得自於千百遍實戰經驗的結果，而能見人所未能見，不假思索的痛下殺著。企業家的直覺(entrepreneurs intiuting)則是一種超越對錯直線思維之外，以創意關聯不同的意象，進而指出潛在契機的能力。個人學習所產生的洞見(insight)往往無法言傳，而只能以「隱喻」的方式來加以表達。

2.詮釋學習

詮釋就是透過語言文字來發展自我對相關事物的認知圖式，將洞見或想法向他人表白解釋的一種過程。詮釋即透過語言，將表述指向某一個特定的主題領域進行說明，以促進人我共通的理解；越豐富的詮釋代表詮釋者能夠跨越不同的思考面向和經驗領域，因此越能夠引起他人的共鳴。基本上，認知圖式是「眼見為憑」與「信者為真」兩種作用交互影響的結果。在交換彼此見解的對話過程中，為達成認知的共識，詮釋的豐富性將會逐漸收斂，而以某個意指有限的語言概念來做為結束。

3.整合學習

整合就是彼此調整觀念、發展共通理解、相互協調行動的一種過程。當觀念分享到達一定的程度，緊接著就是「合意」的過程，這種合意的達成不僅僅是意見的交換，還要能夠引發集體的思考，探索新的可能，發展更深一層的理解。就像說故事接龍的遊戲，每個人都要參與故事的思考，每個人都必須掌握故事劇情的發展與轉折，並製造下一個劇情高潮，如此形成一種「你泥中有我、我泥中有你」的互動系統。

4.制度化學習

制度化就是將學習的結果植入組織系統、結構、程序和策略的過程，以確保例規化的行動如實發生。組織是互動的場域也是學習的場域，學習的結果必然嵌入組織的深層結構與人造物之中，而制度化代表某種轉變形式的確立，這種「正式化」(formalization)過程的目的在形成一種「診斷的系統」(diagnostic system)(Simon, 1991)，以確保並查檢例規的執行情況。組織層次的制度學習看似一種跳躍式的轉變，其實在個人與團體的層次仍有脈絡可循。

對 Crossan 等人的理論來說，組織學習並非階段循序發生，而是跨層級且與時俱進的動態過程，此一過程無法避免「前饋」(feed forward，即展開新的學習) 和「反饋」(feedback，即精鍊學習所得)

相互拉扯的問題。前饋的問題發生在詮釋到整合的階段，人員必須
能夠將自己對問題的認知，以可以溝通的形式表達出來；但經驗的
分享並不就是理解的分享，把話說出來並不代表交互主觀理解的達
成，關鍵在於人們有沒有把它當一回事，是否即知即行展開改變行
動。反饋的問題發生在制度化與直觀學習的交互影響關係，人員如
何穿透體制的限制發揮直觀作用，很可能必需依靠 Schumpeter 氏所
謂「創造性的破壞」(creative destruction) 了 (1959)。

　　Crossan 等人在整合各家觀點的企圖下，建立了一個相當有趣而
且細緻的組織學習理論架構，不僅妥善解釋了促進與限制學習的各
種因素，也說明了組織學習破與立之間緊張關係的紓解之道，對於
組織學習體制化問題的解決應有一定的貢獻。

肆、結　語

　　本文簡要的闡述了四種具有原創性的組織學習理論， 與 1996
年以後比較重要的五種組織學習論述，希望藉由文獻回顧的方式，
從兩者間找尋理論發展的脈絡關聯。討論結果發現，原創論點和近
期理論的接續關係是相當明顯的，後續研究不但深化了原創的命題，
並且擴充了理論的解釋內涵。而 1996 年到 2000 年的組織學習研究
更有幾點值得關注的發展方向：

　　1.概念明確可操作、命題清晰指出變項間關係、理論架構完整，
　　　顯示組織學習知識累積的成就，如 Moorman 和 Miner 二氏的
　　　「即興創作學習」模式、Edmondson 氏「心理安全感」對團
　　　隊學習的解釋、Crossan 等人的整合性理論架構，都值得後續
　　　研究參考。

　　2.嘗試結合組織理論各相關概念如「組織即興創作」、「組織安
　　　全感」、「組織認同」、「組織文化」、「組織制度」，發展出新的

討論主題，不但饒富創意，也使組織學習不再只是「心理學的組織學習」，而能成為「組織理論的組織學習」；實現了K. Weick (1989 & 1991)對組織學習理論化的期望，也確立了組織學習在組織研究領域的正當性與獨立性。

3. 在研究方法方面，可以輕易發現多篇論文運用了「多元典範觀點研究途徑」（盧偉斯，民87a）的軌跡，組織學習的研究也已從「發現系絡」的階段進入「驗證系絡」的階段(Popper, 1979)，擺脫了前典範的尷尬。

總之，撰寫這篇論文時的心情是愉悅的，透過這篇論文不但表達筆者個人對業師的感謝之意，更藉此機會重新審視博士學位論文中所提各項組織學習理論化的問題，這些問題不但從近期的研究成果中得到進一步的確認，也堅定個人多年來投注於組織學習理論研究的興趣與信心。雖然吾道不孤，但這篇論文的討論畢竟是有限的：本國相關的研究未能納入，實用取向的文獻材料也割捨未用。此外，仍有許多有趣的相關主題留待另文討論，如歐洲文化傳統下，從後現代觀點所進行組織學習論述(Gherardi, 1999)，行政倫理與組織學習的關係(Zajac & Comfort, 1997)、非營利組織的組織學習(Edwards, 1997)、知識管理與組織學習、創新管理與組織學習等等。

參考書目

吳定

民88　　「自政策學習觀點論政府再造之推動」，行政管理論文選輯，第十三輯，銓敘部主編，頁167–189。

陳恆鈞

民89　　「政策學習：二十一世紀的新課題」，跨世紀公共政策與法制研討會論文，淡江大學公共行政學系主辦。

盧偉斯

民84 「『組織學習』概念的發展與義辨」，公共行政的知識議題與新趨勢（上冊），張家洋主編，編者自印發行，頁259–296。

民85a 組織學習的理論性探究，國立政治大學公共行政系博士學位論文，未出版。

民85b 「組織學習的原理與實際：組織溝通的觀點」，人事月刊，第23卷第4期，頁24–43。

民85c 「學習型組織的組織論：Peter Senge『第五項修練』的解讀與補充」，考詮季刊，第8期，頁92–103。

民85d 「組織學習的干預理論：行動理論觀點之探討」，空大行政學報，第6期，頁303–322。

民86 「組織學習論基本議題的分析與比較」，公共行政學報，第1期，頁103–136。

民87a 「多元典範觀點的組織研究」，行政管理學報，第1期，頁63–76。

民87b 「組織政治與組織學習」，中國行政，第63期，頁37–51。

民87c 「組織學習論與行政革新實務」，公共行政學報，第2期，頁121–142。

Anderson, J. R.

1983 *The Architecture of Cognition*. Cambridge. MA: Harvard University Press.

Argyris, Chris

1973a "Some Limits of Rational Man Organizational Theory," *Public Administration Review*, 33 (3): 253–267.

1973b "Organization Man: Rational and Self-autualization," *Public Administration Review*, 33 (4): 354–357.

1982   *Reasoning, Learning, and Action*. San Francisco, CA: Jossey-Bass.

1985   *Strategy, Change and Defensive Routines*. Boston, MA: Pitman.

1990   *Overcoming Organizational Defenses: Facilitating Organizational Learning*. Boston, MA: Allyn & Bacon.

1993   *Knowledge for Action: A Guide to Overcoming Barriers to Organizational Change*. San Francisco, CA: Jossey-Bass.

Argyris, Chris and E. Wight Bakke

1954   *Organization Structure and Dynamics*. New Haven, CT: Labor and Management Center, Yale University.

Argyris, Chris and Donald A. Schon

1978   *Organizational Learning: A Theory of Action Perspective*. Reading, MA: Addison-Wesley.

Blasi, A.

1988   "To Be or not to Be: Self and Authenticity, Identity, and Ambivalence." in D. K. Lapsley & F. C. Power (eds.), *Self, Ego, and Identity:* Integrative Approaches, pp. 226–242. New York: Springer-Verlag.

Brown, Andrew D. and Ken Starkey

2000   "Organizational Identity and Learning: A Psychodynamic Perspective," *Academy of Management Review*, 25 (1): 102–120.

Cangelosi, Vincent E. and William R. Dill

1965   "Organizational Learning: Observations Toward a Theory." *Administrative Science Quarterly*, 10 (2): 175–202.

Crossan, Mary M., Henry W. Lane and Roderick E. White

1999　　"An Organizational Learning Framework: From Intuition to Institution," *Academy of Management Review*, 24 (3): 522–537.

Cyert, Richard M. and James G. March

1963　　*A Behavioral Theory of the Firm*. Englewood Cliffs, NJ: Prentice-Hall.

Daft, Richard L. and George P. Huber

1987　　"How Organizations Learn: A Communication Framework," in N. DiTomaso and S. Bacharach (eds.), *Research in the Sociology of Organizations*: 1–36. Greenwich, CT: JAI Press.

Daft, Richard L. and R. H. Lengel

1984　　"Information Richness: A New Approach to Managerial Information Processing and Organizational Design," in B. Staw and L. Cummings (eds.), *Research in Organizational Behavior*: 191–233. Greenwich, CT: JAI Press.

Daft, Richard L., R. H. Lengel and L. K. Trevino

1987　　"Message Equivocality, Media Selection, and Manager Performance: Implication for Information Systems," *MIS Quarterly*, 11: 355–368.

Dixon, N.

1994　　*The Organizational Learning Cycle*. Maidenhead, UK: McGraw-Hill.

Downs, Anthony

1967　　*Inside Bureaucracy*. Boston, MA: Little, Brown.

Duncan, Robert and Andrew Weiss

1979　　"Organizational Learning: Implications for Organizational

Design," in B. Staw (ed.), *Research in Organizational Behavior*. Vol. 1. Greenwich, CT: JAI Press.

Edmondson, Amy

1999   "Psychological Safety and Learning Behavior in Work Teams," *Administrative Science Quarterly*, 44: 350–389.

Edwards, Michael

1997   "Organizational Learning in Non-Governmental Organizations: What Have We Learned?" *Public Administration and Development*, 17: 235–250.

Fulmer, Robert M. and J. Bernard Keys

1998   "A Conversation with Chris Argyris: The Father of Organizational Learning," *Organizational Dynamics*, Autumn: 21–32.

Garvin, David A.

1993   "Building a Learning Organization," *Harvard Business Review*, 71 (4): 78–91.

Gherardi, Silvia

1999   "Learning as Problem-driven or Learning in the Face of Mystery," *Organization Studies*, 20 (1): 101–124.

Hedberg, Bo L. T.

1981   "How Organization Learn and Unlearn," in P. Nystrom and W. Starbuck (eds.), *Handbook of Organizational Design*: 8–27. London: Oxford University Press.

Hirschhorn, L.

1988   *The Workplace Within*. Cambridge, MA: MIT Press.

Huber, George P.

1991   "Organizational Learning: The Contributing Process and the Literatures," *Organizational Science*, 2 (1): 88–115.

Levitt, Barbara and James G. March

1988　"Organizational Learning," *Annual Review of Sociology*, 14: 319–340.

Mahler, Julianne

1997　"Influences of Organizational Culture on Learning in Public Agencies," *Journal of Public Administration Research and Theory*, 7 (4): 519–540.

March, James G.

1991　"Exploration and Exploitation in Organizational Learning," *Organization Science*, 2 (1): 71–87.

March, James G. and Johan P. Olsen

1976　*Ambiguity and Choice in Organizations*. Oslo, Norway: Universitetsforlaget.

March, James G. and Herbert A. Simon

1958　*Organizations*. New York: John Wiley & Sons.

March, James G., Lee S. Sproull and Michael Tamuz

1991　"Learning from Samples of One or Fewer," *Organization Science*, 2 (1): 1–13.

Moorman, Christine and Anne S. Miner

1998　"Organizational Improvisation and Organizational Memory," *Academy of Management Review*, 23 (4): 698–723.

Popper, K.

1979　*Object Knowledge: An Evolutionary Approach* (revised ed.). Oxford: Oxford University Press.

Sabatier, Paul and Hank Jenkins-Smith (eds.)

1993　*Policy Change and Learning: An Advocacy Coalition Ap-*

proach. Boulder, CO: Westview.

Schein, Edgar H.

1992   *Organizational Culture and Leadership* (2nd ed.). San Francisco: Jossey-Bass.

Schein, Edgar H. and Warren Bennis

1965   *Personal and Organizational Change via Group Method.* New York: Wiley.

Schoemaker, P, J. H.

1993   "Multiple Scenario Development: Its Conceptual and Behavioral Foundation," *Strategic Management Journal*, 14: 193–214.

Schumpeter, I. A.

1959   *The Theory of Economic Development*. Cambridge, MA: Harvard University Press.

Senge, Peter M.

1990   *The Fifth Discipline: The Art and Practice of the Learning Organization*. New York: Doubleday.

Simon, Herbert A.

1953   "Birth of an Organization: The Economic Cooperation Administration," *Public Administration Review*, 13 (4): 227–236.

1991   "Bounded Rationality and Organizational Learning." *Organization Science*, 2 (1): 125–134.

van der Heijden, K.

1996   *Scenarios: The Art of Strategic Conversation*. Chichester, UK: Wiley.

Weick, Karl E.

1979　*The Social Psychology of Organizing* (2nd ed.). Reading, MA: Addison-Wesley.

1989　"Theory Contruction as Disciplined Imagination," *Academy of Management Review*, 23 (4): 516–531.

1991　"The Nontraditional Quality of Organizational Learning," *Organization Science*, 2 (1): 116–124.

Zajac, Gary and Louise K. Comfort

1997　"The Spirit of Watchfulness: Public Ethics as Organizational Learning," *Journal of Public Administration Research and Theory*, 4: 541–569.

形塑行政機關為學習型組織之困境與對策

朱楠賢

行政院人事行政局給與處副處長

陸、行政機關形塑為學習型組織之策略

柒、結　語

摘 要

　　為預應環境快速變遷，強化組織應變能力，近些年來不斷有新的企管理論引進公私部門中，其中首推全面品質管理(T. Q. M)、標竿管理(Benchmarking)、平衡計分卡(Balanced Scorecard)及知識管理(Knowledge Management)等，上開管理理論之流行，蘊涵了組織欲掌控不可測未來的迫切感及組織成員要求民主參與及資訊公開的焦慮感。此時，強調「學習」的學習型組織理論，正可彌平組織本身及其成員心理上的空隙。學習型組織不只是一個理想型的理念，它更是一個可據以落實的具體藍圖，本文首先闡述學習型組織的意涵，次就理論層面敘明形塑學習型組織的過程及方式，同時就目前在實務推動上之障礙提出檢討，爾後檢視本文所著重之行政機關特性，就其適用學習型組織的可行性提出總體觀點評估，最後並就學習型組織如何提出適用於行政機關提出十大具體建議。

關鍵詞： 學習(learning)、 組織(organization)、 學習型組織(learning organization)、行政機關(Administration agency)

壹、前　言

在政府再造的世界潮流中，行政機關迭受批評具有法規嚴苛、繁文縟節、行事僵硬、反應過慢、過於集權、本位主義及能力不足等官僚病態(bureaucratic pathologies)或行政失靈(administrative failure)病象，而使其正當性受到空前的挑戰(Peters, 1991: 381–403)。為提振官僚能力，有越來越多的學者提出官僚體制的新思維。C. Heckscher 提出「後官僚組織」(post-bureaucratic organization)的典範變遷概念，以互動性的對話(interactive dialogue)為整體組織運作核心，代替單向之指揮命令關係，俾更能建立共識，達成組織目標 (1994: 24)，Michael Barzelay 認為後官僚組織的特徵已由原以「效率」為先行考量，轉變為對「服務品質」及「民眾評價」的重視，由「控制員工」轉變為「贏得員工認同」(1992: 119–127)。David Osborne 及 Ted Gaebler 為突破官僚體制舊典範困境，更提出治理企業型政府(entrepreneurial government)的十大原則，其中亦強調應以目標和任務來替代法規命令並講求分權，鼓勵參與式管理（劉毓玲譯，民 82）。上述學者的論點基本上係主張人性本善的有機(organic)觀點，重視組織成員的價值、認知及心智能力。

此發展趨勢另有學者從組織設計的角度分三階段呼應之，其中第一階段為「重組」(restructuring)：重效率，以裁員、調整組織規模為手段，講求控制；第二階段為「再造工程」(reengineering)：兼顧效率與顧客滿意，以流程管理、流程創新及再設計為手段，講求自主性；至於第三階段為「再思考」(rethinking)：兼顧效率、顧客滿意及員工發展，以仿造(patterning)、學習為手段，講求合作(Keidel, 1994)。換言之，現代組織設計已超越傳統理性模型轉向重視員工的協調互動與對話，顯示整個公共管理思潮已轉向以人為本，重視人

的主觀意識及其潛能之激發，而學習已成為促使個人及組織精進的
最重要利器。著名管理學者 Edgar H. Schein 曾言「學習不再只是一
種選擇，而是確有其必要性，當前必須優先處理的事是學習如何學
習」(1993: 85)，尤其是對於以層級節制為主，講究權威控制，缺乏
願景的官僚組織而言，學習更是重要(Kettl, 1994: 31–35)。由 Peter M.
Senge (1990)所發展的「學習型組織」(learning organization)更具體凸
顯點出學習對處於遽變環境下組織發展的重要性。

貳、學習型組織的意涵

　　組織係由個人所組成，故個人學習(individual learning)為組織學
習的必要條件，組織學習如同個人學習般，係一種對環境刺激所採
取適應行為。組織學習在組織成員察覺到組織已面臨問題必須進行
探究時發生，惟組織成員常亦發現所期望的及實際行為結果間非常
不搭配(mismatch)，必須透過思考乃至行動過程來修正組織實用理
論(theory-in-use)（人們日常生活世界中自成一套的非正式理論），期
使實際結果及所期待的能吻合之(Argyris and Schon, 1996: 16)。

　　論者以為組織學習的過程有二種型態，一為單迴饋圈學習(sin-
gle-loop learning)，另一為雙迴饋圈學習(double-loop learning)。前者
為一工具性的學習，組織成員期望只修正其行動策略和手段，來達
成組織目標而不涉及行動背後之價值問題；後者則導致「實用理論」
價值觀的改變，亦即組織成員除了修正其行政策略和手段外，亦進
而質疑組織目標及其規範，並作必要的調整，以使組織適應新情勢
(Argyris and Schon, 1996: 20–22)。換言之，能夠作到雙迴饋圈的學
習才是真正的學習。學習型組織基本上係組織學習理論的實踐
(Ibid: 180)，原稱 "Metanoia Organization"，其中 Metanoia 為希臘文，
意味「心靈的轉變」。因此，所謂學習型組織意指「組織中成員能持

續擴展能力以創造所欲結果，並於其中蘊育嶄新周延的思考型態，促進集體抱負(collect aspiration)自由伸展，同時持續學習如何學習。」(Senge, 1990: 1-2)。換言之，學習型組織強調個人學習的重要，並企圖透過團體合作導致組織基礎結構(infrastructure)的變革，進而強化組織成長及創新能力。有關學習型組織的特色可再從組織設計的觀點經由交易典範(trade-off paradigm)與學習典範(learning paradigm)的比較突顯之，茲列表闡述如下。

表一： 組織設計──從交易至學習

區別	交易典範	學習典範
組織結構	·繁複的層層報告 ·巨大、整體的	·彈性的部門 ·小型而分權化
決策程序	·不清晰的溝通路徑 ·資源分配基於狹隘的觀點	·整合型的溝通系統 ·資源被設計得相互分享
跨功能團隊	·功能的「地窖」及圍牆 ·不同領域或任務間甚少互動	·連結不同功能的團隊 ·常運用「邊界連絡人」
獎賞系統	·按部門別評量 ·依量化標準行之	·整個體系的評量 ·將冒險行為因素納入
管理發展	·部門間甚少轉換 ·網路化對個人發展並不重要	·鼓勵部門間之轉換 ·網路化工作甚為重要
組織文化	·不鼓勵學習及冒險行為	·鼓勵個人學習與成長

資料來源： Lei, Slocum & Pitt (1999: 31)

綜上說明，所謂的學習型組織應具有與傳統官僚組織有別的六大特質：

　1.領導者的用心經營。

　2.員工被高度授能去完成任務。

　3.策略係以由下而上或由外而內方式浮現。

　4.組織文化中充滿合作、融合的社區意識。

　5.溝通管道暢通，各項資訊得以充分分享。

6.組織結構彈性，內部非必按照職能分工。

上述六項特質彰顯出學習型組織主動駕馭變遷的企圖，而非僅被動的適應環境而已，此正為傳統型組織所缺乏的特質。典型傳統官僚組織重視層級節制、專業分工、講求權威命令關係，其隱含的價值觀及運作方式自與學習型組織特質大不相同。

參、形塑學習型組織之過程及方式

一、概念架構

目前雖有許多學者投入學習型組織之研究，惟尚難有全面的關照，所幸 Peter M. Senge 對學習型組織的發展提供了一提綱挈領的概念架構，頗值深思：（齊若蘭譯，民 84:26–77）

(一)啟動學習循環

1.新的技巧與能力 —— 如「如何反思深度對話」等。
2.新的認知與感覺 —— 如「如何真正聆聽別人的談話」等。
3.新的態度與信念 —— 如「瞭解人不可能掌控一切」等。
上述三者並彼此相互影響。

(二)踏出修練第一步

1.發展指導方針：釐清組織信念及其成員想創造什麼。
2.融合理論、方法和工具：每一種實用的工具都奠基在理論與方法上。
3.嘗試創新的基本架構：指足以持續支持組織學習的策略、規章、專責機構和資源等。
上述三者缺一不可，沒有指導方針，就缺乏熱情和方向感；缺

乏理論、方法和工具則無法發展出深度學習所需的技巧和能力，缺乏創新基本架構則變革無法融入組織生活之中，在組織中紮根。上列因素之關係可組合成下圖表示之：

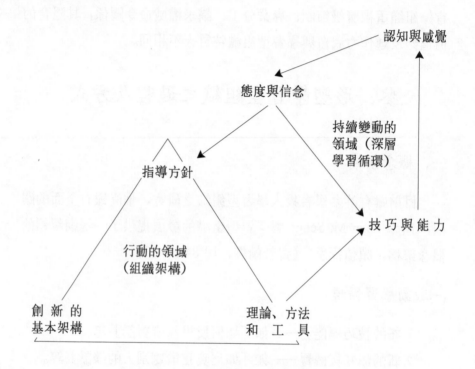

圖一：學習型組織的概念架構

資料來源：齊若蘭（民84: 68）

上述概念架構中所提及的方法可以下列五項修練表達之：（郭進隆譯，民 83: 10–17）

㈠自我超越(personal mastery)

學習不斷釐清並加深個人的真正願望；集中精力培養耐心並客觀觀察事實。

㈡改善心智模型(improving mental models)

學習發掘內心世界的圖象，使這些圖象浮在表面並嚴加審視。

㈢建立共同的願景(building shared vision)

建立一種共同的願望、理想、美景或目標以幫助組織培養成員主動而真誠奉獻和投入。

㈣團隊建立(team building)

發展團體成員整體搭配與實現共同目標的過程，是建立在發展「共同願景」這一項修練上，也建立在「自我超越」上。

㈤系統思考(systems thinking)

關切彼此相互關係勝於事情本身，觀看動態變遷模式而非靜態快速攝影(snapshots)，　以整體性及相互依賴觀點看組織而非以官僚或機械觀來看組織。

二、形塑過程

學習型組織之形塑，必然需要透過人為的設計或由上而下或由下而上或上下交作逐步達成，惟就其形塑過程而言，不外需依循下列四個組織學習過程：(Crossan, Lane and White, 1999: 524-530)

㈠直覺(Intuiting)過程

直覺意指依據個人經驗面對某些事物存有預先意識的認知。在此過程中，惟有透過與個人的互動，才能影響其個人的直覺。

㈡闡述(Interpreting)過程

闡述意味經由文字或行動來表達理念，其後並透過語言進行溝通。

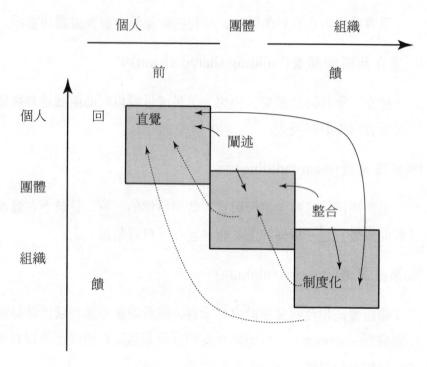

個人　　　團體　　　組織

前

饋

個人　回

團體

組織　饋

直覺

闡述

整合

制度化

圖二：組織學習的形塑過程

資料來源：Crossan, Lane & White (1999: 532)

㈢整合(Integrating)過程

整合意味個別成員透過相互瞭解彼此調整行動步驟、對話及聯合行動為分享、瞭解的重要一環，在整合行動持續發生時，組織將邁入制度化之過程。

㈣制度化(Institutionalizing)過程

制度化意指確保例行化的行動會發生的過程，其能鑲嵌學習至個人層次、團體層次乃至組織層次，因此，對組織的系統、結構、程序及策略均有影響。上述四個過程中直覺過程發生在個人層次上，闡述過程聯結個人及團體層次，整合過程聯結團體及組織層次，至

制度化過程則發生在組織層次上，它們的發展基本上有順序關係，先由個人層次發展至團體層次，最後再擴及整個組織，同時在上開過程發展遇及瓶頸時產生逆向回饋現象。

三、實施方式

針對行政部門而言，不論是美國或臺灣，均無不將形塑學習型組織視為「政府再造」中重要的一環，並全面推動，茲將其實施方式分別敘述如次：

㈠美國方面

美國人事管理局之人力資源發展委員會，經研究後提出「經由學習達成目標」的組織學習白皮書(1997)，指出組織學習必須從分析個人及組織方面著手。

1.個人學習策略方面

此方面包括正式學習與非正式學習兩部分，其中前者包括所有傳統的訓練及管理發展課程，後者則將學習融入工作中，特別值得說明的是絕大部分之個人學習是發生在非正式學習而不是正式學習，至所稱非正式學習的策略主要包括：

⑴進行工作輪調。

⑵指派特別專案。

⑶主管協助指導。

⑷組成學習團隊。

⑸規劃個人發展計畫。

2.組織學習策略方面

組織一旦建立學習的機制，則其中成員之去留將不致影響組織的持續學習，在這方面上開委員會亦提出下列的主要策略如次：

(1)進行行動學習(action learning)：鼓勵成員親自參與學習工作，並不時檢討反省。

(2)依專長組織功能團隊。

(3)進行策略規劃，透過討論對話形成共識。

(4)設置平行學習結構：此組織強調與正式組織層級間之平等，其組成分子不限於組織內部成員，其建議管道亦非循正常行政程序進行。

(5)標竿管理(Benchmarking)：先界定所處的組織應改進之處，其次搜尋周遭環境之模範組織，再研究該模範組織之實際運作，最後找可以適應自身組織性質的管理措施，予以採納。

㈡臺灣方面

行政院曾於民國88年7月函頒「公務人力組織學習執行計畫」其主要執行方式為：

1. 以全國北、中、南、東分區方式辦理公務組織終身學習系列研討會，倡導終身學習理念並推廣各類社會學習資源。

2. 針對各公務機關需要，舉辦學習型組織研習會，將學習型組織引進各公務機關。

3. 普遍實施學習型組織活動：如進行問題探討、業務精進研究、工作互動互勵、讀書心得報告等，以形成公務人力學習風氣，並鼓勵所屬同仁成立學習團隊。

4. 依據機關使命及目標，訂定長期發展策略，並鼓勵及協助所屬同仁參加各類進修學習活動。

5. 配合國家發展、社會變遷及業務所需，辦理各類公務人員進修研習活動，並主動協調國內外學術研究機構，提供終身學習機會。

6. 建立「公務人力學習進修資訊網」，並定期維護更新，以提供全國公務人員更全面、便捷且多元化之進修學習資訊。

7. 規劃辦理赴國內各公、私立機關（構）或所屬機關間之觀摩活動，促進彼此交流學習成長。

8. 研究開放行政院所屬各訓練機關（構）於既有訓練容量外，提供訓練資源給各公務機關運用，所需經費以代收代付方式處理。

　　至於人事行政局本身為落實上述執行計畫，並於民國 88 年 10 月訂定「行政院人事行政局組織學習及激勵士氣推動方案」，其主要執行方式為：

1. 舉辦再造研討會。

2. 成立專案小組檢討該局組織及人力配置。

3. 推動人事法制再造。

4. 實施參與及建議制度。

5. 改善心智模式、開發人力潛能。

6. 規劃辦理團隊學習活動。

7. 建立公正、公平、公開之功績升遷制度。

8. 改善工作環境與條件。

　　上開兩國的推動方案，現正持續中，故迄今尚未就其實施成效進行檢討評估。不過為了探尋推動組織學習的具體策略，本文乃先搜集國外已推動學習型組織案例，就其遭遇的障礙情形說明如下。

肆、形塑學習型組織的障礙

　　「學習型組織的發展係典範轉移，其過程龐大，複雜而艱鉅」（齊若蘭譯，民 84: XⅢ），事實上，多位從事組織學習理論研究及實務工作者均坦誠學習型組織之推動有其在制度上，結構上及心智

上的障礙。茲列陳說明如下:

一、Peter M. Senge (1990)

Senge 指出,要建構「學習型組織」必須能辨識下列七項組織學習障礙:(郭進隆譯,民 83: 26–35)

㈠本位主義(I am my position)

由於受到組織專業分工的影響,組織成員只關注自己的工作內容,形成侷限一隅的思考模式。

㈡歸罪於外(the enemy is out there)

由於組織成員慣以片段思考推斷整體,當任務無法達成時,常歸咎於外在因素所造成,而不會先檢討自己。

㈢負責的幻想(the illusion of taking charge)

組織的領導者常認為自己應對危機提出解決方案以示負責,而忽略與其他組織成員共同思考解決問題。

㈣缺乏創意(the fixation on events)

當組織產生問題時,大家通常只專注於事件或問題本身,而忽略事件或問題其實是經由緩慢、漸進的過程形成,只能以預測的方式提出解決方案,卻無法學會如何以更有創意的方式來解決問題。

㈤煮蛙效應(the parable of the boiled frog)

意指組織成員應保持高度的覺察能力,並且重視造成組織危機的那些緩慢形成的關鍵因素。

㈥從經驗中學習的錯覺(the delusion of learning from experi-
ence)

組織中的許多重要決定的結果，往往延續許多或十年後才會出
現，因此，組織成員難以從工作經驗中學習。

㈦管理團隊的迷思(the myth of team management)

組織團隊係由不同的部門及具有專業經驗能力的成員所組成，
有時為維持團體凝聚的表象，團體成員會抨擊不同意見的成員，久
之，團隊成員即易喪失學習的能力。

二、Robert L. Dilworth (1996)

1.視學習僅係個人現象，並非關團體的事。
2.著重正式訓練，甚於參加工作場所之學習。
3.視企業成敗與學習過程分別為不同的世界。
4.容忍「拒絕傾聽」的工作環境。
5.應用獨裁的領導型式。

三、Art Kleimer, et al. (1999)

麻省理工學院組織學習中心（由 Peter M. Senge 主持）在經過多
年的理論研究及實務輔導經驗後，彙編《變革之舞》(*The Dance of
Change*)一書，其中指出要成就學習型組織需克服下列十項障礙：

㈠開始推動變遷階段

1.我們沒時間搞這種事。
2.我們沒有得到什麼協助。

3. 這種事與公司目標沒有關係。

4. 說的一套，做的一套。

㈡持續推動階段

1. 這種事是令人五味雜陳。

2. 沒有評估機制來管制這件事的進度。

3. 我們自認找到了正確的路，但其他成員並不以為然。

㈢再設計及再思考階段

1. 誰為這件事所產生的任何後果負責？

2. 我們必須持續擴散這件事的經驗。

3. 我們將何去何從，我們為的是什麼？

加拿大公共服務委員會資深研究員 Eton Lawrence 經多年研究所歸結的學習障礙，分從組織及個人兩種觀點分析，甚稱周延具體，可作為上開論點之總結，茲分列如次：(1999)

一、學習的障礙——組織的障礙

1. 知識不分享「知識是權利」症候群。

2. 「不必由我開始創新」症候群。

3. 管理人員「學習自大」症候群——工作同仁需學習，管理者原則不必學習。

4. 組織分工設職阻礙了跨功能的相互合作。

5. 缺　乏

⑴訓練時間、材料與資源。

⑵對持續改善的能力與貢獻的表彰。

⑶對持續改善的掌握與推廣的標準機制。

⑷相互共享知識移轉成果的機制。

6.對錯誤疏失喜以處罰方式處置，而非視疏失為必要的學習過
　程。

二、學習的障礙──個人的因素

1.不自覺的以為「我已知道我需知道的一切」。
2.對放棄個人喜愛的意見或信念會感覺痛苦。
3.害怕因學習新技術會有短暫無能的狀況。
4.忘掉個人過去工作經驗中不再有效的工作。
5.感覺自己是過分忙碌。
6.具精神上心智上的懶惰懈怠。

伍、行政機關形塑為學習型組織前應有之思考

　　組織學習或學習型組織確為九〇年代重要的管理利器，惟是否
適用於各種性質不同之組織，這是值得探究思考的問題，本文認為
本項管理策略或措施應用在公部門方面之行政機關與私部門方面之
民間企業，因兩者特性不同，應有所差異，茲就行政機關特性，及
相關問題分析如下：

一、行政機關的特性

　　政府機關為政府部門，在學理上可稱作公共組織，而所謂公共
組織為「處理公共利益或擁有公共財特徵之財貨或服務的政府機關」
(Bozeman & Bretschneider, 1994: 197)，與私有組織特性迥然不同。
P. C. Nutt 及 R. W. Backoff 即以環境因素（市場暴露程度、法規限
制、政治影響）、組織環境的互動（強制性、政策影響幅度、公共
審查、公共期望、財貨的性質）、組織結構與過程（目標與績效標準、
權威關係與行政人員角色、組織績效、誘因、人員特質），三個面向

來區分公私組織之異同並顯示公共組織的特性所在(1992: 27–28)。本文綜合其內涵,歸納公共組織有以下五大特性:

㈠設置目標多元化

公共組織的設置經常有其政治社會及經濟上的多重考量,不單為遂行某項政策或為提高行政績效而設置,也因此公共組織的目標常常曖昧不明甚至相互衝突。

㈡衡量指標分歧化

公共組織設置目標多元,其績效或生產力之衡量指標自是難求一致;性質不同或服務標的人口不同的公共組織,其衡量指標即有差別,甚至同一類型之機關,其績效衡量指標之設定(如效率、效能指標內涵)亦未必能取得共識。

㈢決策過程複雜化

公共組織在政策規劃實際運作上受到來自立法、司法、輿論、相關利益團體、行政部門甚至顧客(clients)等單位的影響與限制,決策過程常常陰晦不明,複雜詭異,相關公共政策的制訂亦多是妥協的結果而非成本效益計算的結果。

㈣組織運作惰性化

公共組織的運作方式(如人事、會計制度之運作)常為繁複的法規與操作的程序所限制,另外組織本身的沈澱成本、行事慣例等因素亦使公共組織趨向維持現有組織型態及行為模式,不若私有組織對外界反應來得迅速。

㈤產出影響普及化

公共組織規劃及執行各項公共政策；理論上必須符合「公共利益」，因牽涉之顧客甚多，產出影響自是深遠廣泛，絕非私有組織所產生的影響力所能及。

上述公共組織的五大特性，使其組織任務(missions)難以釐清、績效評估難以落實、行政運作難以靈活及機關員工難以激勵，連帶地亦不利於行政機關轉化為學習型組織。

二、行政機關能否形塑為學習型組織

講求彈性、反省、創新，應變能力的學習型組織如何應用在前述講求層級節制、法令規章及公共責任的公共組織上，其隱含的價值觀及運作方式是否與公共組織的本質相容，確實是當前政府提倡行政革新及提高國家競爭力之際，必須面對省思的重要課題，D. G. Carnevale 明白指出公共部門人力資本發展(human capital development)的六大阻礙，以更宏觀的角度貼切說明行政機關之學習障礙所在(1995: 162–164)：

1. 政府部門希望給公務人員更大的權限，但又害怕其作錯事。
2. 政務官實際上並不希望公務人員過於強勢。
3. 人力資源發展被視為「軟性」工程，不受重視，亦常缺乏資源。
4. 機關首長沒有耐心等待成果（因任期短，變動頻繁）。
5. 訓練成效難以評估，如顧客滿意度如何衡量的問題。
6. 現行文官體制過於消極防弊。

無獨有偶的，上述阻礙在澳洲稅務局所推動的策略性變革計畫中亦一一呈現出來，依照他們實際經驗所得，組織變革在高層領導者未主動積極及堅持到底的情況下，必將失敗，現行人事制度過於僵化，在無法彈性用人、彈性敘薪的情況下亦難以推動變革；此外，公務人員有如魚缸的金魚必須接受立法機構、司法機構等之監督，

亦使其產生防衛心態，導致只重程序正確與否，不問其目的有無效益的後果。推動此項變革工程之澳洲稅務局副局長 Bill Godfrey 最後語重心長的說出公共組織推動學習的最大困境為:「所有改造政府機構的努力都痛苦的顯示，現存的政治辯論與公共責任的形式非常不利於組織學習。政客總是想魚與熊掌兼得。好的服務和遵從規章的做法事實上無法相容，但是政府體制的設計者和批評者都不放棄其中任何一種，最後的結果就變成服務品質低落和毫無學習可言。」（引自齊若蘭譯，民 84: 823）。

前述有關形塑學習型組織的障礙加上行政機關本身特性使然，要轉化行政機關為學習型組織確非易事，但亦非絕不可行，學習型組織的形塑不僅需作技術及制度層面上的改變，更需在觀念上有所突破，不宜單純視為一管理技術，可以隨時設計並移植至機關組織中，事實上，它正從事一項公共組織典範(paradigm)的遷移工作，從以往講究「控制」的理性模式(Rational Model)轉向講求「瞭解」的釋義模式(Interpretive Model)，甚至是「解放」(emancipation)的批判模式(Critical Model)（借用 Denhardt 的概念，1993: 230–233），亦即必須從員工個人心智(Mind-Set)至機關組織文化乃至整體政治制度設計（民主行政）逐步發酵配合，因此學習型組織在公共部門上之應用，不僅需要進行「外塑」工程，同時亦需要有「內發」的力量，以下一章將就這方面深入探討。

陸、行政機關形塑為學習型組織之策略

一、觀照的面向

組織欲轉化為學習型組織，初期主事者勢必要十分謹慎，因為每位成員都在觀察、體驗這個團體能帶給他們什麼好處，又會對其

自身產生何種害處，多數人是「壁上觀」而不願作「白老鼠」，因此先塑造一個有利於學習的組織氣候，允為推動本項工程的首要條件，Eton Lawrence (1999)即認為要： 1.鼓勵組織從事創造性活動，主動發掘問題所在。 2.鼓勵同仁提出不同觀點看法。 3.就事論事，不作人身攻擊。 4.對錯失的事負責而不諉過他人。 5.鼓勵進行試驗，革新並分擔同仁風險。 6.授權同仁放手作事。 7.鼓勵良性競爭而非權力鬥爭。換言之，組織應先形塑一個有安全感及激勵機制的組織氣候，再來討論如何進行學習工程。

至於如何有計畫的進行學習，Finger 及 Brand (1999)兩位學者在這方面著力甚深，渠等以學習能力為經（涵括個人、集體、結構、文化、工作及領導等各項學習能力），學習階段為緯（涵括產生、整合、闡述及行動階段）交錯分析組織中各層次之學習能力在每一學習階段所應注意的事項及應培養的能力如下表。

表二： 組織學習能力之面向及其特徵

面　向	整體學習環	產生階段	整合階段	闡述階段	行動階段
		特徵應用階段			
個 人學 習能 力	・系統思考	・擴散新資訊的能力 ・連結環境的能力 ・自我觀察 ・專注	・多樣技巧 ・開放性 ・整合新資訊能力 ・幽默感	・有思考創造能力 ・同理心 ・容忍心 ・鼓勵心	・有變遷能力 ・熱情 ・擔負責任的能力 ・面對變遷，坦然以對
集 體學 習能 力	・團隊能力		・多樣功能 ・有用性	・對話能力 ・面對衝突能力 ・分歧性	・執行能力
結 構學 習能 力	・分權化		・扁平組織 ・將幕僚整合於業務部門	・小單位的組成 ・頻繁的互動	

文化學習能力	·問題解決	·關切評量 ·對資訊之主動態度 ·對外在環境之開放性	·透明 ·信任 ·持續掌握資訊的文化	·對話及溝通能力 ·對不同觀點之開放性 ·比較及競爭的精神	
工作學習能力		·監測回饋環 ·自我糾正實驗	·容易使用的資訊媒介 ·工作輪調極少限制 ·整合幕僚於業務部門	·任務編組 ·目標管理 ·極少的書面規格	·分權化
領導學習能力		·為資訊產出負責	·對適當資訊的獎賞	·利他條件設定	·當教練

資料來源：Finger & Brand (1999: 152)

上述 Finger 及 Brand 的分析，涵蓋面雖廣及個人、集體、結構、文化、工作及領導等六項學習能力面向，但並未針對行政機關本身的獨特性考量，因此，引用至行政機關上，則宜增列「政治學習能力」面向，以求其周延，至「政治學習能力」面向在各個學習階段所應注意事項或所應培養的能力，本文建議如次：

㈠整體學習環部分

以「形塑共同願景」為重點，此願景係機關首長與上級監督機關、民意機構及與機關內部成員彼此間的共同願景。

㈡產出階段部分

以「改變心智模式」為重點，期許以政治任命擔任機關首長者，對於事情之處理，能不以短期政治利益為考量，而係著眼於行政機關長期的發展，予以必要的助力，並耐心期待結果。

(三)整合階段部分

以「化解權力鬥爭」為重點，因組織在進行學習過程中，難免發生權力重分配情事，各部門或為鞏固或為擴張原有勢力範圍，常會以不同方式進行權力鬥爭，主事者必須正視本項問題，主動排解以求和諧。

(四)闡述階段部分

以「強化對話機制」為重點，除致力於學習理念的宣揚，透過與同僚間之溝通互動，釐清願景所在，強化同僚信心外，並利用各種公開場合，向外界闡述組織學習的理念。

(五)行動階段部分

以「爭取外界支持」為重點，除爭取上級主管機關的支持外，並視議題需要與相關行政機關、非營利團體乃至大眾媒體進行策略聯盟，化可能的阻力為助力，以利學習工程的持續進行。

綜上說明，行政機關進行組織學習必須有個人、集體、結構、文化、工作、領導及政治等七項學習面向的全面觀照，始能逐步克盡其力。

二、執行的策略

基於上述的分析，本文擬結合上述七項學習面向進一步提出下列突破組織學習障礙的十項重要策略：

(一)促請機關首長支持並親自參與

行政首長的領導對所在機關的存續發展具有決定性的影響，它具有注入機關價值，決定機關發展策略，改變組織文化及調解內部

衝突的功能，因此，其是否支持組織學習的活動實為本項活動能否推展的關鍵因素，所稱「支持」包括注入相關資源的支援，對共同願景的形塑，對外在不當勢力的抗拒及有耐心地等待結果；除此之外，欲求本項活動效能持續進行則更需要機關首長的親自投入，這意味著首長必須拋棄權威式的領導方式，放下身段與組織其他成員一樣參與學習。

㈡將學習概念融入組織策略中

目前有關績效管理(Performance management)的研究中，已有學者將學習視為績效衡量的重要指標之一(Kaplan & Norton, 1996)。換言之，學習並非指狹隘的工作外訓練，更絕非與業務無關的額外活動，它與機關的核心能力，績效良窳有密切關係，因此，在觀念上需視個人學習乃至組織學習為一項人力資本的投資而非經常消費成本之支出。

㈢建立知識分享機制

學習型組織為一資訊導向的組織，欲成就學習型組織，該組織必然要設計有利於知識或資訊庫存、疏通及轉化運用的網路學習系統，因此，開發內部文件的資料庫、發展專家網路、為「經驗之談」的知識開發資料庫，及提供知識分享的時間與場所，包括舉辦各種研討會、觀摩會、讀書會等，都是重要的知識分享機制。

㈣引進及推廣必要的學習訓練

如以前述 Peter M. Senge 所提倡的五項修練而言，每一項修練均涉及相當的專業知識，如何進行對話(dialogue)，如何改善心智模式及如何系統思考等均必須委請專業顧問進行機關內或機關外之訓練及實作研討，始能落實。

㈤協助專案小組的設置

所稱專案小組係為解決某項重大業務或技術問題，經採跨內部方式成立之暫時性工作小組，它可能是傳統所稱之「品管圈」、「工作圈」亦可能是現代所流行的虛擬團隊(Virtual Team)，即組織成員係不處在同一地點但卻能透過連結網路對特定議題密集溝通稱之。這些專案小組獨立於層級節制的官僚體制之外，有利於組織成員平等對待，袪除心理壓力，同時亦有助於組織單位間溝通互動、活力釋放，使組織更具彈性及有機性，加速組織學習的速度與品質。

㈥培養信任、和諧及寬容的組織文化

前述組織學習的障礙雖多，但其中自我防衛及唯我獨尊的組織文化尤為最難突破的盲點，為卸下組織成員的「面具」或心理的武裝，必須從領導者領導方式，組織內部溝通機制，及相關績效評估措施等多方面著手，這部分各機關業務性質或有不同，但如何預留組織寬餘資源(slack resources)給予成員較多的物理資源（如團體獎金、創意獎金、較多的公共空間及特別休假措施等）及心理空間（如容忍犯錯、鼓勵建言、賦能授權等）則可能是共同需要考量的重點所在。

㈦建立360度評估制度

組織學習重系統思考，在回饋時必須有所準據，俾便檢討改進之用，因此評估制度的建立有其必要，而評估的範圍及其評估指標之建立不應限於工作績效方面，對於單位與單位間、小組與小組間乃至同僚之間之主動支援、溝通情形均應列為評估的面向，換言之，行政機關之績效應用更寬廣的角度解析，同時不應只由上而下作縱向考評，而應由直屬主管、非直屬主管、同僚等三方面設定不同的

比例權重，定期作全面或部分的評估，對於有直接與民眾接觸的單位，另可加列民眾（顧客）滿意度的問卷調查，如此一來所得到的評估結果較為客觀，所發現的問題亦較真實，對於目前受垢病的考績制度將有改善作用，當然對於組織的學習亦有正面增強作用。

(八)確實建立功績制升遷制度

公務人員的升遷常被批評有不公平的現象，這個問題因牽涉到非制度性因素的作用而變得複雜，因此如何建立甄審程序上的公開公平，杜絕關說，以符正義原則誠為培育組織學習的先決條件之一，另一方面在符合程序正義之後，能否真正拔擢工作績優具發展潛力的人員至其適任的較高職務，以激勵士氣，並昭公信其實是更重要的因素，就制度面而言，至少目前行政院頒佈的「升遷考核要點」過分重視年資的權重而輕忽功績因素的制度設計應儘速修正，以利組織學習。

(九)實施工作輪調或工作豐富化

工作輪調(Job Rotation)及工作豐富化(Job Enrichment)兩者看似老生常談，實者若能有效落實仍能促進組織的學習；以工作輪調而言，制度化的工作輪調將有助於袪除本位主義，一方面以更宏觀的系統觀思考全組織的運作，一方面要有助組織共同願景的形塑；另以工作豐富化而言，此意指深化職務歷練，讓組織成員負責或承辦重要的案件，並從草擬階段、溝通階段到執行階段均親自投入，如此一來，相信將有助於其改善心智模式乃至自我超越，提昇個人視野及能力。

(十)重視組織成員生涯規劃

組織成長的前提是其中組織成員亦必須隨同成長，換言之，必

須將個人的目標與組織目標相融合，將個人願景結合在組織的願景上，才能共榮共存，因此組織學習在推動過程中必須協助輔導工作伙伴依其專長性向作好個人生涯規劃，塑造一優質環境凝聚其向心力，這樣的成員學習動機才會強，也才會無私無我為組織全力奉獻，促進組織活力及動能。

柒、結　語

學者 Michael Barzeley 從歷史觀點指出公共組織將從「官僚典範」邁向「後官僚典範」(postbureaucratic paradigm)，強調從狹隘的效率觀走向關切品質與價值，從操控行政系統走向操控的釋放，促進集體共識並強化回饋系統(1992: 18)，此均突顯了學習型組織在未來官僚體制的必要性。縱然學習型組織需經過不斷學習、實驗、探索方能形成，惟仍應作為長期追求的「願景」，至於目前則宜以「學習如何學習」作為階段目標，針對不利學習的環境開放心胸，虛心檢討，逐步形成一段學習潮，本文先剖析學習型組織之內涵後，也指出形塑學習型組織的實施過程、方式及其學習障礙，並進一步的針對行政機關特性提出反省，直陳學習型組織的形塑不能不顧及行政機關外在的政治因素及內在的制度因素，最後，並提出具體可行的策略建議，總之，「只要走對路，就不怕路途遙遠」，本文衷心企盼經由有心人士的共同學習與實踐，為到來的二十一世紀真正打造一個高效能的學習型政府。

參考書目

孫本初

　　民87　　公共管理（再版），臺北：智勝。

郭進隆譯（Peter M. Senge等人原著）

民83 第五項修練——學習型組織的藝術與實務，臺北：天下
文化。

齊若蘭譯（Peter M. Senge等人原著）

民84 第五項修練——實踐篇（上）（下），臺北：天下文化。

劉毓玲譯（David Osborne and Ted Gaebler原著）

民82 新政府運動(Reinventing Government)，臺北：天下文化。

Argyris, Chris and Donald A. Schon

1996 *Organizational Learning.* New York: Addison-Wesley.

Barzelay, Michael

1992 *Breaking Through Bureaucracy: A New Vision for Manag-
ing in Government.* Berkeley: University of California
Press.

Bozeman, Barry and Stuart Bretschneider

1994 "The Publicness Puzzle in Organization Theory: A Test of
Alternative Explanations of Differences Between Public
and Private Organizations," *J-PART,* April: 197–223.

Carnevale, David G.

1995 *Trustworthy Government.* San Francisco: Jossey-Bass.

Crossan, Mary M., Henry W. Lane and Roderick E. White

1999 "An Organizational Learning Framework: From Intuition to
Institution," *Academy of Management Review,* 24 (3): 522–
537.

Denhardt, Robert B.

1992 *Theories of Public Organization* (2rd ed.). Belmont, CA:
Wadsworth.

Dilworth, Robert L.

1996 "Institutionalizing Learning Organizations in The Public Sector," *Public Productivity & Management Review,* 19 (4):407–421.

Federal Human Resource Development Council

1997 *Getting Results Through Learning* (http://www.opm.gov).

Finger, Matthias and Silvia Burgin Brand

1999 "The concept of 'Learning Organization' Applied the Transformations of the Public Sector: Conceptual Contributions for Theory Development," in Easterhy-Smith, Mark John Burgoyne and Luis Araujo (eds.), *Organizational Learning and the Learning Organizations: Developments in Theory and Practice,* pp. 130–156. London: SAGE.

Heckscher, C.

1994 "Defining the Post-Bureaucratic Type," in C. Heckscher and A. Donnellon (eds.), *The Post-Bureaucratic Organization: New Perspectives on Organizational Change*, pp. 14–62. New Delphi: SAGE.

Kaplan, Rohert S. and David Norton

1996 *The Balanced Scorecard.* Boston: Harvard Business School Press.

Keidel R. W.

1994 "Rethinking Organizational Design," *Academy of Management Executive,* 8 (4): 12–28.

Kettl, Donald F.

1994 "Managing on the Frontiers of Knowledge: The Learning Organization," in Patricia W. Ingraham, Barbara S. Romzek and Associates (eds.), *New Paradigms for Gov-*

ernment: Issues for the Changing Public Service, pp. 19–40. San Francisco: Jossey-Bass.

Lawrence, Eton

1999   *Some Thoughts on Turning A Government Organization into A Learning Organization.* Canada: Public Service Commission.

Lei, David, John W. Slocum and Robert A. Pitt

1999   "The Power of Unlearning and Learning," *Organizational Dynamics,* Winter: 24–38.

Nutt, Paul C. and Robert W. Backoff

1992   *Strategic Management of Public and Third Sector Organizations.* San Francisco: Jossey-Bass.

Peters, B. Guy

1991   "Government Reform and Reorganization in An Era of Retrenchment and Conviction Politics," in Ali Farazmand (ed.), *Handbook of Comparative and Development Public Administration,* pp. 381–404. New York: Marcel Dekker.

Schein, Edgar H.

1993   "How Can Organizations Learn Faster? The Challenge of Entering the Green Room," *Sloan Management Review,* Winter: 85–92.

Senge, Peter M.

1990   *The Fifth Discipline: The Art and Practice of the Learning Organization.* New York: Doubleday.

Senge, Peter M, et al.

1999   *The Dance of Change: The Challenges of Sustaining Momentum in Learning Organizations.* New York: Doubleday.

建構行政生產力衡量方式之芻議

施能傑
政治大學公共行政學系教授

摘 要

　　政府有義務要不斷追求績效，提高生產力，使納稅人和公民願意更信任政府，進而產生良性循環，即政府以績效贏得更多的資源，再提供更有生產力的公共服務。本文運用績效管理相關理論，以及美、英兩國政府措施的經驗，並由效能、經濟、效率與品質等方面分析政府生產力的概念後，先提出政府推動行政生產力的幾項程序，並詳細討論行政機關生產力衡量的具體作法，包括：行政機關績效衡量可再涵蓋資源運用面向；效率面向不宜作為機關間生產力的比較指標，但效率指數可供作比較；機關服務品質面向衡量可以供作跨機關生產力的比較指標；機關生產力衡量以效率面向為主；單項服務的效率或多種服務的總體效率可採加權或不加權公式計算；運用生產力指數；運用多元參與程序慎重決定具體的產出指標；政府整體生產力衡量可根據機關或職能為加總的分析單位；和政府整體生產力採不加權計算和年度衡量。

關鍵詞：行政生產力、效率、效能、品質、績效管理

究竟政府部門的績效或效率是否真的不如民間企業呢？不做如是觀者，包括研究者和實務界人士，提出了一些有說服力的反證見解(Downs & Larkey, 1986)，譬如說，政府所處理的功能業務常有因果關係難確定的公共問題特性，與民間企業產品生產流程相當清楚的模式完全不同，政府先天上就是要處理「結構不良」的問題，包括更多涉及價值取捨的問題，自然難達成高的效率。再如，一般民眾對政府的責任要求標準遠高於民間企業，民眾難以容忍政府對一些瑣事處理之不當，但對企業的重大不當行為卻少予理會。

即使上面對政府的產品或服務生產過程見解是正確的，政府卻仍有義務要在逆境中不斷追求績效，提高生產力，使納稅人和公民願意更信任政府，進而產生良性循環，即政府以績效贏得更多的資源，再提供更有生產力的公共服務。本文主旨是運用績效管理相關理論概念，提出政府推動行政生產力作法的具體構想。

壹、績效管理是政府改革的主軸

政府和民間企業兩者的生產模式本質上是一樣的，都必須先獲取與運用資源，經過轉化過程後，再提供產品或服務，然後從出售或提供產品或服務換取生產資源。不過，兩者最大的不同點是，政府主要是基於強制性的權力基礎獲取生產資源，企業則必須完全基於自願性交易。對政府而言，正因為資源取得是強制性的，所以更有責任有效率地使用取之於社會的資源，有效率的表現型態就是重視資源運用的績效。

「經濟合作與發展組織」(OECD)是當今世界上最富裕的工業化民主國家之組織，組織的成員國自 1980 年代起致力於推動各方面的政府改革，包括管理面和政策面。改革一開始就是以減少政府財政支出或財政赤字為目的，推陳出許多個別性的作法，裁員是最常

用的改革手段。然而，整體觀之，改善績效和進行績效管理逐漸變成是政府改革的最核心主軸，將對績效的要求提升至就是一種責任型態，與傳統上認為責任是政治責任、法律責任或行政責任的觀點有別，這種新的理念更能使政府公務人員必須在日常工作中隨時就感到責任感，績效責任成為新的方向。

　　1997 年經濟合作與發展組織出版《追求成果：績效管理作法》的報告，歸納成員國推動政府績效管理的經驗。報告指出(OECD, 1997)，設計整套績效管理體系時必須考慮到幾個關鍵性課題與定位，實際上不同國家的作法也的確未必相同，例如，績效管理的目的何在？全面性或選擇性推動？由什麼組織負責推動？如何衡量績效？績效資訊如何表達？如何確知服務品質？如何進行績效檢討？績效資訊如何和預算或薪俸結合運用？如何推動成果導向的管理？這些問題的討論和各國的作法可參見附錄一。

貳、為什麼需要生產力管理

　　十多年前影響頗大的暢銷書《追求卓越》，兩位作者觀察到，美國成功頂尖企業的十大要訣之一就是「生產力源自員工」的法則，為使其員工有生產力，作法上除了從尊重員工出發外，管理層次也需要強調強硬的一面，即讓員工瞭解到「快樂衡量和績效導向」的管理(Peters & Waterman, 1982: 240)。

　　工作績效必須加以評量，經由評量並公告，可以良性循環地刺激更多的努力追求績效。余朝權（民 85: 79）根據他就國內企業所做的生產力研究結果發現，「凡是已開始衡量自己生產力的企業，其生產力也比較高。……也就是說，工作成果回饋給人們知道時，可激勵人們更加用心工作，追求更高的生產力」，因此，他稱生產力第一原理就是「沒有衡量，就無法進步」。

　　無獨有偶地，David Osborne 和 Ted Gaebler 在暢銷書《政府再造》中也特別呼籲要建立績效評估制度，強調即使沒有獎勵，僅是將成果發佈也會改變整個機構組織，因為績效衡量可以發揮幾項有用的功能（Osborne & Gaebler, 1992: 146-155; 另參見 Osborne & Plastrik, 1997: chapter 5）：

1. 衡量什麼，什麼就會被做好。
2. 不測量結果，就無法知道成敗。
3. 不知道什麼是成功，就無法獎勵。
4. 不獎勵成功，可能就是在獎勵失敗。
5. 不知道什麼是成功，就無法獲取經驗。
6. 不瞭解為何失敗，就無法鑑往知來。
7. 能證明有績效結果，就能贏得民眾支持。

　　因此，績效評估的意義是多重的，除了激發追求成功的意念外，也藉以學習失敗教訓，浴火重生。

參、英國政府與美國政府的經驗

　　政府部門在實施績效管理與生產力時確實存在著許多阻力或不利因素。David N. Ammons (1992)早先即曾為文指出政府生產力的阻力來自三大方面，一是政府部門運作環境的特色，二是政府組織的管理制度，最後是公務人員的認知，三大面向共有三十六項待克服的阻力。Smith (1995)認為過度信賴結果導向的績效指標將會產生扭曲及失調現象，對公部門管理行為產生一些影響，包括：本位主義、次佳化、短視、虛偽陳述等（引自黃建銘，民 88: 76）。另外，尚可參見 Greiner (1996)對推動績效管理的阻力之討論。

　　儘管如此，1980 年代以來累積的政府改革活動經驗，卻共同地顯示績效管理是主要的努力方向（例如參見 Halachmi & Bouckaert,

1995)。和其他國家相較而言，英國和美國政府對於績效管理的努力是特別積極的，本文作者曾另外為文討論兩國實際的推動方向與作法（施能傑，民87），下面僅約略說明其要點。

英國政府的績效管理改革方式係一種逐漸深化的過程，迄今已持續推動近二十年，雖然是由保守黨提出，但目前的工黨仍繼續沿襲改革作法。1980年初柴契爾首相主政後，先是推動小規模且是特定事項的計畫管理稽核；然後要求各部會全面推動績效衡量的財務管理改革；第三階段的續階計畫(Next Steps)進行更根本性的組織結構改革，推動在部會下大量設置附屬執行機關(agency)，從事根據績效計畫書的管理架構；最後也是目前此一階段推動的是「公民誓約」(Citizen's Charter)，尤其強調服務標準的推動，包括追求公共服務品質改善的「卓越業務模型」(Business Excellence Model)（請參見英國政府的網站，http://www.cabinet-office.gov.uk/servicefirst/）等，有關公民誓約的狀況參見附錄二。大體上，英國績效衡量所使用的是效能面向標準，包括產出量或目標達成度，並兼用顧客滿意。

美國政府對生產力或績效管理更是積極，主要原因乃是美國社會對政府運作要學習企業的要求一向未間斷。1970年代起聯邦政府在國會的要求下辦理聯邦政府生產力改善計畫，開始對部分公共服務業務進行年度性的勞動生產力評估，基本上，生產力的評估單位不是機關別，而是職能，共選訂了二十四個職能，各項職能選定二至三項產出指標作為衡量單位，並每年編製生產力指數。1984年起州政府與地方政府也加入生產力評估的行列，1994年因經費刪減之故停辦該項計畫。

雖然聯邦政府生產力改善計畫停辦，但是隨即又有新的作法取代，而且更是全面性的推動。1993年「政府績效與成果法」(Government Performance and Results Act)成為國內法後，先經過前幾年的試驗，各機關目前已均需推動五年期的策略管理，透過策略管理引領

機關作績效管理和績效評估，雖然推動上仍有些技術待克服，但大體上是受到積極推動的。聯邦政府目前也嘗試推動「績效基礎組織」(Performance-Based Organization)，選訂適合的機關組織進行績效管理；此外，聯邦政府正在推動「美國顧客滿意度指數：政府模型」(American Customer Satisfaction Index: Government Model)的工作，針對九大主要服務領域調查三十類服務顧客的滿意度(http://www.customersurvey.gov/)。一般而言，美國的績效管理比較多用的是效率或生產力標準。

肆、生產力的相關概念

生產力的界說眾多，例如，吳定早先接受行政院研究發展考核委員會委託的報告《行政機關生產力衡量模式之研究》即臚列二十多位國內外研究者的界定，該報告對行政機關生產力的定義即稱：「行政機關從事公共服務過程中，業務推動、資源利用、內外溝通、業務創新、施政成果等重要變項，經由適當指標衡量後所呈現的整體績效」(吳定，民 79: 24)。又如，Evan M. Berman (1998: 9)在剛出版的新著中稱：「生產力是指有效率地和有效能地運用資源達成結果」。

儘管如此，仍可找出什麼是生產力的一些共同點。歸納言之，效率、效能和經濟就是最常用的定義，然而，越來越多的關切著重於品質，就政府部門而言，品質的核心之一乃是公平。論者認為生產力其實包括三個價值方向，即：效率、效能與公平，只不過三者所佔的比重會因公部門、私部門和非營利部門而異。

事實上，效率的概念本身就又涵蓋了效能與經濟的概念，於是生產力就可簡化成效率與品質兩個次面向。下列就效能(effectiveness)、經濟(economy)、效率(efficiency)與品質(quality)的概念略加

闡明。

一、效　能

效能一般而言是指計畫或服務的產出(outputs)或結果(out-comes)，包括工作量、產品、服務提供或甚至是影響性等，而產出的表示方式主要有三種。

第一種是最常用的產出總量水準，如高速公路每年車禍事故死傷人數、社工諮商人數、全國護理之家每年照護人數……等，這種表示方式很簡單但卻忽略許多因素而難以正確地顯示真正的績效。

第二種是單位產出概念，即每一單位的產出量，舉例而言，高速公路每千輛車流車禍死傷人數或每一定公里（如 50 公里）車禍死傷人數，再如，長期照護機構的產出也可用實際提供率（即實際照護人數／潛在需要照護人數）表示，社會政策上稱這種為普及率。這種用單位產出量的意義是將母體計算投入，可供有意義的比較。

第三種效能的表示方式是預期產出水準的達成度，即實際產量與預期標準間的比值，高效能是指比值大於一。據此定義，清潔隊的效能可以是指垃圾清理量的完成率（如預計清理 1000 噸，實際清理 1200 噸，效能為 1.2）；職訓單位的效能可以用預計訓練人數和實際訓練人數間比值表示之。

產出是機關努力的直接產物，但是服務產出與服務所期待的長期效果影響間之因果關係有時是複雜的，所以這也是為何產出是更能反映個別組織的努力。例如，AIDS 宣導計畫使人們可以知道更多關於 AIDS 如何傳染的知識，然而 AIDS 感染率果真降低（長期目標），其原因可能是宣導計畫後知識增加（產出）的結果，但也可能是因使用新藥物，或兩者兼採。

二、經　濟

經濟是指投入經費的使用量程度,經費愈低表示其經濟性愈高。組織運作需要各項資源,包括人力、設備、業務經營、投資……等,這些都可以轉化為實際的經費金額,所以包括經常性支出與資本性支出。

僅以效能指標論斷生產力的問題就是只求提高產出水準,忽略究竟花費多少資源（經費）達成該產出水準,只計成果不計代價的追求效能作法,所犧牲的是資源運用的機會成本,也漠視邊際效益的理念,換言之,經濟學家重視的組織運作之基本原理將無法落實。例如,社會犯罪理論上和實務上當然可以降至最低,也就是「除惡務盡」,爭論只是在於要花多少費用? 是否值得那樣的花費? 若只除惡至某一程度（效能降低）,卻可省下大筆經費,轉用於其他服務,可能政府整體效能會更提高。

僅以經濟指標論斷生產力的問題會是只重視少花錢的工作方法,但忽略產出水準的必要性。許多政策或計畫必須能有一定產出量或服務量,才能產出最基本的效果,即解決政策問題,若過分地以經費成本高低為唯一考量,犧牲應有的產出水準,實際上反而會造成計畫毫無效果,此時所已投入的經費縱使是符合經濟標準,卻因無法產生效果而等同於浪費。

三、效　率

因此,生產力必須同時兼顧效能和經濟,這就是效率,換言之,效率就是產出（或結果）與投入間的比值,比值愈大效率愈高。採用效率作為生產力衡量指標的意義就是強調動態的觀點,同時重視服務產出水準和所需耗用的資源經費水準。

如前所述,因為效能表達方式不一,因此也會計算出不同的生

產力（效率）。僅以服務量為產出指標，此時所計算出的效率稱為技術效率(technical efficiency)，這是最常用的效率衡量方式。若以單位服務產出量為效能衡量指標，此時所計算出的效率稱為經濟效率(economic efficiency)。

　　不論如何，生產力既然是指產出或結果與投入間比值，生產力改善就是要使比值朝向好的方向改變，也就是說，改善跡象包括：(1)要投入少但產出相同，(2)同樣投入但更多產出，(3)更少投入但更多產出，(4)微增投入但更多產出或(5)更少投入而產出略減(Holzer & Callahan, 1998: 28)。

四、品　質

　　生產力除了以效率為主外，輔以服務品質也是常用的概念(Hatry & Fisk, 1992: 39)。為何要將品質放在生產力概念內呢？主要的理念仍是從尊重顧客或服務對象出發，許多組織診斷和顧客滿意的討論特別重視服務品質問題(Harrison & Shirom, 1999)，常被引用的衡量模式有如以民間服務業為主的 PZB 模式，包括有形性、可靠性、回應性、信賴性和關懷性五個服務品質構面 (Parasurman, Zeithamal & Barry, 1985; 梁世武、楊君琦，民 88)。

　　市場上，顧客不僅在意價格，也重視產品的良劣，以及交易過程所受到的對待和產品售後服務等。研究顧客滿意行為的理論指出，產品本身當然是影響顧客滿意的最核心要素，但產品以外的服務品質則有強化效果。因此，政府不能以服務產品的完美自滿，也要重視服務品質面向，接受服務或尋求協助的公民，和市場上的消費者一樣，在互動過程時，同樣有權利期待享有合理的對待，內心感受滿意程度是品質的指標。

　　此外，因為政府提供許多服務時並不能像市場一樣地挑選服務對象，所以儘量一視同仁是基本的道德要求，那麼公平地提供服務

就必須是應有的義務，公平乃是另一個品質的內涵。舉例而言，警察機關以破案率或破案數為效能產出指標，從而計算出效率時，就不宜僅以全臺灣地區為分析單位，而也必須重視各縣市間有無太大差異性（相近的效率，較能顯示各地區民眾享有公平地保障）？經濟案、綁架、重大刑案和竊盜案間有無差異（前者可能較屬經濟所得高的受害者，竊盜案受害者可能較屬一般家庭）？

雖然公平指標有時會降低效率，但這是政府生產力所必須兼顧的，從這個角度看，政府生產力更代表著不斷增進效率使政府服務能有更公平的分配。當然，有時候選擇效能的產出指標時就可將公平包括在內，如同上述例子，將產出指標納入不同案件類型的破案率就可反映出公平的服務品質。

伍、建立生產力的程序

生產力指涉效率和公平概念，而核心的衡量對象就是產出。然而，究竟要如何選擇產出的指標呢？如何建立生產力管理的程序呢？不當的產出指標當然也會塑造生產力文化，只是不是吾人期待的生產力文化。

研究者，尤其是企業管理的理念與經驗，已經提供了許多如何建立生產力應有程序的建議，例如，余朝權（民 85: 135）提出十一項程序，從說服與教育最高主管到編製指導手冊；此外，David N. Ammons (1996: 20)也建議建立「績效衡量與監測體系」時應遵循十三項關鍵步驟。綜合這些經驗性的建議，有幾點觀念是尤其值得說明的：

1. 績效管理必須和組織的管理策略結合。
2. 產出或結果應充分反映服務對象的需求觀點，不是僅考量技術上方便。

3.生產力績效中的效能應該以產出或結果為主。

4.結果、產出或成本（投入）指標的設定選擇應遵循一些原則。

5.生產力衡量結果應該公告，並應該和獎勵結合，以及與預算管理結合。

6.政府生產力管理的落實完全依賴高層的全力支持與持續關注。

一、策略管理引導生產力管理

生產力管理是一種手段，藉以引導組織成員的努力方向，以及組織財政資源的配置，所以要先確立的是:「為了什麼目的而要有生產力管理?」欲清楚地瞭解組織發展方向與目的，進行策略管理是很有用的工具。

策略管理是結合規劃、執行和評估的管理過程，在邁向組織發展的遠景過程，運用系統性方法釐清和推動必要的變革，以及衡量組織績效的管理。所以策略規劃雖然是很重要的一環，但是策略有效執行和衡量與評估結果，再提供策略重新規劃，也皆是不可欠缺的。

英國和美國政府的績效管理也是根據策略管理而運行。策略管理的應用必須成為是推動績效管理的上位原理，以免生產力管理變成「生產」和「效力」分道揚鑣，「產出或結果」的選擇不能和組織存在與發展的核心目的密切結合。

二、民眾需求決定效能指標的選擇

績效既然是責任的表現，那麼在設立績效時就不能僅是機關自行的腦力激盪而已，應盡量讓更多人或更多利益代表單位參與，其中，服務使用者如何期待那些績效面向與績效水準更是最重要的。

公共服務會被認為有意義，必然是因為它滿足了民眾希望的內

容，設定以民眾需求導向的衡量指標。因此設立績效指標時，要盡可能地設想自己是使用者或顧客的立場，當然，最好能有諮詢公聽的制度，邀請相關使用者團體、公益團體和民意代表共同設定。這種途徑或許會產生一些衡量面向是難以蒐集績效資料或行政作業的不便，甚至可能將組織弱點曝光，但是在取捨時仍應以民眾需求為主，才能使衡量具有實益。

三、效能應衡量產出或結果

生產力要衡量的究竟是過程投入、產出或短期結果，或者甚至是影響效果呢？由於生產力是為服務對象或社會民眾而服務的，因此最理想的衡量面向應當是長期的效果影響，民眾要知道也期待的是，政府的種種措施作為實際上有沒有改善其需求或生活品質。

然而，效果影響常是長期性，而且是跨越機關性合作之產物，所以若生產力衡量對象是個別機關時，使用上常會造成機關有「非戰之罪」或非我能控制的困境。相對地，過程活動的投入產出則屬於內部管理的性質，對民眾的需求而言較不具備直接關連性，例如民眾不太關切人員素質與能力的變化，也不太關心公文時效有多好，雖然這些可能皆會影響機關產出能力。因此，比較理想的衡量應該是產出或結果，強調組織對自己可以完全控制的產出負責。

四、選擇產出或投入的標準

選擇衡量的產出（效能）指標是生產力管理的最核心一環。有許多研究者建議一些選擇產出效能的標準，例如，Paul D. Epstein (1992: 17)建議衡量公共服務績效時，可以有四種方向找出效能（回應服務對象的需求）的具體指標：⑴服務對象或社區希望改善、維持或增進的狀況，⑵服務或計畫本身預期達到的成果，⑶服務對象或公民的滿意狀況與感受，以及⑷服務所衍生的非預期效果。

　　其他尚有許多建議，包括專作民間部門生產力衡量的美國勞工部勞工統計局和研究者(Department of Labor, 1998: 21; Hatry & Fisk, 1992: 139; Ammons, 1996: 13–14)，綜合而言，產出衡量指標應具備下列特性：

1. 產出必須代表著組織所有最核心的工作面向，以免失去輕重意義，生產力衡量才稱得上是完整性的衡量。

2. 產出代表著組織所提供的最終產品或服務，不是中間的過程活動，也不必是組織無法完全控制的影響效果面向。

3. 產出應是可以衡量的數據。

4. 產出應代表著較為長期性不會變化的服務，換言之，產出的品質會改變，但本質是不變的，例如「垃圾清理」是清潔隊不會變動的服務，但清理方式品質當然可以調整。

5. 產出資料必須是正確且可比較的，資料可以長時間並可一致性的蒐集。正確的意義就是效度，不同人衡量同一產出，使用相同程序時，會得到相同結果。

6. 產出的計算應該運用現有資料和資料蒐集程序，以免需要另設計一新方法蒐集資料，增加生產力衡量的成本和時效，如此也才可有及時的效果。

7. 產出必須是令人易懂的，意義清楚的。

8. 產出必須是不重複性的，不同產出指標衡量不同的特定效能事實，以免重複失去意義。

9. 產出要降低抵抗行為或負面效果出現，以免指標被刻意濫用。

10. 產出指標數目不以多為理想，節省運作成本。

　　至於投入面的衡量方式，一般常用的是計算勞動生產力，所以投入衡量是以「員工數」為標準，由此可計算出平均每一員工的單位產出，不過員工數計算時必須考慮到哪些人力要計算在內，如全職、正式、臨時性人力，或甚至是志工等？

　　除了員工數以外，也可以採用服務使用的經費數，包括人事成本在內的各項「經常性運作支出」（資本支出一般而言皆不採用，但仍有很複雜的課題，參見 Hatry & Fisk, 1992: 141），這種方式對政府而言是有意義的，因為政府對一項服務的支出不僅是用人費用而已，包括許多營運支出，吾人可以稱此種投入的衡量是成本生產力。

五、生產力評估結果必須實際運用

　　績效衡量結果必須是讓服務利用者或相關人士瞭解，這就是外部責任的展現。生產力衡量結果若不公開，一定失去其原始用意，組織未必積極從衡量結果學習改善，再者，持續公佈生產力衡量一段時間，組織領導者和員工會逐漸將其內化為組織文化的內涵。

　　此外，就政府總體資源的有效配置而言，生產力結果必須和預算結合，這也正是「績效預算」制度的精神，美國不少州政府目前在預算編制的格式上即採用這種方式，將預算以職能區別，每一職能列有策略目標和工作目標，每一目標列有具體績效衡量面向和績效產出水準，然後在配置預算經費，提供更為合理的預算討論空間，兼顧政治與管理實益。

六、生產力管理的成功必須依賴政治支持與持續關注

　　民間企業經驗指出，生產力管理的第一步是高階管理層的支持，政府部門公務人員本來就較習於現狀，生產力管理更需採由上而下的推動，不僅宣示推動的決心，更需經常以行動表示關注。不過，政治首長或高階官員的支持不應是基於期待生產力管理可以製造「政治政績」，反之，必須如同余朝權教授所提，生產力管理的第五項原理，以平常心看待，換言之，生產力有起有落，推動的目的是長期導向，而非短線操作。

七、重視影響生產力的因素

最後，生產力管理的焦點除了關切如何衡量生產力外，對於影響生產力的可能原因也應該重視。美國公共行政學院(National Academy of Public Administration)提出一個歐洲採用的「卓越績效模式」，認為績效的改善可分為兩個層面，即能力強化機制和結果(NAPA, 1994)。能力強化機制包括領導力、管理制度、法規政策、資訊資源管理、人力資源管理和其他資源管理，再者，能力強化機制也包括過程管理，著重於工作流程分析與管理，如何運用過程績效以設定改善變革的努力，並評估其效果。

Marc Holzer 和 Kathe Callahan 在新著《政府起動》中即提出了「公共部門生產力改善」的整體性架構，強調品質管理、人力資源發展、科技運用、公私組織建立夥伴和績效衡量就是影響政府生產力的五個關鍵來源，五個理念又分別有自己的運作核心原則，如下表。

關鍵理念	具體運作原則
品質管理	高階支持 重視顧客 長期策略規劃 員工訓練與獎勵 員工授能與建立團隊 衡量與分析 品質保證
發展人力資源	甄選最優秀人力 系統性訓練機會 正視多元化人力 用團隊提供服務 協助員工 平衡員工需求和組織需求

運用科技	資料充分公開 自動化 傳送民眾需要 成本效能應用
建立夥伴關係	與社區建立夥伴 公部門間夥伴 民間夥伴 非營利組織夥伴
衡量績效	設立目標與衡量結果 估計所需資源與理由 資源重新配置 建立組織改善之策略 激勵員工改善績效

陸、具體的運作建議

根據以上的背景說明，本文認為政府推動行政機關生產力衡量時，可參酌下列建議：

1. 行政機關生產力衡量應由效率和服務品質兩個面向共同構成，但不宜併計。
2. 行政機關績效衡量可再涵蓋資源運用面向。
3. 效率面向不宜作為機關間生產力的比較指標，但效率指數可供作比較。
4. 機關服務品質面向衡量可以供作跨機關生產力的比較指標。
5. 機關生產力衡量以效率面向為主。
6. 單項服務的效率或多種服務的總體效率可採加權或不加權公式計算。
7. 運用生產力指數。
8. 運用多元參與程序慎重決定具體的產出指標。

9.政府整體生產力衡量可根據機關或職能為加總的分析單位。

10.政府整體生產力採不加權計算和年度衡量。

一、行政機關生產力衡量應由效率和服務品質兩個面向共同構成，但不宜併計成總生產力

機關生產力衡量的首要目的是紀錄究竟公共問題解決程度為何？服務對象需求的滿足程度為何？因此，生產力衡量自當以此為主，即衡量「效率」面向。不過，服務方式本身直接影響民眾對機關的信任或觀感，因此服務品質也必須納入生產力的一環。

然而，效率與服務品質兩者所追求的本質未必相同，因此最好不要合併計算成為機關的總生產力。若一定要合併計算時，機關生產力仍應以效率為主軸，建議佔 80% 的比重，而且一體適用於各機關。

二、行政機關績效衡量可再涵蓋資源運用面向

若衡量層次不僅是生產力，而是組織績效時，可以將影響生產力的前置因素納入，相關研究顯示，機關如何有效運用資源，包括人力工作量、人力成本、預算運用、資訊科技運用等主要面向，對生產力有影響性，因此可以就這些方面衡量其運用的績效。此外，像廉潔等服務行為也是影響民眾對政府績效認知的重要因素，自然也應該納入。

三、機關生產力衡量以效率面向為主

一項計畫或服務的生產力應以「效率」為衡量的主體，品質或其他面向的衡量為輔助。「效率」下，建議「效能」和「投入成本」的衡量方式是：

1. 成本以「經常性總支出」為衡量單位，計算出單位成本生產力；另外，輔以「實有人力數」為衡量單位，計算出勞動生產力。

2. 效能以「產出」或「結果」為衡量單位，「過程活動」較不適合作為衡量單位。產出或結果的衡量可用「實際的量」為標準，但最好是嘗試使用「單位產出量」或「達成目標率」。產出面向的具體指標應視個別計畫服務而異，選擇的原則見第十點之討論。

3. 效率（生產力）就等於產出（或結果）／經常性總支出（或實有人力數）。若產出用實際產量，則效率為技術效率；若產出用達成目標率，則效率為經濟效率。

四、單項服務的效率計算

因此，某項服務的效率（生產力）計算公式是：

$$CP_i = Q_i/C_i \quad 或 \quad LP_i = Q_i/L_i$$

其中，　　CP_i＝成本生產力
　　　　　LP_i＝勞動生產力
　　　　　Q_i＝產出
　　　　　C_i＝計畫之經常性支出
　　　　　L_i＝計畫之實有人力數

例如，某一垃圾清理計畫某年間共使用經常性支出 1,000 萬元或運用 100 人，清理垃圾 1,000 噸，則機關的成本生產力是：每萬元支出可有 1 噸垃圾清理量（＝1,000 噸／1,000 萬元），機關的勞動生產力是：每一人力可有 10 噸垃圾清理量（＝1,000 噸／100 人）。

五、多種服務的總體效率計算

一個機關經常是同時提供多項服務，如何加總計算呢？第一種

方式是視各項服務的重要性等同，即不加權處理，此時機關的總效率（生產力）計算方式是各單項計畫生產力的平均，即：

$$CP_i = \sum_{i=1}^{n} \frac{Q_i}{C_i} \div n$$

其中，CP_i = 機關成本生產力
Q_i = 某項服務的產出量
C_i = 某項服務的經常性支出
n = 服務計畫數目

例如，機關內有兩項核心服務計畫，A 計畫支出 1,000 萬元或運用 10 人有 100 個產出量，B 計畫花費 4,000 萬元或運用 50 人有 1,000 個產出量，則機關的成本生產力是：每萬元支出可有 0.175 個產出量。（因為= [(100/1,000 萬元 + 1000/4,000 萬元)]/2）若改採勞動生產力表示，那麼機關總生產力則是：每一人力可有 15 個產出量。（因為= [(100/10 人 + 1000/50 人)]/2）

第二種情況是不同服務的比重不同，加上權重。此時只是將各單項服務生產力再乘上權重即可，公式是：

$$CP = \Sigma W_i \times \frac{Q_i}{C_i}$$

其中，W_i = 某項服務的權重

問題是，要如何決定權重？複雜的技術有如分析層級程序法 (Analytical Hierarchy Process, AHP)（參見吳定（民 79）對這個方法的介紹），本研究則建議採取較簡化，但仍有意義的權重決定方式，即根據每項計畫支出成本佔機關全部支出成本的比例為其權重。以前例而言，A 計畫的權重就是 0.2 (= 1000/5000)，B 計畫的權重為 0.8 (= 4000/5000)，據此，機關總成本生產力為

$$0.2 \times \frac{100}{1000} + 0.8 \times \frac{1000}{4000} = 0.22$$

至於機關總勞動生產力則是：每一人力可有18個產出量。

六、生產力指數

生產力衡量必須作跨年間的比較，欲瞭解生產力每年的增減變化情形，就應使用生產力指數(productivity index)。單項服務指數的計算公式是(Hatry & Fisk, 1992: 146)：

$$P_i = [q_i/l_i \div q_o/l_o] \times 100$$

其中，P_i = 生產力指數
q_i = 服務計畫當期的產出量或結果
q_o = 服務計畫基期的產出量或結果
l_i = 服務計畫當期的成本生產力或勞動生產力
l_o = 服務計畫基期的成本生產力或勞動生產力

若係多項服務的整體生產力指數，其計算公式為：

$$P_i = [\Sigma(q_i \times l_o) \div L_i] \times 100$$

q_i = 各單項服務計畫當期的產出量或結果
l_o = 各單項服務計畫基期的成本生產力或勞動生產力
L_i = 各單項服務計畫當期的經常性支出或人力數之加總

例如，機關有兩項計畫，基期年時，A 計畫用 10 個人有 100 個產出量，當期年用 13 個人有 150 個產出量；基期年時，B 計畫用 8 個人有 50 個產出量，當期年用 10 個人有 75 個產出量，所以生產力指數為：

$$P = [150(0.10) + 75(0.16) \div (13 + 10)] \times 100 = 117.39$$

七、效率不宜作為跨機關間生產力的比較指標，但效率指數可供作跨機關比較

機關服務性質不一，為求「產出」所涉及的運作環境自然不一，

要求機關總體生產力的比較常會失去比較的意義，例如，平均每萬元支出或每人的產出量不同，因所涉及的業務難易複雜程度不同，若據以論斷機關間效率因此有高低，容易有簡化或扭曲之處。

反之，生產力應強調機關的自我比較，也就是運用上述的生產力指數，瞭解當年機關去年的變化情形；此外，機關尚可運用標竿管理方式進行比較，即不僅追求今年有比去年好的生產力，而且也要能達到預期的生產力指數水準（即提高某一百分比例的生產力）。

根據效率所計算的生產力指數就可供作各機關間的比較基礎，因為從這個指數的比較可以觀察不同機關的生產力變化幅度，比較上就有一定的意義。

八、機關服務品質面向衡量可以供作跨機關生產力的比較指標

機關生產力衡量除了效率面向外，也應當衡量服務品質面向。由於服務品質本身因較具有跨機關的共同性，所以若跨機關要作生產力的比較，可僅選用服務品質，不包括效率，為比較的單位。

服務品質主要是著眼於增進顧客滿意，建議可以從下表中選用服務品質的共同性衡量指標：

可用的共同性指標	與生產力關係	衡量頻率
顧客滿意度	滿意度高較佳	每季統計
顧客申訴抱怨數（如訴願（含複查）案件）	案件數低較佳	每季統計
機關（含員工）受糾正、調查、彈劾等案件	案件數低較佳	每年統計
服務專線接通率	接通率高較佳	每月統計
平均每件案件蓋章人數	蓋章數低較佳	每月統計
平均申辦案件處理天數	天數低較佳	每月統計
平均逾期未結案件數	案件數低較佳	每月統計

全部單項服務品質面向欲轉化為總分時，可採用「標竿」方式，即：

1. 每一單項標準均設定一個基準值，以及基準值的對照分數。例如，顧客滿意度達80%時為80分。

2. 以每月、每季或每年的實際表現和標竿標準相較，依超過（或不及）標竿幅度相對增減分數。例如，每超過（或不及）標竿值1%，增減1分。

3. 最後，以各單項標準的平均分數為服務品質面向的整體分數。

4. 各機關以整體服務品質分數相互比較。

九、機關的資源運用面向亦得供作跨機關間的比較

雖然機關如何運用資源本身是管理過程活動，不是生產力，但因資源運用有可能會影響生產力，所以跨機關間的比較也可選擇資源運用面向為單位。

建議可以從下表中選用這方面的共同性衡量指標，這些指標也可模仿上述服務品質面向，計算出整體分數，供作為各機關間年度比較。同時，也可採用生產力指數，供作本機關自我管理。事實上，這些資料可分別由行政院人事行政局、行政院主計處和行政院研究發展考核委員會（資訊處）負責統籌分析。

可用的共同性指標	與生產力關係	衡量頻率
人事費用／不含補（捐）助外之經常性支出	比例低較佳	每年統計
單位工作量	比例高較佳	每年統計
預算執行運用程度	比例高較佳	每半年統計
資訊自動化程度	自動化高較佳	每年統計
資訊網路運用與維護狀況	網路化高較佳	每季統計

最後，各機關每年都應該比較單位用人成本的變化率，編製成

用人成本指數。因為，各機關所需人力的專業性和薪資市場條件不一，所以單位用人成本高低難有絕對的優劣之分，因此這項指標不適合列為跨機關間的比較指標。

十、運用多元參與程序慎重決定具體的產出指標

效率衡量必須有產出指標，產出指標的選擇應如本報告前述，注意一些原則。最基本幾個是：⑴組織核心職能必須有產出指標，⑵產出指標要能量化（包括可以量化的品質面向），⑶產出指標高低對生產力優劣的意義必須清楚沒有爭議，⑷一項計畫的產出指標宜在三項以內，⑸指標要能長久運用而非經常更動，以及⑹產出指標應包括公平性指標（若服務的公平性是核心要求時）。各機關決定產出指標草案後，應尋求外界諮商程序，亦即先行公告，然後尋求服務使用者的意見（至少應邀請相關研究領域的研究人員或社會團體參與），最後再送交中央政府生產力小組（由主計處、人事局、研考會、國科會、經建會組成）審定後採用。吳定（民 79）和陳金貴與丘昌泰（民 86）的研究均已曾列出中央政府相關部會一些可參考的產出指標，許多研究者也針對不同服務類別建立相關指標（如吳肖琪，民 88；莊謙本，民 88；單驥、黃同圳、黃麗璇，民 86；謝靜琪、黃家祺，民 86），美國相關政府或研究機構也提供許多衡量的指標，可在不同網站中查詢，附錄三提供網站資料。

十一、「政府」整體生產力衡量可根據機關或職能為加總的分析單位

方案一是行政院各部會均是生產力衡量的單位對象，政府整體生產力即是各機關生產力的加總平均。這是短程較易推動的方案，但比較缺乏整合性的效果。

　　方案二是以職能為實施單位，比較近似美國政府生產力衡量之
作法。當生產力衡量以「職能」或「重大政策」時，自各部會中擇
訂一些較為核心而且長期性的職能或政策計畫作為衡量單位（因此
同一職能或計畫可能涉及多機關參與），例如，可以選擇行政院研考
會、經建會和國科會的由院列管計畫開始實施，這些計畫的執行管
考過程就運用績效管理生產力模式推動，並每年發布其生產力。這
種生產力衡量最符合民眾需求導向的評估，此時的效率面向應以效
果影響為主，而非產出。

十二、政府整體生產力採不加權計算和年度衡量

　　政府包括不同部會機關，就施政角度而言，實不宜刻意標示孰
重孰輕，因此宜採用簡化的不加權方式處理，以各部會生產力的平
均數為「政府」生產力。美國聯邦政府生產力不是以機關為衡量單
位，而是以某些職能為衡量單位，而聯邦「政府」年度總生產力即
是所有職能生產力的不加權平均。

　　至於，政府生產力的期間宜以一年為單位，因此，效率面向的
資料以每年為評估基準；當然，就機關內部自我監測管理而言，應
該鼓勵採用更短期的時間蒐集資料。關於服務品質面向的資料蒐集
則應該要求按季或按月辦理。

十三、實際例示

　　若行政機關生產力係以主管機關為衡量單位，建議個別部會在
衡量生產力時的具體作法是：

　　1.確立納入總生產力衡量的計畫業務，原則上可和預算編製程
　　　序相互配合，選擇「單位預算機關」內所有或重要預算「科
　　　目」的業務作為衡量對象。

　　2.選定的每項業務均確立其產出指標和成本（人員數），並列入

預算書的格式內。

3. 每項業務所用產出指標以一至三項為限。

4. 依公式先計算個別業務的生產力,再依公式加總後計算單位預算機關總生產力。

5. 部會主管機關總生產力以所屬各單位預算機關生產力平均數計算之。

　茲以內政部為例,內政部總生產力的計算是:首先,選定計算入總生產力的所有核心單位預算機關,例如警政署及相關警政機關、營建署、消防署和內政部本部。然後,各單位預算機關內再根據核心職能擇定衡量的業務,例如內政部本部主要包括地政、社會福利服務、社會救助、社會保險、民政和役政。第三,每一業務則選幾項具體產出指標,運用前述多種服務總效率計算公式計算其生產力,以及生產力指數。例如,社會福利服務業務而言,可就老人、婦女、兒童、少年與身心障礙者等計畫各分別選定一項或兩項產出指標,配合經常性支出費用,計算該業務的總效率。最後,各單位預算機關採加權方式計算出其總生產力,而內政部主管機關就所屬各單位預算機關生產力,可採取加權或不加權方式計算出總生產力。

十四、推動政府生產力管理的組織體系

　政府的生產力管理不能只是作政績,而是要真正成為機關管理文化。為達此目的,建議有下列作法:

1. 行政院層次組成一個推動小組,小組由副院長負責,小組成員包括不管部政務委員、主計長、人事行政局局長、研考會主委和經建會主委,另外邀請民間顧問機構或財團法人與學術研究機構人士參加,每半年開會檢討推動狀況,並負責核備各機關所擬採用的衡量指標。

2. 推動小組先邀集各部會首長溝通,宣達生產力衡量結果與預

算、管考結合的制度化作法。然後，編製生產力衡量與資訊手冊，供機關參考。

3. 各機關自行決定推動的組織安排方式，不過，成員中一定要包括服務使用團體和專研相關計畫服務的學術研究機構單位人士。機關所採衡量指標需經共同參與討論，再送行政院推動小組核備。

4. 有關效率面向、服務品質面向和資源運用等具體指標，應與現有的各機關統計調查、管制考核或其他查訪工作配合，使生產力管理和現行主計體系、研考工作、機關企劃工作、人事工作等密切結合，減少運作成本。

5. 每年生產力衡量結果與生產力指數均應提報院會，納入向立法院所提施政報告內，並由新聞局對外公佈與登入網站。

6. 立即鼓勵與協助各縣市政府辦理生產力衡量，或委由中立性機構長期辦理地方政府生產力衡量報告。

柒、結　語

本文論述主要傳遞兩個簡潔清楚的觀點，第一，生產力管理，或更廣的績效管理，不是民間部門的專屬品，政府部門也可以運用，而且當然應該運用。第二，生產力管理早已不是學理概念而已，是可以實際操作化的技術。政府必須推動生產力管理，由此擴及政府整體的績效管理，政府取自納稅人口袋中的財源才能有效運用，這絕對是民主治理過程的重要一環。

毫無疑問的，政府在推動生產力管理過程必然仍有許多技術上的問題待克服，美國等經濟合作發展組織國家政府迄今仍面對這個挑戰。但是，推動生產力管理的真正意義除了強調技術完美面以外，更重要的是深化一種務實的行政文化主義和心智革命式的組織學

習，亦即公共服務要不斷地反省：究竟為何要提供某項服務？究竟服務提供產生什麼樣的結果影響？如何更有生產力地改善服務提供？等關鍵問題。

　　事實上，這樣的務實主義行政文化正是我國長久以來所欠缺的。一方面，行政人員總是先提出各種技術上的困難，排拒建立與推動政府績效管理制度，再者，中央政府政治首長們則因長期以來鮮少感受到執政輪替壓力而不關心政府績效問題，最後，民眾雖逐漸有要求政府績效的意識，但卻仍未明顯地將意識投射於諸如選舉等行動上。這三項不利因素合流的結果，造成的現象是，政府並不缺乏績效或生產力等「觀念意識」，甚至也常將其納入正式文件內，但是，依舊欠缺的是「持續性行動」。

　　本文提供一個相當務實的政府生產力管理作法之建議，目的就是要闡明生產力管理並不難推動，更希望呼籲任何執政政府必須將生產力管理視為是治理的道德倫理守則，當成是保障納稅人權益的最根本底線。

參考書目

行政院研究發展考核委員會編

　民78　　行政機關生產力衡量模式研討會論文集，臺北：行政院
　　　　　研究發展考核委員會。

余朝權

　民85　　生產力管理，臺北：五南。

吳肖琪

　民88　　評估醫院醫療品質指標，臺北：行政院研究發展考核委
　　　　　員會。

吳定

民79　　行政機關生產力衡量模式之研究，臺北：行政院研究發展考核委員會。

施能傑

民87　　「政府的績效管理」，人事月刊，第26卷第5期，頁35–53。

梁世武、楊君琦

民88　　「國營機構服務品質顧客滿意度初探」，發表於政府施政滿意度學術研討會，世新大學民意調查研究中心主辦 (11.26)，臺北。

陳金貴、丘昌泰

民87　　各機關績效考核制度之研究，銓敘部委託研究報告。

莊謙本

民88　　「教育系統的指標」，教育研究資訊，第7卷第1期，頁138–146。

單驥、黃同圳、黃麗璇

民86　　「臺灣地區製造業受雇勞動力品質指標之建立」，經社法制論叢，第20期，頁1–28。

黃建銘

民88　　「組織績效指標的運用與管理意涵：英國經驗之探討」，人事行政，第127期，頁70–79。

謝靜琪、黃家祺

民86　　「公有土地開發利用評估指標之建立」，經社法制論叢，第20期，頁243–258。

蘇彩足、施能傑

民87　　各國行政革新策略及措施比較分析，臺北：行政院研究發展考核委員會。

Ammons, David N.

1992　　"Productivity Barriers in the Public Sector," in Marc Holzer (ed.), *Public Productivity Handbook,* pp. 117–128. New York: Marcel Dekker.

1996　*Municipal Benchmarks: Assessing Local Performance and Establishing Community Standards.* Thousand Oaks, CA: Sage.

Berman, Evan M.

1998　*Productivity in Public and Nonprofit Organizations: Strategies and Techniques.* Thousand Oaks, CA: Sage.

Cabinet Office

1996　*Next Steps Review 1996.* London: HMSO.

Department of Labor

1998　*Measuring State and Local Government Labor Productivity.* Bulletin 2496.

Department of Navy Total Quality Leadership Office

1996　*Strategic Management for Senior Leaders: A Handbook for Implement.*

Downs, George W. and P. D. Larkey

1986　*The Search for Government Efficiency: From Hubris to Helplessness.* New York: Random House.

Epstein, Paul D.

1992　"Measuring the Performance of Public Service," in Marc Holzer (ed.), *Public Productivity Handbook,* pp. 161–195. New York: Marcel Dekker.

Fisk, Donald and Darlene Forte

1997　"The Federal Productivity Measurement Program: Final Results," *Monthly Labor Review,* May: 19–28.

Greiner, John M.

1996 "Positioning Performance Measurement for the Twenty-First Century," in Arie Halachmi and Geert Bouckaert (eds.), *Organizational Performance and Measurement in the Public Sector,* pp. 10–50, Westport, CT: Quorum Books.

Halachmi, Aarie and Geert Bouckaert (eds.)

1995 *Public Productivity through Quality and Strategic Management.* Amsterdam, Netherlands: IOS Press.

Harrison, Michael J. and Arie Shirom

1999 *Organizational Diagnosis and Assessment.* Thousand Oaks, CA: Sage.

Hatry, Harry P. and Donald M. Fisk

1992 "Measuring Productivity in the Public Sector," in Marc Holzer (ed.), *Public Productivity Handbook,* pp. 139–161. New York: Marcel Dekker.

Holzer, Marc (ed.)

1992 *Public Productivity Handbook.* New York: Marcel Dekker.

Holzer, Marc and Kathe Callahan

1998 *Government At Work: Better Practices and Model Programs.* Thousand Oaks, CA: Sage.

National Academy of Public Administration.

1994 *Reengineering for Results.* Washington, D.C.: NAPA.

Next Steps Team

1995 *The Strategic Management of Agencies.* London: HMSO.

OECD.

1997 *In Search of Results: Performance Management Practices.* Paris: OECD.

Office of Personnel Management

1992　　*Investing in Federal Productivity and Quality.* Washington, D.C.: U.S. OPM.

Osborne, David and Peter Plastrik

1997　　*Banishing Bureaucracy: The Five Strategies for Reinventing Government.* Readings, MA: Addison-Wesley.

Osborne, David and Ted Gaebler

1992　　*Reinventing Government: How the Entrepreneurial Spirit Is Transforming the Public Sector.* New York: Plume.

Parasurman, A., V. A. Zeithamal and L. L. Barry

1985　　"A Conceptual Model of Service Quality and Its Implications for Future Research," *Journal of Marketing,* 49: 41–50.

Peters, Thomas J. and Robert H. Waterman, Jr.

1982　　*In Search of Excellence: Lessons from America's Best-Run Companies.* New York: Warner.

附錄一　績效管理體系設計的考量面向

　　1997 年經濟合作與發展組織出版《追求成果：績效管理作法》
(*In Search of Results: Performance Management Practices*)報告，下表
歸納觀察各國績效管理體系設計的考量面向，報告中並根據此架構
逐一分析各成員國實際的作法。

關鍵面向	構成要素		說明
目標與方法	績效管理目的	管理與改善	績效結果是用來不斷改善績效？
		責任與控制	結果是外部運用取向，向部長或民眾負責任？
		節省經費	結果主要是直接節撙預算支出？
	進行方法	全面性	制度涵蓋不同方法和活動？
		立法	有特別法令為推動依據？
		臨時性	績效管理作法主要是臨時性的？
		由上而下	管理新作法由上層交下？
		由下而上	機關自行提出作法？中央管理機關支持？
	體制性設計	財主單位	財主部門參與績效管理之推動？
		其他中央幕僚	中央幕僚主管部門參與績效管理之推動？
		特別單位	另行設立專責單位推動績效管理？
績效衡量	績效衡量	衡量指標	簡潔與易懂？
		衡量制度	另訂有專門的績效衡量制度？
		品質性指標	衡量服務的質化面？
		過程	重視衡量過程或活動？
		效率（產出）	重視衡量產出？
		效能（結果）	重視衡量效能？
		服務傳送品質	重視衡量服務傳輸品質？

		財務績效(經濟性)	重視衡量成本等財務面?
	財務管理	權責會計制度	是否運用權責會計制度以改善成本資訊?
		成本配置	如何以制度化方法視產出而配置經費?
		管理制度之整合	
	績效資訊之表達	民眾接觸性	向民眾公開嗎?
		年度報告	績效資訊以年度報告方式出版?
		預算報告	預算案內系統性地呈現相關績效資訊?
		績效契約書	績效契約書向民眾公開?
		地方政府績效	蒐集與公佈地方政府的績效指標?
服務品質		服務標準	運用服務標準確立服務對象可使用之服務水準?
		服務宣言	服務標準和水準會向民眾宣告?
		顧客調查	使用顧客調查以衡量品質感受?
		品質管理制度	廣泛使用品管制度改善服務品質?
績效檢討		內部評估	有特別方法對績效作內部評估?
		績效審計	有獨立機構審核績效、績效資訊的正確向和相關性?
		品質監管單位	運用品管單位監督和評估特定服務的服務品質和績效?
		計畫評估	有系統地評估政府各項計畫? 定期評估或臨時性評估?
績效資訊的運用	績效預算制度	預算決定根據績效	積極大量運用績效資訊以改善預算過程的決定品質?
		經費配置根據績效	資源配置與工作績效有直接結合?

	績效薪俸制度		
		個人同意書	個人契訂同意使用績效薪俸嗎？
		個人績效薪俸	個人績效評估對其薪俸有影響？
		團體生產力薪俸	組織或團體的績效用以發放獎金？
成果導向的管理	授權與自主	投入控制之鬆綁	經費如何運用，科目限制之放寬？
		減少過程控制	運作與服務相關法令之簡化？
		自主性機關	成立自主或半自主性機構？機關是否更有自主權限？
	管理改革	風險管理	管理者獲得信任可採風險？
		標竿（過程、成果）	運用標竿管理以比較和改善績效？
		策略規劃	績效管理包括策略規劃？
		績效契約	運用契約精神設定績效水準，而換取更自主的管理權？
		市場競爭機制	績效管理和民營化或內部競爭等市場機制相互結合？

資料來源：OECD (1997: 117-119)

附錄二　英國政府的公民誓約和美國政府的績效基礎 組織

一、英國政府的公民誓約

　　1992 年梅傑(John Major)續任保守黨政府的首相，他一方面承襲過去十多年來的改革作風，另一方面為顯示自己新人新作風的特色，乃進一步向英國議會提出「公民誓約」(Citizen's Charter)的構想與改革計畫。

　　公民誓約被定位成是「續階改革」的續階，其核心宗旨在於改善公共服務之品質，期望將任何公共服務接受者視為是消費者，賦予其自由選擇服務提供者的權力。因此公民誓約標榜四項主題：⑴提升服務品質，⑵享用服務時有更多的選擇機會，⑶人民可以要求知曉服務的標準，及⑷確保經費運用的妥適性。為達成上述四項目標，公民誓約提出應由下列的改革途徑達成之，即：更多的民營化，更廣泛的競爭，更多的契約外包，更多的績效俸給作法，公布預期的績效目標，出版有關服務標準達成度的詳盡資訊，提供民眾更有效的申訴程序，進行更多與更嚴屬的獨立調查工作，以及矯正錯誤的服務措施(Prime Minister, 1991: 4–5)。

　　1991 年起推動公民誓約十年計畫，公民誓約的核心理念是，任何公共服務提供者皆應遵循六項原則，確保每位公民可以享受到好的服務品質，包括：

　　1.確立服務標準：服務標準必須建立，公民與評估監測。

　　2.行政透明公開化：民眾瞭解的語言說明，服務的資訊必須公告周知。

　　3.可選擇性與諮商性：如何提供服務必須儘可能地諮詢服務對

象的意見。

4.禮貌與幫助：服務方式必須有禮貌，而且讓民眾深感助益。

5.積極改正：努力從民眾抱怨中瞭解問題，並解決問題。

6.重視錢的價值：服務提供必須重視效率和經濟。

截至 1996 年，全英國已有四十二個全國性的憲章，超過一萬個地方性憲章（各憲章運作的相關資訊已出版 CD-ROM，或上網站查詢 http://www.cabinet-office.gov.uk/servicefirst/index），例如「旅客憲章」、「納稅人憲章」、「國宅租戶憲章」、「學童家長憲章」、「福利給付總署消費者憲章」……等等。每一公民誓約都會標示其服務標準，服務指標等，每年就是否達成績效相比較，也周知給民眾，並且逐年調整其憲章內容以提供更高的服務品質。

各個公民誓約均必須自行設定績效評量標準，然後每年會辦理公民誓約獎(Charter Mark)，鼓勵有最好服務的憲章，表彰卓越的單位與個人。以國家保健服務局(National Health Service)為例，該局對所屬各地區信託法人的績效衡量指標如下：

就診預約	辦理住院
1.病人經轉介後在13週內可獲得預約的比例 2.病人經轉介後在26週內可獲得預約的比例 3.病人首次預約未到的比例 4.病人在預約時間30分鐘內實際看診的比例	1.病人經醫生允許住院後在3個月內實際可住院的比例 2.病人經醫生允許住院後在3個月內實際可住院的比例 3.病人經醫生允許住院但實際未住院的比例

幾年前，公民誓約小組並新增要求中央政府各部會均需適用六項共同性的服務標準是：

1.各機關自行設定回覆查詢書面的標準時間。

2.必須和已約定好洽公時間的民眾在約定時間十分鐘內見面。

3.提供清楚和簡潔了當的服務資訊,並設置至少一支電話專線。

4.定期與服務使用者諮商意見，並將結果公佈。

5.至少設定一套申訴抱怨程序。

6.在合理範圍內，很可能提供服務給所有的人，包括身心障礙
的民眾。

二、美國政府的績效基礎組織

美國聯邦政府嘗試推動績效基礎組織(PBO)，這種組織的定義
是指一種特別的管理單位,具有強烈成果管理動機的特別管理單位,
組織追求具體可衡量的績效目標以改善績效，而為達此目的，可享
有較多的管理彈性。適合成為績效基礎組織的機構至少應具有下列
特性：

1.清晰職掌，可衡量的服務，以及已有或正在建立一套績效衡
量制度。

2.主要是外部顧客的服務單位。

3.功能不作決策，但對決策機關首長清楚地負責。

4.機關高層支持其轉為績效基礎組織。

5.具備營運所需的經費。

每一績效基礎組織由一位任期制的執行長(Chief Operating Of-
ficer)負責，執行長的留任與否視績效基礎組織的績效達成而定。績
效基礎組織必須與所屬部會訂定五年期策略計畫書，策略書內明訂
衡量的目標，每一目標的主要績效指標或衡量方式（包括如品質、
效率、生產力……等），以及每年的績效預期水準。人事管理局內退
休與保險處目前就是試行績效基礎組織的單位。

附錄三　績效管理的相關網站

　　美國相關政府機關設立不少網站提供關於如何進行成果管理或績效管理的資訊，包括從理念到技術，以及實際上政府運用的衡量指標等訊息。其中，有幾個網站特別有豐富的資訊。

· National Partnership for Reinventing Government (http://www.npr. gov)

　　這是柯林頓總統推動政府改造的官方網站，網站內對於 "Government Performance Results Act(GPRA)", "Performance-Based Organization (PBO)" 的歷史沿革與執行資訊尤多。

· General Accounting Office (http://www.gao.gov)

　　這是美國國會會計總署的網站，所有該署的報告分析均可直接由此獲得，該署對於政府績效管理有特別的評估專案，網站內可以查知。

· US State and Local Gateway (http://www.statelocal.gov)

　　該專案是與前述 NPR 合作的，內容主要是美國州政府與地方政府的各種改革資訊（有關州政府和地方政府的相關資訊尚可從另一個正式組織 Council of States Government， 所設立的網站中獲得 (http://www.statenews.org)）。本網站中蒐集許多實際的技術性資料，請至網站內的 "Performance Pathways" 次目錄中查詢。

· Chief Financial Officers Council (http://www.financenet.gov)

　　這是美國各機關內財務長(CFO)組成的協會之網站，所提供的資訊除了各級政府預算資料外，也有專門的績效衡量方面的資訊。

· Office of Program Policy Analysis and Government Accountability, State of Florida (http://www.oppaga.state.fl.us)

　　美國佛羅里達州州政府的政府改革被認為是模範生之一，這個網站提供該州政府如何進行相關改革的資訊，包括績效管理。

‧Office of State Planning, State of North Carolina (http://www.ospl.
state.nc.us)

　　美國北卡州政府規劃處網站內對於策略規劃、績效管理與績效
預算作法和技術有許多資訊，可供參考。

行政效率的比較觀

江岷欽

臺北大學公共行政暨政策學系教授兼系主任

摘　要

壹、企業的效率觀

貳、規範價值的效率觀

參、批判論的效率觀

肆、滿意的效率觀

伍、機械的（工程的）效率觀

陸、整合的效率觀

柒、結　論

摘 要

　　早期的行政論者，幾乎都接受效率是為公共行政中最無爭議且最具客觀性的指標。這項主張雖遭到不少挑戰和質疑，但相對於強勢效率的要求，質疑的論述呈現弱勢狀態(Shafritz & Hyde 1989; Simon,1976)。行政效率到 Gulick 時代，成為一項應然的價值。不過，質疑「效率為唯一價值」的論述也隨之而生。Waldo 就指出：效率本身不應是價值，而是手段；我們應從效率所要達到的目標，來界定效率是價值或手段，而不應盲目的將一切界定成價值；否則，我們的論證會出現迴異的結果。易言之，盲目的將技術理性視為最高價值，明顯地忽略了實質理性的重要性。事實上，實質理性經常比技術理性更為重要。本文擬以傳統行政研究的理論中的主要效率觀進行比較，冀以澄化、釐清行政效率的現代內涵。

關鍵詞：行政效率、技術理性、實質理性、師法企業、效率價值

公共行政的理論發展，歷經晚近十年的沈澱與整合，逐漸形成兩派主流觀點：政府再造(Reinventing Government, REGO)與重建民主行政(Refounding Public Administration)。前者係以公共選擇論、市場經濟說以及傳統的行政效率觀為架構，後者則以新公共行政與黑堡宣言(Blacksburg Manifesto)為基底。 雖然兩者皆以公共利益的擴增為前提；不過，兩者的服務旨趣與管理哲學顯有不同：政府再造係以「顧客導向」作為服務提供的指南，重建民主行政則以「公民導向」作為服務傳輸的座標。兩者的比較，詳如表一所示。

表一： 公民導向與顧客導向的服務模式比較

比較層面	公民導向	顧客導向
個人權力的來源	法定權	購買權
受惠資格類型	全體成員	特定對象
責任類型	公民責任與政治責任	無特定責任
社會身分的基礎	集體身分	個別身分
國家與個人的關係	概括涵蓋	排除豁免
國家與個人的溝通	言語上的意見主張	行動上的退出遷移
政策目標	社會福利	個人授能
公共行政的管理目標	法律的保障與效率	顧客滿意、市場式的資源分配

資料來源： G. Peters & D. Savoie (1995:65)

上述「顧客導向」與「公民導向」的差異，與其說是行政論者不同的學術專業訓練使然，毋寧說是行政論者面對國家角色的轉換，各自進行心智重構的結果。相較於重建民主行政在公共行政相關文獻中的陽春白雪，政府再造無論在理論建構的趨勢上，抑或在行政實務的角度上，均受到行政論者較多的注意與重視。事實上，晚近以「新公共管理」(new public management, NPM)為基底的政府再造運動，反映了政治社群在行政效率的內涵上進行相當程度的省思。因此，不論政府再造運動中所常見的行政業務流程再造(Business

Process Reengineering, BPR)、行政業務流程改善(Business Process Improvement, BPI)抑或是全面品質管理(Total Quality Management, TQM)，容或在層面上有所差異（三者之比較如表二所示），但其以行政效率為收斂核心的本質則為不爭事實。

　　從歷史分析的角度而言，行政效率經常是公共行政研究的重心所在。從 Wilson 時期至 Simon 時期的行政學內容，始終在下列兩個重要的議題上進行分析與論證：

　　1.政治與行政的分合問題，此為緊張關係的論證；

　　2.有效改善行政管理的科學原則及效率，提升政府效率；即技術理性的追求(Denhardt, 1984; Levine, 1988)。

　　申言之，從早期的「政治行政分離論」(dichotomy between politics and administration)迄今之「新公共管理」，政府部門的運作，幾乎都以效率作為重要的指涉架構。政治行政分離論與新公共管理所主張的師法企業觀念，可謂如出一轍。這種行政管理的轉向，較諸以往純以效率作為衡量政府績效的方式，更為清晰多元。

　　工業革命所帶來的豐富財貨，受到社會高度的評價，因此行政論者乃將工業革命生產過程中所講求的科學、效率、理性、準確與機械等特質予以重組，並進一步視效率為行政機關最高價值(Fry, 1989; Locke, 1982)。所以，對早期的行政論者而言，效率不僅是科技和科學附帶產生的文化價值而已，更是行政運作應有的思維方式。以韋柏科層體制理想型為例，其中所蘊含清教徒倫理的根本精神係為「成功的企業文化」；亦即，最有效率的個人，必定是最成功的個人。除了效率之外，很少有其他價值比效率更為重要。在西方工業的文明洗禮下，效率不但是客觀存在的事實，亦為現代化個人所應具備的特質、習慣與生活方式。Gulick 亦指出：就行政科學而言，不論是企業管理或公共行政最基本的最高價值，即為效率的觀點，

表二：行政程序變遷途徑的比較

途徑類別	業務流程再造 (BPR)	業務流程改善 (BPI)	全面品質管理 (TQM)
績效提昇與變遷程度	大幅提昇績效 80–85 %	中度提昇績效 10–40 %	微幅提昇績效 5–10 %
涵蓋範圍	整體業務流程，或者部分橫跨部門與組織的業務	以單一業務部門（或單一組織）中的業務流程為主	以部分業務或組織中次級單位的業務流程為主
執行時間	通常為期9–18個月	一年以下	通常為期數月，但會針對不同業務流程執行重覆的改善措施
執行重點	徹底重建、重組現有執行業務方法	針對特定業務職能予以自動化或酌情刪除	改善現有業務流程
領導方式	高層管理層級的重大承諾是成敗關鍵	高層管理層級的支持為必要條件	以工作品質團隊為領導
變遷方式	由業務單位的主管及成員所組成的團隊進行改善業務的工作	由各部門成員所組成的特別工作小組或團隊執行改善的工作	以兼任的工作品質團隊作為進行工作的改善
風險程度	高度風險 投入大量人力、財物及物力進行大幅的變遷	中度風險 視組織執行的業務改善數量而定	低度風險 現有人力、物力、財力進行小幅度的變遷措施
基本原則	以徹底東方型的方式重新構築業務的執行方法，全面更換現有行政結構、技術、體系以及文化	接受現存的業務執行方法，同時設法刪除部分附加價值較低的業務	就單一部門或部分業務，改善現有的工作流程

資料來源：http://www.itpolicy.gsa.gov/mkm/bpr/gbpr/gbprb.htm

POSDCORB 即是展現這項效率精神的最佳方式(Denhardt, 1984; Perry, 1989)。

　　早期的行政論者，幾乎都接受效率是為公共行政中最無爭議且

最具客觀性的指標。這項主張雖遭到不少挑戰和質疑，但相對於強勢效率的要求，質疑效率的論述呈現弱勢狀態(Shafritz & Hyde, 1989; Simon, 1976)。行政效率到 Gulick 時代，成為一項應然的價值。不過，質疑「效率為唯一價值」的論述也隨之而生。Waldo 就指出：效率本身不應是價值，而是手段；我們應從效率所要達到的目標，來界定效率是價值或手段，而不應盲目的將一切界定成價值；否則，我們的論證會出現迴異的結果。舉例言之，對於人類而言，若基本目的是為宰殺野生動物，則火力強大的來福槍比食物來得有價值；但若目的在豢養，則原本有用的槍反而無用武之地，此時食物倒成了有用的工具，此即目的轉換(Waldo, 1984)。易言之，盲目的將技術理性視為最高價值，明顯地忽略了實質理性的重要性。事實上，實質理性經常比技術理性更為重要。本文擬以傳統行政研究的理論中的主要效率觀進行比較，冀以澄化、釐清行政效率的現代內涵。

壹、企業的效率觀

Wilson 認為行政的領域，即企業的領域。因此，應儘可能地免除政治的干預，所以，整個行政威權（政府部門）的角色。即在於將私人企業的管理技術，轉移到行政機關的作業上（由此可了解：Wilson 的效率觀是 the ratio between inputs and outputs）。

提升行政機關的效率方式，有四(Denhardt, 1984)：

(一)師法企業(citing business as a model)

Wilson 認為企業的管理模式，即最佳的管理方式。以公共行政而言，所謂企業範圍包括：

1. 免除政治的干擾。
2. 具有高度的技術效率。

因此，研究行政首要之務，在於：

⑴發現且了解，政府的能力範圍及能夠完成的目標。

⑵在能夠完成的適當目標中，以最小的成本，最有效率的方式，
　完成之。

㈡政治的隔離(political isolation)

行政人員應儘可能避免政治勢力干預行政內部事務的管理。

欲提昇行政效率應：

　1.免除政治的干擾。

　2.設計精緻的管理能力。

行政首長應主動且有權力，選擇完成工作的方式，不應受制於政治的干擾或擺布；行政首長於總體計劃與細部執行上，無論由應然面與實然面上，都不應只是被動的工具而已。公共行政為執行公法，有系統之過程，因此，在適用一般法令的過程，與行政行為無異，但範疇不同：

政府行為的整體規劃，屬政治議題；細部執行政治的決策，則屬行政。因此，行政的問題絕不能與政治的問題混為一談。固然設定工作目標為政治的範疇，但由應然的角度言之，政治不應介人行政體系運作過程。

㈢借助他國成功的行政實務(borrowing administrative practice from foreign countries)，即比較行政的觀念出現。

對於美國文官改革體制，Wilson致力於減低政黨政治分贓制度的影響及恩寵主義（裙帶主義）；對於德法兩國文官體系之發展，亦投注相當的心力。Wilson欲透過不同制度的學習與了解，幫助文官減少在所費不貲的實際經驗當中，減少耗費的物資與紊亂的情勢，

協助行政部門更有效率完成文官的改革。

至於在借助的過程中，不同的知識是否會出現行政生態學中「橘逾淮為枳」的窘況？或是削足適履的情形？事實上，毋須擔憂。因為行政僅止於實際的執行層面，政治的原則，高層次的廣泛決策過程，與行政是截然不同的途徑，我們大可借用行政的技術，而毋須改變政治的作為。

舉例而言，親眼目睹殺人犯，以非常有效率的方式磨製武器。吾人可取其磨刀技術，摒棄犯罪的意圖；同理，專制獨裁的主管，其管理機關的技術高超，我們可僅取其技術，而不必改變我們對民主共和的信念(Shafritz & Hyde, 1987)。

Wilson 進一步指出：在行政技術的借取過程中，必須本土化，行政主管需用心學習本國的憲法，培養對科層體制的狂熱，盡情地汲取美國自由主義之民主精神。

㈣責任的歸屬作適度結構化的安排(appropriate arrangement of responsibility)

Wilson 認為若整個行政欲達效率的追求，首先要找出最簡明的方式來配置責任，使其歸屬明確無誤。事實上，只要配置得宜，權力並不危險，亦非阻力，為避免責任過於分散，發生模糊，混淆的情形應將其集中於部門或分支機構的首長上，如此，對責任的追蹤，即可根據法令規章確認責任的歸屬，而予以論功行賞(Fry, 1989)。

Wilson 的政治、行政分離論，使爾後 Gulick 及其他學者特別強調於建立行政科學上，儘可能排除政治的干預，以效率列為首要之務。

Goodnow 認為行政必須免除政治的干擾，他直指：政治是國家意志的表現，行政是國家意志的執行。換言之，政治指涉政府政策

的指導或影響力的方式，行政則為執行該項政策的具體過程。

綜上所述，Goodnow 或 Wilson 並不以為政治與行政分離後，便截然不相干；反而，更強調二者間之緊密合作關係。Goodnow 進一步說明：若彼此間缺乏良好的協調，唯有作某種程度上的妥協、折衷，才能使政府有效的運作(Perry, 1989; Rabin & Bowman, 1984)。是故，為防止行政於執行政策的細部過程中，受到政治的干預，因此，行政單位應儘量透過黨團協商或立法過程，結合國會、政黨的體制，予以化解。

貳、規範價值的效率觀

Willoughby 指出由 Wilson 到 Simon 皆視效率為中性的概念，為超然、持平、客觀，以衡量社會績效的指標。

Gulick 認為效率本身即為價值，並非手段。也許效率的價值觀，犧牲了公平、正義、民主，但於工業社會中，應置其於一切之上。同時他指出，行政管理的內容，無論企業管理或公共行政，最基本的良善，應為效率，最基本的目標，即以最少的代價（人力或物力）完成手邊的工作(Fry, 1989)；亦即，達成效率的方法為「同質性原則」。申言之，於目標的設計上，工作人員的指派，係依其專長是否符合工作需求，同時，領導的過程，配合完成目標的特性，相關的細部目標，應儘可能於設計過程中以原定工作為訴求，如此，則成功的可能性較大(Rabin & Bowman, 1984; Shafritz & Hyde, 1987)。

整個組織結構，由上至下應團結一致，工作群體緊密合作，採層級節制的方法，以兩種特性來建構之：

㈠遵循同質性原則

任一單一部門在工作上分工的過程若非根據工作的性質，或使

用科技的性質，或原先設定目的的性質，作同質性的分工，則會遭致沒有效率及工作片斷分裂的危機。

(二)避免外行領導內行之情事

根據專業分工的單位，不應在技術單位上，由外行領導內行，此異質性較高的行政結構組合，易導致績效不彰。例如：農業發展和教育政策，不應由同一群人來推動，因其專業不同之故。

正如，Goodnow 指出：政治、行政是異質性的於本質上並不相同，但在十九世紀末至二十世紀初，此二者的整合，使得行政結構出現績效不彰的情形。

Willoughby、Gulick 與 Wilson 不同的是：前者欲透過原理原則的建立，使效率的追求更為順暢（而非如 Wilson 所言，只為師法企業）：所透過的科學原理乃借助於私人企業組織的原理原則，包括：命令統一原理、層級節制、權威、專業分工等，使性質相近的部門和活動得以凝聚，此種以企業組織體系，建構行政組織，可確保行政單純化，避免在工作領域上，彼此重疊與衝突，同時，政府在運作的過程當中，更具效率，更節約成本，以達成目標。

參、批判論的效率觀

效率應從根本的價值去考量，不能將效率視為價值，應在考量效率之時，更深層地思索隱藏於背後的哲學觀。

Dahl 對效率的看法，採較間接的方式，認為在行政領域中堅稱價值中立，但事實上卻是情有獨鍾，早期多數論者包括 Simon，皆視效率為中性的標準，得以衡量行政措施的成敗，但 Dahl 認為效率本身即為價值，應一併與其他價值同作考量(Dahl, 1947)。

舉例而言，如何衡量二次大戰期間，德國的集中營是否具有效

率？應由技術理性或是實質理性層面考量？兩者差距立即可辨。

因個人的責任觀與團體的效率相左，前者考量內在自由心證、倫理道德；後者則著眼於細部工作有效的完成。然而，個人目標經常與組織目標彼此相牴觸；而且本質上，組織違反人性的結構。

當然上述僅為少數的個案，於其他案例中，公共行政指涉價值與手段二者，不可或缺的領域。因此，行政人員應將價值作明確的表明。由此可見，Dahl 已經發展出新的公共行政觀。早期 Wilson 至 Simon 皆視行政機關為機器，行政人員應摒除個人意志、責任感，一切依法行政；因此，行政僅為手段，但至 Dahl 則直指：行政應考量價值(Rabin & Bowman, 1984; Shafritz & Hyde, 1987)。

若一昧執著於效率的原則，將科學事實原則作為隱藏效率原則的方式，則有誤導之嫌；同時於道德上也有以科學的美名為幌子，遂行技術理性的目的。

在眾多決策過程中，效率與民主政治的價值觀相符時，嚴重的歧見立即呈現，尤其是效率涉及民主政治考量之時，彼此的衝突就愈益嚴重。當然，亦有相反意見，就整個企業組織而論，有時會為了追求效益，而罔顧社會責任，但 Dahl 僅對政府部門有興趣，主張：「公共行政與企業最大的不同，在於就效率的層面，公共行政考慮倫理的問題及民主政治的價值」。

長久以來，整個公共行政皆依循理性的方式，推理的過程，以建構行政組織的運作方式及組織結構，但此種理性模式，明顯地忽略：人類的行為並非永遠以理性的方式進行，同時，人類在理性結構的系絡(context)中，未必以最有效的方式執行業務(Rabin & Bowman, 1984; Shafritz & Hyde, 1987)。若欲建構行政學，不能僅創造被動反應的行政人模式，因行政人亦不過是理論或行政學教科書上的產物，在真實世界中不易尋得，其基本決策為：嚴格的遵守行政學當中放諸四海皆準的原理原則。

　　Dahl 認為：光憑理性人（以經濟為誘因、自我利益為最高考量的行為模式）或以科學方式建構行政學，事實上，並不足以使行政學更進一步成為成功的學科(Dahl, 1947)。

　　此隱含了濃厚的批判及價值觀點，在八〇年代到九〇年代證實，行政不應只是執行公共政策的官僚體制本身應具有濃厚的價值觀，以發揮守護政治體系中弱勢族群之功能，因整個立法、司法、行政於立法過程中，使多數強勢利益團體能掌控政治資源，弱勢團體永居於劣勢無法分享利益，故須透過行政組織的官僚體系，從事補救的工作。

肆、滿意的效率觀

　　效率於公共行政中係指：以有限的資源追求最大的結果，同時，就決策的實然面，行政人員應根據法律的原則與效率的標準，作為決策的指標。

　　效率在比較上出現的難題，不應逃避，意指：行政行為的效率，即所採取行政行為中能獲知的結果，與行為原本所能獲得的最高結果間之比較，在此情況下，以 Simon 看來，與其追求最佳行為，倒不如選擇完成滿意行為來得恰當。

　　一般而論，早期的行政標準為：運用同樣的資源之下，何種行為、備選方案，能獲致最高的成效，即為行政人員選擇的依據(Simon, 1976)。此以最佳決策做為效率選擇的標準，事實上並非普遍存在，於行政情境當中，特別適用效率標準的過程，通常以手段與目的之區分，取代倫理與事實的區分，此種作法易窄化效率觀及呆板（機械式反應），從而導致質疑及挑戰(Rabin & Bowman, 1984; Shafritz & Hyde, 1987)。

　　行政人員於決策過程中，對備選方案的規劃，若以援例方式追

求行政效率，易落入謬誤的思維，使行政業務的範圍囿於有限的領域中，效率自然無法作較大的延伸、擴充。

以傳統觀念而論，行政效率為追求理性的目標。所謂理性決策的前提為：決策者完全了解傳統的經濟模式，因此充分地收集相關的組織目標及所有可能的備選方案，就其自己切身的的利益、效用、滿足等，一一評估，做最大層次的排序，追求最高的利得(Simon, 1976)。

但實際上行政決策人員無法確切掌握全部的情境，資源及對各種方案的評估，因此，Simon 將全能的理性做轉向發展，提倡「行政人」的概念，雖其基本前提亦為追求理性，但為有限度有條件，確認人類行為的限制面，於追求效率的過程中，人類行為的目標並非是最佳的效率，而是滿意的效率。

行政人的決策式為 Simon 決策論對行政效率的基本概念：以滿意的決策代替廣博的理性；以雖嫌簡略且不周延的資訊，代替全盤的了解；以更真實的態度或方式，針對世界的複雜性以及資訊的不對稱性，做出真實的決策。

伍、機械的（工程的）效率觀

效率為最小的投入得到最大的產出，仔細而論，Taylor 的行政效率蘊含在科學管理之中，此科學管理不僅是技術，亦為社會生活的哲學。

(一)由技術層面而論

效率是可以提升的，只須用法得宜，故任何工作都有唯一的最佳法則，可透過人類的智慧找尋，亦可運用到其他生活層面或工作(Taylor, 1923)。

Taylor 認為：對不同的工作及內容，仔細搜集，以嚴謹的方式分析內容及完成工作的方法，並將結果廣為傳播，使原本少數人所能使用的知識，遍及組織的所有員工。其所顯示的哲學意義：透過鉅細靡遺的工時研究，管理者僅須利用此一最佳法則，即可大量增進生產效率(Denhardt, 1984)。

(二)工時研究

泰勒的工時研究,在本質上乃向管理者推介最好管理科學法則：將組織中的員工，視為機器的附件，經由調整、學習的過程，將員工塑造成發揮最高效能的狀態；管理者不僅扮演負責監督、調整員工的角色，且必須設計工作的實驗並執行，對所有可行的技術方法予以評估，尋求最有效率且具體可行的技術方法，設計工作流程及監督、訓練員工。

(三)以效率決定酬償的標準

泰勒主張：以效率決定經濟誘因的高低。他認為管理者的工作目標是使組織更具效力，因此增進生產力即可將整個工廠生產的過程及境界往上提昇。泰勒認為，效率的高低是可以透過經濟誘因來增強。

陸、整合的效率觀

Waldo 認為效率並非如 Gulick 所言是以 "POSDCORB" 做為追求行政效率最有效的技術及方法，將效率視為價值之取捨；相反地，Waldo 認為，唯有分析整體價值體系，才能了解其作用及價值觀，及其與此體系中諸多成分間互動的關係。透過整合，可以看出效率具有道德意涵且不可能單獨存在，唯有當效率與社會的價值觀

融合時，方能探究其意義(Waldo, 1980, 1984)。

若效率僅為手段，我們將其背後的價值觀抽離，則顯得空洞且毫無意義。效率的真實定義，必須由其所欲達成的目的來著手，才能界定是否有效率。如果預設標準以考量效率的高低優劣，則我們可能無法準確測知實際目標，且易窄化效率的觀點及概念，因為相同的工作方式對應於不同的目標，會產生迥異的結果。事實上，實質理性乃行政上較重要的考量；技術理性有效與否，應根據實質理性而定，而非預設效率標準藉以分析界定其實用價值(Ostrom, 1976; Perry, 1989)。

Waldo 認為視效率為手段固然失之過簡，但將其視為基本價值觀，亦不無誇張之嫌。因此，Waldo 主張效率既是手段亦是價值。

綜上所述，Waldo 界定效率之意義，指涉兩個最根本的意涵：

第一、哲學意涵，諸如：能量、磁場或原因等。哲學意涵的效率必須更進一步說明其操作化內容及系絡，方能使用；例如：正在運動的能量或物體，有效的原因等詞語。

第二、機械化或科學化的概念，此乃比率的多寡；亦即，投注的心力與實際所獲得的成效間之比較。易言之，具體的行政績效與預期成效間的差距愈小，則愈有效率。

Waldo 進一步調和、分析規範性和客觀性的效率，前者是主觀的、價值的、倫理的；後者則是恒常不變的(Rabin & Bowman, 1984; Shafritz & Hyde, 1987)。當二者的效率意義出現相左的情況時，真正的定義內涵應兼具規範理想的色彩與客觀存在的本質，彼此調和方能獲致真正效率的觀點。

Waldo 認為，效率內涵若欲兼具效度和信度，須將效率之相關價值一併考量，在此架構下所分析的行政效率概念，才能有效且實用。

申言之，Waldo 的效率概念包括下列兩個層面：㈠投入心力的

比率，效率係指，投入與產出間的比例，付出的心力愈小，所得的結果愈高，則愈有效率。㈡技術理性與實質理性同等重要，效率必須考量追求目標價值的合法性及結果，行政效率固然是技術理性，然而 Waldo 認為其與實質理性同等重要，不能只問目的，不擇手段。

以民主政治之基本精神而言，合理的目的必須以合法的手段達成，在民主行政國家中，唯有以合法手段達成目的，才是合乎法理的目的(Waldo, 1980, 1984)。

Waldo 所謂的合法係指實質理性，具濃厚的價值色彩。Waldo 認為，技術理性的投入與產出概念必須考量人文目的，如此才具有實質的意義。若行政效率僅考慮比率問題，忽略了人文的概念，則其所欲衡量處理的實質理性內容，無法檢驗其是否完備，不該也不適用於任何形式的行政現象。唯有當實質理性的指涉架構完備清晰，整個公共行政的效率研究才具可用性。

柒、結　論

行政效率的概念內涵，在橫斷面之公、私部門，以及縱貫面的歷史價值，都有不同的詮釋意涵。在建構具有現代意義的行政效率觀，我們也必須對應用的範圍以及時代的內涵作最深切的省思。

首先，我們必須對公、私部門的本質作一釐清。公共行政與企業管理之相異處(Perry, 1989; Rabin & Bowman, 1984)：

㈠業務範圍的價值取向

政府部門所執行的業務範圍乃軟性價值取向，即主觀的價值判斷取向；企業組織則為客觀的硬性價值取向，或硬性刻板的取向。此處所謂硬性價值，係能準確衡量，及明顯具體的事物，通常屬於經濟或科技層面的指標，轉化成具體的數據單位或物理的單位，例

如: 營利, 每分鐘的動力皆是; 至於軟性的價值, 則為主觀, 不可觸摸的, 非功利性等層面, 諸如: 人類的好惡、價值、倫理等均屬之。

㈡公民的態度

多數政治體系的成員, 視政府的服務為理所當然; 群眾對企業團體所抱持的態度, 則為天下沒有白吃的午餐, 供需之間是由市場價值決定; 換言之, 對於政府所提供的服務, 民眾的態度是 "free rider" —— 現成的享用者, 不用付出代價; 對企業則否(Rabin & Bowman, 1984; Shafritz & Hyde, 1987)。

㈢績效衡量指標

政府目標多元, 故於衡量績效指標之時, 須以多元複雜的績效指標來衡量, 但難以呈現系統化的累積功能; 但在私人企業部門之績效指標可化約成單一的標準。

㈣衡量績效時間

就行政體系而論, 政府部門多數的服務皆為非營利性的機能及業務, 且具備濃厚的規範色彩。例如: 教育。因此, 難以立竿見影的效率和效果之標準予以衡量, 通常政府的績效須長時間才可見端倪, 故不適以短期的成本效益分析, 作為評估政府效能, 績效的準則。

㈤業務規模

假定其他條件不變, 於相同資源下, 政府所要發揮的功能較多, 人民對政府要求較廣, 但相較於企業組織則不會如此嚴苛, 亦即, 政府所要扮演的角色較廣泛; 企業組織則較為簡單, 且角色期

望較低。

上述呈現各種不同的效率觀，不可否認可以給我們提供一種多元的思維，讓我們以具實質理性的角度去瞭解如何在不同時空變數下提昇組織的效率。然而，行政效率的發展過程中，對不同觀點的省思與比較卻逐漸失去眾人關注的焦點(Rabin & Bowman, 1984; Shafritz & Hyde, 1987)。1940 年代末期，政治學從早期以道德哲學和政治經濟為核心的研究取向，逐漸朝向政治學的真實科學價值。正如 Waldo 所指出的，當科學化的政治學與行政效率的先進理念糾結一起時，如同一池攪亂的春水。Waldo 給我們的啟示是：失去價值色彩的行政效率觀，如同一幅黑白色調的單調景象，無法具體展現當前多元、複雜社會的後現代鮮活色彩。

本文採比較分析的研究途徑乃是強調行政效率的歷史圖象，以及包容各種多元的效率思維。本文重點不在排除眾議而提出一個行政效率優勢的典範，而是以更寬闊的方式去接近真實，瞭解事實，進而改善現實，在走入二十一世紀的當前，對全球「政府再造」的潮流中，試圖去提供一種另類的學科解讀。

參考書目

Bozeman, Barry

 1987 *All Organizations Are Public: Bring Public and Private Organizational Theories.* NI: Jossey-Bass.

Brown, Back and Richard Stillman II

 1986 *A Search for Administration: The Ideas and Career of Dwight Waldo.* TX: A&M University Press.

Chiang, Min-Chin

 1987 "On Measurement of Productivity in Public Sector," *Public*

Administration, 20: 131–150.

Dahl, Robert

    1947   "The Science of Public Administration: Three Problems, "
            Public Administration Review, 7 (1): 1–11.

Denhardt, Robert B.

    1984   *Theories of Public Organization.* CA: Brooks/Cole.

Fry, Brian R.

    1989   *Mastering Public Administration: From Max Weber to
            Dwight Waldo.* NJ: Chathman House.

Jung, Jong S.

    1986   *Public Administration: Design and Problem Solving.* NY:
            Macmillan.

Levine, Herbert M.

    1988   *Public Administration Debate.* NJ: Prentice-Hall.

Locke, Edwin A.

    1982   "The Ideas of Fredrick W. Taylor: an Evaluation," *Acade-
            my of Management Review,* 7 (3): 14–24.

Ostrom, Vincent

    1989   *The Intellectual Crisis in American Public Administration*
            (2nd ed.). The University of Alabama Press.

Perry, James L.

    1989   *Handbook of Public Administration.* CA: Jossey-Bass.

G. Peters and D. Savoie

    1995   *Governance in a Changing Environment.* Canadian Center
            for Management Development, NY: Buffalo.

Rabin, Jack and James S. Bowman

    1984   *Politics and Administration: Woodrow Wilson and Ameri-*

can Public Administration. NY: Marcel Dekker.

Shafritz, Jay M. and Albert C. Hyde

　1987　　*Classics of Public Administration* (2nd ed.). Chicago: The
　　　　　Dorsey Press.

Simon, Herbert A.

　1976　　*Administrative B ehavior: A Study of Decision-Making
　　　　　Processes in Administrative Organization* (3rd ed.). New
　　　　　York: Free Press.

Waldo, Dwight

　1980　　*The Enterprise of Public Administration: A Summary View.*
　　　　　CA: Chandler and Sharp.

　1984　　*The Administrative State* (2nd ed.). New York: Holmes &
　　　　　Meier.

評鑑中心的理論與應用
——兼論高考一級考試改革方案

吳復新

國立空中大學公共行政學系副教授

黃一峰

玄奘人文社會學院公共事務管理學系副教授

摘　要

壹、前　言

貳、評鑑中心理論探討

參、評鑑中心實務檢討：個案分析

肆、評鑑中心之檢討

伍、評鑑中心應用於公部門：以高考一級考試為例

陸、評鑑中心改進建議

柒、結　語

摘　要

　　評鑑中心法是一套標準化的行為評鑑過程。　先確認標的職位(target position)所需之能力、技能及個人特性，再透過測驗或模擬演習，讓受評人實際參與，並由多位經過訓練的評鑑員，觀察受評人在演習中的行為表現，對其能力、技能及個人特性加以評分，再由評鑑員共同決定受評人的總評報告，以作為考選、晉升、訓練與派任的參考依據。

　　本文旨在回顧評鑑中心的相關理論及實施情形，並就評量分數產生因素效度的原因進行檢討。另由於考選部擬議中的高等考試一級考試改進方案，參考評鑑中心使用的的「無主持人團體討論」，設計為「集體口試」，以改進現行的個別口試，本文亦將對其試行情形加以評述。最後，再就評鑑標準、演練設計、評審、評分輔助工具及作業程序等方面，提出改進建議。

關鍵詞：評鑑中心(Assessment centers)、模擬演習(Simulation exercises)、演練效應(Exercise effect)、評量向度(Assessment dimesions)、無主持人團體討論(leaderless group discussion)

壹、前　言

　　有關管理人才的考選方法，我國古代有所謂的麻衣相法，根據人的面相，判斷其是否適任主管。在能力方面則有四項標準：書（文筆、見解）、言（談吐）、身（儀態）、判（見解、判斷力），而一般對幕僚職位則要求扮演「默、順、隱」的角色，對父母官以「清、慎、勤」要求。這些評鑑方法或標準，固然有其傳統文化意涵，但卻容易流於主觀、片斷。

　　以現代組織而言，管理人才良窳對組織績效影響甚鉅；因此，如何考選適任的主管人員，一向是人力資源管理的重要課題。尤其在國際化、自由化的趨勢下，不論公私部門的組織均面臨大幅變動的經營環境，必須以更務實、有效的方法來考選主管人才，方能保持競爭優勢，追求永續經營。

　　評鑑中心採用了多項評鑑方法（工具），提供受測者「模擬表現」的機會，而由一組評審人員針對受測者的行為加以觀察，再經由評審會議，評定成績。此一過程即所謂的「多重評鑑技術與多重評鑑員」。根據 Finkle 的看法，其具有四項核心特性(Finkle, 1976)：

　　1.透過團體（活動）的型態來對受測者加以評量。

　　2.運用評審小組擔任評審工作。

　　3.運用多項不同的評量工具或技術。

　　4.決定受測者擔任（管理）職位的適合度。

　　進一步來說，根據吳復新（民 81）的看法，評鑑中心法是一套標準化的行為評鑑過程。首先，經由工作分析，將標的職位(target position)所需之能力、技能及個人特性等確認清楚，然後再設計或選擇數種測驗或模擬演練，讓受評人實際參與，從而由多位訓練有素的評鑑員觀察並評鑑受評人的實際行為表現，以鑑定受評人具備那

些能力、技能及個人特性，最後透過共同討論或某種統計方法得出每位受評人的總評報告，以作為考選、晉升、訓練與派任的參考依據。

國內對評鑑中心並非全然陌生，中鋼公司於民國 74 年即已引進推行，應用於基層主管的培訓。惟經過十餘年的實施，中鋼公司正檢討是否與原顧問公司建立新的合作關係。根據張鐵軍（民 86）以緊要事件技術(Critical Incident Technique, CIT)所作的調查，臺灣大型企業未實施評鑑中心的原因整理如圖一所示，這些原因可歸類為「內在因素」與「外在因素」二大類。調查結果顯示，國內企業推行評鑑中心的困難，最主要的因素仍在於成本過高、運作不易、缺乏設計演練的能力、人事及高階主管的支持度偏低。張鐵軍先生並發現，高達 25% 的人事主管承認並不瞭解評鑑中心的意義。其次，國內企業高階主管泰半將「評鑑」視為人事權的一部分，不願假手他人，使得評鑑中心難以推動。

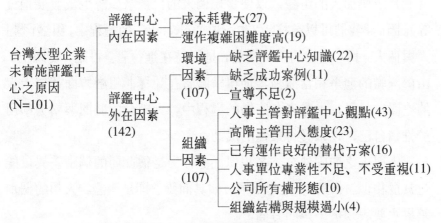

圖一：台灣大型企業未實施評鑑中心之成因

資料來源：張鐵軍（民86）；（　）括號內數字代表次數

由張鐵軍的調查結果，不難發現國內企業對實施評鑑中心仍存有疑慮。不過，由於國內仍缺乏對評鑑中心實際運作情形的實證研

究；以統一企業資料所作的建構效度研究（黃一峰，民 88）則可對上述問題提供實證分析，並作進一步解釋。因此，本文的目的在於檢討評鑑中心的實施情形，進而提出改進建議。

貳、評鑑中心理論探討

由於評鑑中心乃是考選的方法之一，因此須先論述考選的意義與其理論基礎，再進而說明評鑑中心的理論基礎。

一、考選理論

考選的英文是 "selection"，而 "selection" 一字本為「選擇」之意。因此，就組織而言，它具有兩種相對的意義：一是組織居於雇用者(employer)的地位，「遴選」它所擬聘用的人才，以便達成組織的目標。另一則是求職者本著受僱人(employee)的立場，「選擇」他（她）所擬加入的組織，以便實現個人的目標（如謀生及發展抱負等）。因此，我們可以這樣說：在一項 "selection" 的過程中，組織「選」人與個人「擇」組織的兩項活動，是同時在進行著。可是，實際上，由於謀職的競爭相當激烈，使得求職者在「擇」組織方面並無太大的空間；於是，求職者在應徵的過程中，大部分的時間與精力都用於推銷自己，以求獲得最後的成功。

人與人之間固然有許多相似之處，但是彼此間的個別差異可能更甚於相似。俗謂：「人之不同，如其面焉」即是明證。人類的個別差異主要表現於下述四方面：

1. 智慧：此是指人適應環境與解決各種問題的思考能力。這種能力隨工作而有不同的需要。

2. 性向：這是指人們先天所具有的學習潛能(potential)。性向與工作種類及工作績效具有密切的關係。

3. 氣質：此是指一個人的性格(personality)而言。性格足以影響人的行為，自然亦關係到工作的績效。

4. 體能與嗜好：個人在先天上所具之體能狀況良莠不同，有人力舉千鈞，有人手無縛雞之力；有人精力旺盛，有人力不從心。這些差異均對工作績效具有不同程度的影響。另外，人的嗜好，興趣亦不盡相同，因而影響個人對事物的觀念與看法。

上述各種差異通常表現在人的行為上，因而便可以從日常生活中觀察到。在工作世界(the world of work)裡，同樣亦顯示了此種差異的模式。例如，不同行業的工作便相差極大。而不同工作的資格條件亦相去甚遠。相應於工作所需之人類特性自然亦隨工作而異。此種工作需求(job requirement)及工作者特性的差異性，使組織的考選與安置(placement)功能變得至為重要，因為人與工作的最佳配合才是對組織與個人最有利的事。這就是為何「適才適所」(right person in the right place)一直被認為是考選之圭臬的道理。

另外，考選有一項基本假定(assumption)，那就是：儘管人具有個別差異，但是此種差異卻具有穩定性，因此，我們才能使用各種方法加以衡量及評估。

再者，我們從考選的定義中可知，考選具有兩項最重要的功能：評鑑與預測(assessment and prediction)。前者是指對求職者所具之特性予以客觀的評估，以決定其合乎工作要求的程度。後者則是指從求職者目前所具有的特性（包括所表現出來的行為）預測將來在工作上的績效（即推論兩者所具有的關係）。因此，無論評鑑或預測，其成功與否（即正確程度之高低）端視我們獲得上述這些資訊的能力。換言之，倘若我們能使用有效的方法，確實辨認出應徵者所應具備的工作知識、能力與特質等條件，同時又確知這些條件與未來工作績效的關係，那麼我們便能做好考選的工作。

從以上可知，在考選的過程中，所涉及的要素至少有四項：(1)

標的職位的職責(task)（即主要的工作內容）與從事該工作所表現的行為，此兩者合起來即一般所稱之工作說明(job description)。⑵個人所需具備該工作之知識、能力與特質，一般稱為「工作規範」(job specification)。⑴與⑵通常是由某一職位的工作分析得知。⑶足以代表個人特性的行為樣本(behavior sample)；這些行為樣本主要是透過某些「預測物」（或稱預測指標）(predictor)（也就是考選工具）而表現出來。⑷工作績效的效標(criterion)，這是評斷工作者在工作上成功與否的標準或量數(measure)。通常，我們使用預測物來預測效標。

以上考選過程所涉及的四項要素，可用圖二表示。

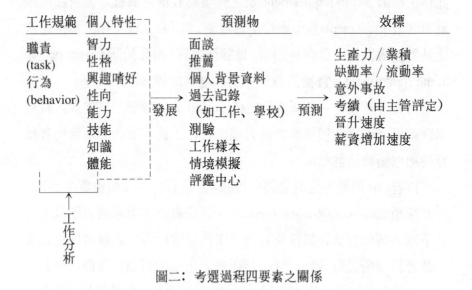

圖二：考選過程四要素之關係

二、評鑑中心的特性與內涵

根據「評鑑中心作業準則」的定義(Task Force on Assessment Centers Guidelines, 1989)，評鑑中心是針對多種來源的行為所作的標準化評估，其須運用數名受過訓練的觀察者（評審）及評鑑技巧。

評審主要依據受測者在評鑑（模擬）演練中行為表現，加以判斷；
這些判斷由評審在評審會議中加以彙集（整合）或以統計方法彙整。
在評審的整合討論中，各評審對觀察的行為提出解釋，再將每個人
的評分加以彙集。評審的討論將對評鑑中心所設計要評量的向度或
其他變項，就受測者的表現，完成評量結果，評量結果如以統計方
法彙整，則其方法須符合專業標準之要求。

　　由上述規範可知，評鑑中心是將實際的工作活動以練習活動的
型態展現出來，而由評鑑人員觀察受評鑑人的行為，評鑑其是否表
現所欲的行為構面。

　　模擬演習提供一種表達（或展現）行為的有利環境，換言之，
模擬演習所設計的情境，與所擬預測候選人之工作績效的情境（即
候選人未來所擔任之工作的情境）極為相似，而每一個設計的情境，
均複雜到足以使候選人很難確知他的那些反應被評鑑以及所評鑑的
構面是什麼。

　　模擬演習常以小團體為活動單位，此種設計正符合管理工作的
實際狀況，因為管理者常須經由別人，同時又與別人一起完成工作。

　　通常個人的能力或特質，是無法直接觀察的，而只能經由其外
在的表現(manifestation)得知，亦即從其行為去推論。模擬演習正是
引發個人此種外在表現的最佳媒介。

　　試將工作、練習與構面三者關係圖示如下：

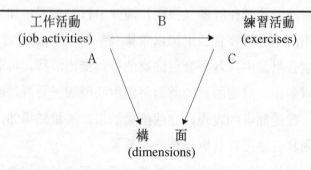

圖三: 評鑑中心法理論架構圖

說明:
A: 構面必須與工作活動密切相關，且能描述該標的職位全部重要而普遍的工作。
B: 練習活動必須與工作活動密切相關，且能代表最重要而普遍的工作活動。
C: 構面必須能從練習活動中加以觀察並歸類、評分。

　　以下，再就評鑑中心的內涵: 工作分析與評量構面、模擬演習、評審及評分方法與評鑑中心過程等四方面，進一步分項說明。

(一)工作分析與評量構面

　　工作分析的目的是針對標的職位，藉訪談、觀察、會談及調查等方式，以了解其所應包括工作事項及工作人員須具備之技術與能力等，亦即蒐集「有關工作的資訊」(job related information)，工作分析則有工作導向(work-oriented)與人員導向(people-oriented)二種途徑，前者著眼於實際工作內容，後者則分析任職者應具備的條件，因此評鑑中心所採用的評量向度亦可分為二大類，一為任務導向向度(task-oriented dimension)，如主持會議、排定時程、人員管理等，二為人員屬性向度(attribute-oriented dimension)，如領導、溝通、協調等，但在實務上二類向度經常混合使用。

　　再者，評量向度常因評鑑目的而有粗細之分，在甄選時，僅就候選人的各項能力，作大體的評鑑，故評量向度數目不多，表一係例示比較甄選不同職務所使用的評量向度；而以培訓發展為目的的

評鑑，則須將評量向度再予細分，以便充分分析學員各項能力的優缺點。

表一：甄選不同職務所使用的評量構面

業務人員	工程師	系統分析師
影響力	技術知識	技術知識
推銷意願	學習能力	學習能力
推銷能力	完成職務意願	完成職務意願
學習能力	分析力	口頭表達
活力	積極性	分析力
口頭蒐尋事實	靈活度	計劃組織力
計劃組織力	計劃組織力	判斷力
執著性	協調性	執著性
靈活度	口頭表達	
	敏感性	

資料來源：管理服務顧問中心（民83: 6）

㈡模擬演習

最常使用的演練，依據複雜程度區分，可見表二所示，其中以籃中演練、團體討論、個案分析及模擬晤談的使用頻率較高。

表二：各種演習使用率及複雜程度

複雜程度	演練名稱		使用率
高 ↑	經營競賽		25%
	籃中演練		81%
	團體	指定角色	44%
	討論	不指定角色	59%
	口頭簡報（發表）		46%
	個案分析		73%
	蒐尋事實		38%
低 ↓	模擬晤談		47%

資料來源：B.Gaugler, et al. (1990)，轉引自George C. Thornton III(1992)

而其使用須與評鑑中心之目的搭配,相關之特性則如表三所列，以訓練為目的的評鑑中心，因須分析學員之優缺點，並配合安排後

續的訓練課程，因此使用的演練數較多。

表三：不同評鑑目的與演練特性比較表

演練的特性	評 鑑 目 的			
	發掘潛能	甄 選	診 斷	訓 練
標的職位	工作	特定的職務	現任職務	現職或更高職務
演練的數目	3–6	3–6	7–10	7–10
逼真程度	低	中	高	高
複雜度	簡單	中	複雜	視學員能力而定

資料來源：George C. Thornton III（1992: 93）

近年來演練型態逐漸受到電腦化的影響，而有所改變，其中有二個趨勢值得重視：

1. 電腦化演練(computerized exercises)

    將演練情境、教材程式化，受測者僅需透過簡單的操作，即可進行演練，同時其各項「動作」亦可完整的記錄，並以設定的公式加以計分，最常見的電腦化演練是籃中演練與經營競賽，其優點是可同時評鑑多人，且不需評審人員，以德國Sharley & Partner公司的籃中演練"Lakeview"為例，其假設訓練中心主任之職，要求學員就排定優先順序、交辦對象、排定日期、問題類型等四個角度，處理四十件文件，時間為一小時，並由電腦程式統計成果，M. Shubinski認為此一演練可作為評鑑中心參加學員的篩選工具。

2. 低真實感(low-fidelity)演練

    演練是對真實工作的模擬，然而究竟應「真實」到何種程度，則存有許多爭議；真實度太高則只能適用特定職位，真實度低，則須學員發揮想像力，自行假設情境，使演練行為不一致，在此種兩難困境下，部分學者則主張低真實度的演練，將演練情境化繁為簡。低真實度演練實即將工作樣本情境予

以摘要，編成測驗題型態，以Karen Harlos (1993: 135–42)的研究為例，她運用此一觀念設計籃中演練題目，用以甄選電話公司經理，其中包括21個題目，每題各有5-7項答案可供學員複選，測驗結果可評量協調、領導等八項行為向度。

(三)評審及評分方式

評審在評鑑過程中必須就學員的行為表現，加以觀察、記錄、分類與評分，其任務十分吃重，因此評審必須經過完整的訓練，以確保其績效，若有相當時間以上未曾擔任評審工作，則須再經訓練，由於評審在評鑑過程中扮演關鍵角色，因此有關評審的績效標準與認證，格外受到重視。

早期的評審大多由心理學背景的人員擔任，AT&T 首度引用企業內部主管人員擔任評審，此一作法有利於評鑑中心在組織內建立認同，提高接受度；同時，許多學者也主張，評審工作可視為主管人員自我發展的一種方法，提升管理能力，尤其是在部屬績效目標設定、績效評估、晤談諮商與表達力等方面尤然(Lorenzo, 1984)。

評分方式可分為判斷式評分(judgemental rating)與機械式評分(mechanical rating)二種，前者係由評審各自評分後，經由討論而形成共識，評定一致的分數，故亦稱為共識評分(consensus rating)；後者則不再透過討論，直接將各評審的評分，以統計方法（例如加權）直接合計。二種方法各有利弊，判斷式評分透過不同角度的觀察可收集思廣益之效，但難免因評審間的交互影響而形成團體盲思(group think)或遭到掌握等，機械式評分則可縮短評分時間，減少費用，大多用於甄選式的評鑑中心。

判斷式評分，可再分為二種型態，一為「向度內評分」(rating within dimension)，其次為「演練內評分」(rating within exercise)。前者為 AT&T 所採用，係評審在各個演練進行時，僅就行為加以記錄，

而後在評審會議之初，再將各行為分別歸人各評量向度，並予評分；評審會議時，先由各評審輪流向其他人描述所負責觀察學員在各向度所表現的行為，並說明評分及理由，而後，全體評審再就每位學員的各向度分數討論，直到達成一致意見，再評定最終成績。此一程序目的在於讓評審對學員有充分、完整的觀察之後，再作評分。而演練內評分，則將前述過程修改，評審在各演練結束時，即就學員各向度之表現予以評分，其餘程序則大致相同，其主要考慮是避免評審觀察多項演練之後，記憶已經模糊。

㈣評鑑中心過程

根據前述定義及特性，試將廣義的「評鑑中心過程」區分為規劃、準備、評鑑及後續等四個階段，如圖四中所示。而狹義則僅指「評鑑」階段。

參、評鑑中心實務檢討：個案分析

如前所述，國內早於民國 74 年已由中鋼公司引進實施，應用於基層主管培訓。其演練與評鑑項目如表四所示。

信義房屋則於民國 83 年著手建立該公司「店長」的「管理才能評鑑與發展中心」(Management Assessment Development Center，簡稱 MADC)，依循中鋼的評鑑架構，惟代之以信義房屋店長的工作樣本。然而除中鋼公司與信義房屋之外，國內對評鑑中心的應用並不普遍；且就實施內涵而言，仍停留在第一代與第二代之間。一般而言，評鑑中心在歐美應用廣泛，主要原因在於其演練內容具有高度工作關聯性，內容效度良好，加上許多研究顯示評鑑中心的預測效度頗高。不過，根據筆者以國內企業評鑑中心的評分資料所作的建

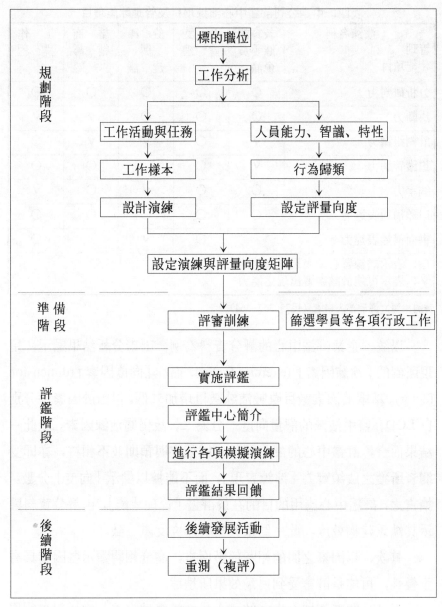

圖四：評鑑中心設計與發展過程

資料來源：作者自繪

構效度分析發現，評鑑中心的幅合效度尚佳，但判別效度與因素效
度則欠佳。

表四: 中鋼公司評鑑中心演練項目及管理才能項目

演練名稱 管理 才能項目	教育訓練委員會議	公文處理	診斷與建議	諮商輔導	工作排程
分析研判力	○	○	○	○	○
決斷力	○	○	○	✓	✓
計劃組織力	✓	○	✓	✓	○
追蹤管制力	✓		✓	○	
統率力	○	○	✓	○	✓
口頭溝通表達力	○	○	○	○	○
書面溝通表達力		○	✓		○
○: 表示該練習必須表現出來的能力。 ✓: 表示可能於該練習出現之能力					

資料來源: 經濟部人事處（民75: 347–364）

　　以統一企業評鑑中心的評分資料為例，因素分析結果顯示，呈現所謂的「演練因素」(exercise factor)，而非「向度因素」(dimension factor)。萃取的因素數目雖較演練數目增加二個，但由於因素係分別自 LGD、籃中演練的評量向度一分為二，故仍屬演練因素。就此一結果而言，評鑑中心的評分顯示建構效度與預期並不相符，亦即受測者所獲之成績實為「演練表現」，而不能據以顯示「向度」分數。換言之，評鑑中心應用的目的在於評鑑「管理才能」，由評分資料顯示其缺乏建構效度。此一結果與英美研究文獻一致。

　　其次，以因素之間的相關係數而言，高度相關顯示各因素具有重疊性，可能是評審受到月暈效果所造成。

　　再就受測者認知而言，統一企業於評鑑結束後，安排對受訓學員提供評分回饋及發展需求分析；根據筆者的訪談，受測者一般都有「口才好的人評鑑成績較高」的印象。

表五：統一企業評鑑中心評分因素分析統計表

	因素1	因素2	因素3	因素4	因素5	因素6
無主持人團體討論						
領導統御	.78881	.12765	.21685	.20616	.05970	.05920
決斷力	.75732	.14408	.25842	.01444	.19220	-.05738
計劃組織力	.71774	.19177	.07025	.07084	.27724	.10533
口頭表現	.64832	.13685	.35107	.28934	.08416	.07876
柔軟性	.63634	.13481	.26967	.17505	.22377	.25008
問題分析力	.62291	.14845	.25193	.20777	.12119	.18895
影響力	.60593	.07877	.22868	.20796	.02554	.27963
管理賽局						
積極性	.22746	.74428	.12056	.16416	.03693	-.01233
問題分析力	.11792	.73477	.15535	.16971	.01270	-.00169
決斷力	.23064	.71185	.14511	-.03337	.13789	.13735
計劃組織力	-.00910	.68936	.17230	.14604	.08540	.13611
判斷力	.06743	.67948	.23748	.06507	.11382	.04563
控制能力	.06329	.66831	.25017	.24409	.03601	.05805
執著性	.16106	.62922	.08629	.13358	.16334	.24132
口頭發表						
口頭表現	.34405	.13433	.69513	.13963	.10073	.08693
控制能力	.22991	.22610	.67596	.14073	.03437	.07972
問題分析力	.16539	.28658	.66163	.15072	.14650	.09418
判斷力	.25276	.33177	.64669	.05052	.14785	.01527
影響力	.33817	.15132	.63070	.05826	.00774	.21310
計劃組織力	.37441	.36980	.52157	-.10755	.27881	.04309
感受性	.03469	.25040	.50362	.18182	.10505	.54673
籃中演練						
控制能力	.30914	.26825	.06085	.71335	-.05728	.07721
計劃組織力	.22988	.09744	.13947	.66894	.20557	.06968
文章表現	.14087	.19720	.10966	.60397	.39022	.13328
感受性	-.02834	.05422	.07774	.53425	.24513	.19760
問題分析力	.21104	.26874	.06885	.53176	.17071	.05470
籃中演練						
積極性	.23494	-.01222	.11794	.25040	.67998	.11117
決斷力	.18731	.07851	.31222	.35220	.61885	-.05707
授權能力	.09897	.19209	-.02157	.07823	.59890	.18285

判斷力	.25213	.25772	.21710	.31748	.54411	.03845
無主持人團體討論						
柔軟性	.20670	.10282	.06629	.07745	.20954	.80195
感受性	.25082	.17970	.17593	.25141	.03646	.75486

資料來源：黃一峰（民88）

肆、評鑑中心之檢討

評鑑中心各個構成部分包括：評量向度、評審、演練及受測者。其中評審與受測者大多以團體型態組成。這些構成部分都可能是造成前述「因素效度」的原因，以下逐一說明。

一、 評量向度

評量向度的定義是否明確、容易觀察，可能影響評分。 Lowry (1996: 320)認為評審大多無法將觀察到的行為適當地歸類到評量向度之中，原因之一是向度之間具有高度相關，容易混淆。以「設定目標」為例，是「問題解決」？或是「控制」？或屬「領導」？或三者皆是？ 其間差異，恐怕在專業人士間也難有定論。因此難以期待評審之間，在各有不同的經驗、不同解釋的情況下而能達成共識。

事實上，評量向度定義不清或不易分辨的問題，早已出現在管理才能的實證研究上。學者對管理才能內涵的研究，可能因研究的組織不同、層級不同，而使研究結論差距頗大。有的研究只有三項，如 Katz 的概念、人群及技術能力；有的則高達 22 項，如美國聯邦管理才能架構（黃一峰，民 78）。而在評鑑中心的研究，Thornton and Byham (1982: 213)整理不同學者的因素分析結論發現， 八個研究大致可歸納成三類因素，其一為「行政技巧」包括計劃與組織、決策及溝通等向度，其次則為「人際技巧」包括人際關係技巧、行為彈

性、個人影響力等，第三個因素則包括說服力、積極性、自信心等。研究發現，沒有一項因素在二個以上的組織重複出現過，換言之，組織所採用的向度具有高度的多樣性與不一致性。

筆者調查統一企業的評審的意見，結果顯示評審對於評量向度定義是否清楚，並沒有十足的把握，尤其以「判斷力」、「控制力」、「感受力」，是評審認為定義最不清楚的三項。此一現象或可歸咎於評審訓練成效不佳或評審經驗不足，且訪談過程中也發現，不少評審認為評量向度太多，增加評審辨別上的困難。

二、 評審能力與特性

評審人選，可自企業內部遴選，亦可借重外部專家，其對評鑑中心成效各有利弊。有的企業遴選公司內的主管擔任評審，並由公司自行訓練，雖可為企業節省成本，但卻可能礙於人情壓力，導致篩選不嚴謹，無法正確評鑑出適當的人選。有些企業則是委託顧問公司訓練，並間或邀請外界人士擔任；因屬兼職性質，所以可能會因一段時間未參與而產生生疏的現象。

Lowry (1996)指出，多數的評審並非專職工作，且未經專業的評量訓練，而組織中的評鑑中心亦非常設性質，多半視需要不定期舉辦，並非「標準化」的作業，因此，評審之間更難獲得對各向度共同一致的定義，其對觀察結果的歸類自然會因人而異。

評鑑中心的設計要求，是希望每位評審能充分考量向度、所有資訊，因此，在評審會議中，評量向度可能需要討論多達 25 項，然而，此一要求有其事實上的困難，Sackett 與 Hakel (1979)的研究指出，評審須運用的向度數目十分有限，以迴歸分析預測 OAR，對評分結果具有影響力的向度，通常只有 3-6 項。當評審必須就多項評量向度評分時，將難以決定將某些行為歸入某個向度，因此，容易以對學員的刻板印象，評定該向度的分數，使得各向度之評分有所

重疊，出現「演練效應」。

評審對受測者有「整體印象」，甚至「刻板偏見」的現象，或可用「認知圖」的說法加以解釋。S. Zedeck (1984)提出「管理行為認知圖」，用以解釋評審個人如何評分的過程。根據他的看法，評審本身具有管理經驗，又接受過評審訓練，因此，各有其獨特的認知圖，使其對學員在演練中所表現的有關資訊，得以加以貯存、讀取。而且若其以往的管理經驗呈現多樣性時，則持有之認知圖將益形複雜。就此而言，不同的管理經驗形成不同的認知圖，導致評審之間對管理行為抱持不同的看法。

在共識討論過程中，固然焦點在行為向度，但實際上卻是管理行為認知圖在發揮作用，「掌控」評審在演練中觀察所獲資訊的組合方式。管理行為認知圖如何影響評審的評分，S. Zedeck 以圖五來說明：

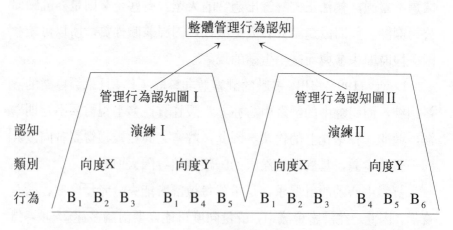

圖五：整體管理行為認知圖

資料來源：Zedeck(1984: 286)

在圖五中界定了行為（事例）、類別（向度）及認知圖之間的層級關係。在最底層，學員表現了行為 B_1；這些行為由評審觀察後予以解碼，並貯存至向度 X 或 Y；而某些相同行為，可能因評審的不

同經驗，被貯存至不同的向度中。每個特定的演練均代表某個認知圖，而多項演練則組合成整體管理行為認知圖。亦即每一種演練即獨自形成一個管理行為認知圖，例如，一般行政工作的處理即籃中演練、處理部屬問題即角色扮演、參與組織之任務編組即團體討論，均各自成為一個管理行為認知圖，而再共同組合成整體管理行為認知圖。

每個認知圖可能包括了多項不同的行為向度，但相同向度的行為在不同的情境中，亦可能因評審有不同的「行為期望」，而有不一致的評分。總之，認知圖的功能在於幫助回憶、協助判斷，亦即當評審須對某人作出判斷時，並不會搜尋所有的記憶，而僅會設法讀取最易聯想、最具一致性的「記憶樣本」，以作成判斷，從而形成整體印象。

此一觀點，可以說明前述的「向度間高度相關」及「演練因素」等現象；尤其，評審過程中較具經驗的評審，會主導評分或影響其他評審。換言之，「評審經驗」與「職位高低」若已具影響力，再加上「認知圖」的作用，果其然，則其對評鑑信度與效度究係正面影響或不利影響，恐有待深入探討。

三、 演練效應

受測者的表現是否受到演練影響，對評鑑中心的建構效度有重大意義。「複評量法」的精神，在於提供受測者不同的表現機會，以確定其能力的穩定性。因此，輻合效度低於判別效度是學員表現不一致(inconsistency)的現象，但也可能是演練影響了受測者的表現次數或表現水準，此即「演練效應」(exercise effect)。

Epstein (Bycio, Alvares & Hahn, 1987: 471)認為不同演練之間所觀察到的能力，僅會出現微弱的相關，不能期待二個演練中會出現相同行為。他認為，行為反應的一致性，只有在消除情境的影響時

才會出現，亦即透過相當數量的行為次數，並加以平均。Sackett 與 Dreher 兩人(1982)引用此一觀念，將演練中各個向度的評分，視為個別的變項，計算不同演練間相同向度的 α 係數，所得結果 α 是由 −0.06（書面溝通）至 0.65（口頭溝通），而同一演練中的各向度 α 係數則高達 0.90。因此，Sackett & Dreher 認為 α 係數反映了情境的變異量，並建議評鑑中心改為評量演練（亦即演練績效），而非評量在不同演練中的相同能力向度。筆者引用 Sackett 與 Dreher 的觀念，將統一企業的資料作 α 係數分析，可知各評量向度的內部一致性尚佳，若以評分次數來看，則出現較多次的向度具有較高的 α 係數，由此似可說明，演練型態對評審受測者確實有影響。

而演練之中能觀察學員行為最多的是籃中演練，但即使 24 件的文件，扣除若干垃圾文件及相關的文件，實際能觀察的件數不多，再者，加上時間限制，則更形困難。透過訪問也發現，「演練內容」與「學員意願」二項因素結合，可能會減少對學員的觀察機會。

演練本身所具備的差異性，可能使不同演練間的行為產生不一致的現象，例如在晤談演練中，學員被視為個體，但在 GD 中則為團體成員，二者的行為要求並不相同。其次，各演練所希望表現的能力亦不相同，例如籃中演練是以書面資料來作評量，而角色扮演則以口頭表達為評量標準。此外，同組學員人數、演練所需時間、評審與學員直接互動的程度等，都會影響演練行為。

四、受測者特性

造成演練效應的原因之一是受測者的特性與專長，一位擔任幕僚工作的受測者可能由於工作需要經常演說、簡報，使其在需要發言的演練中，表現出色，以致對評審產生影響。

另一項問題則為受測者的組成及團體動態，根據筆者觀察，某一小組若受測者能力都很傑出,則其中稍弱者便會處於不利的情境,

在相對比較之下，其表現機會較少（聽多說少），則影響評審評分。而團體動態則與前述演練效應有關，演練內容固然影響學員投入程度，但學員之間的熟悉程度、合作程度亦將影響小組的整體行為，從而影響評分。

性別因素是否對評分有所影響，由於國內女性受測者樣本數極端稀少，尚未見諸統計分析。惟若干國外中學校長、警察的評鑑中心則顯示，女性獲得較高的評分。

伍、評鑑中心應用於公部門：以高考一級考試為例

一、改進方案要旨

1. 個別口試：是指個別應考人按預定口試方式，回答口試委員之問題，藉以評量應考人之才識、成就、責任、參與及特質。口試時間為一小時，必要時得增減之。另應考人於參加口試前得提供履歷表（包括相關學經歷及參與社團活動的情形）、自傳、著作發明等方面資料輔助，俾利口試進行。

2. 集體口試：係指由數位應考人組成小組，討論預定問題，口試委員坐在外圍觀察並加以評分。即採行「有主持人小組討論」方式進行，由應考人針對不同主題輪流擔任主持人（每人三十分鐘，必要時得增減之），並訂出「公務人員考試集體口試觀察記錄表」，藉以觀察應考人於擔任主持人時能否掌握團體，引導有效討論；以及擔任組員時的參與程度，以評鑑應考人之影響力、領導統御力、口頭表現能力、計劃組織能力、分析能力、洞察與判斷能力、決斷力、積極性、親和與

感受性及團體適應力，以強化口試的信度與效度。

3. 口試為第二試（即通過筆試者才能參加口試），口試包括個別及集體二種，口試占全部總成績之百分之二十五（其中個別口試及集體口試各占總成績百分之十二·五）。

4. 口試委員遴聘部分：應包含高級長官、學者專家、用人單位、社會人士（公會、學會或企業界代表）、心理學家等參與，其組成以專業、客觀與能力作主要考量，以確保口試的客觀與公平。

二、模擬演練概念之採用與口試改進方案之試行

㈠模擬演練概念介紹

上述考選部之口試改進方案中所擬採行之「有主持人小組討論」方式，是採自國外最盛行的「評鑑中心法」(assessment center method)中的模擬演練(simulation exercise)（或稱情境測驗 situational test）。此項模擬演練之理論基礎是：對於應考人未來工作績效之預測應以其在該項工作情境中之實際行為為基礎。因此，在考試時，如能設計與上述工作情境極為類似的模擬演練，則從應考人在這些模擬演練中之實際表現（說與做的行為）的觀察與評鑑，必然更能準確地加以預測。另外，對於管理人員的評鑑，不僅著重其目前具有的能力與行為特徵，更應強調其應付未來多變環境以及解決問題的能力與行為。準此，一位高級公務人員（如科長以上主管）在實際處理各種情況之公務時，所須具備的能力，就不是僅憑筆試或口試之「坐而言」以及「論如何做」等所能測得出來的，而必須讓應考人能夠真正地去實際做一做(起而行)，才能真實地表現出他們的「真功夫」、「有本事」。

⑵口試改進方案之試行與檢討

1.試行

考選部為使上述口試改進方案更臻完善起見，特別組成專案小組，由考試委員許濱松教授主持，聘請國內對考選方法，特別是評鑑中心法，具有研究或熟悉的學者專家與企業界人士，共同就上述方案加以研討。經過多次會議後，已大致得到了一套咸認可行而有效的步驟，並且進行實際的模擬。

本項模擬演練已於民國 88 年 9 月間舉行完畢。應考人由現職公務人員五人，國內公共行政等博士班研究生五人，混合編組為二組同時進行，全程並經同步錄影與錄音，俾供將來檢討時參考。

本項集體口試是採「有主持人小組討論」方式進行，所設定的標的職位是「人事行政九等科長」。模擬演練之進行程序如下：

(1)應考人依「編號」順序，輪任主持人。於主持前先抽取該次之討論主題，並隨即進行討論。每一主題之討論時間為三十分鐘。兩組採不同方式進行，目的在於提供比較並作為未來討論最後方式之參考。

第一組： 主持人先以兩分鐘時間，向同組應考人說明口試（即討論）題目內容，並摘述可能的解決方法；並保留三分鐘讓應考人（參與者）準備；在結束前主持人必須再做三至五分鐘的總結。

第二組： 每一主題之討論時間為三十分鐘，由主持人全權處理、靈活應用與分配。

(2)口試委員分別在旁邊觀察並記錄每位參加人員之行為，並加以評分。本次演練每位主持人主持完畢後不休息，立刻進行下一位之主持活動。

(3)口試委員於評審時，分別就主持人及參與者二種不同角色

（身分）予以評分。評分項目及配分如下：

主持人：領導統御能力、口語表達能力、組織與分析能力、親和力與感受性、決斷力等各占十分。

參與者：影響力、口語表達能力、積極性、親和力與感受性、團體適應力等各占十分，合計總分為一百分。

(4)全部主題討論完畢後，由口試委員依集體口試評分表所列項目單獨評分，並加註評語，最後以同組口試委員評分總和之平均數為應考人之集體口試成績。

2.檢討

(1)上述模擬演練完畢後，立即由十位受試者集會，提出參加此次模擬演練心得與建議，並由考選部有關人員記錄下來，以供專案小組參考。

(2)專案小組檢討會議：考選部於本次模擬演練完畢後，特別召開檢討會議。會中由參與實際評鑑的十位專案小組成員發表各自的心得與意見。經過熱烈的討論與交換意見後，獲得了以下有關「集體口試」舉辦方式的十點建議共識：

a.發給考生的問題要有完整標準化的說明，包括「議題」、「說明」、「角色的扮演」等。

b.不同場次之間要有間隔的時間（即每一議題開始前），以利於考生角色的轉換。

c.應考人不排序，而以抽籤的方式先抽號碼再抽題目。

d.應考人座位的安排圓桌、方桌、馬蹄形位置均可。

e.口試委員座位的安排固定，應考人座位則每一場次輪換乙次，俾利口試委員從不同角度加以觀察。

f.集體口試輪任主持人時間縮短為二十分鐘。

g.集體口試評分過程必須要經過會商的程序。

h.對於評量員（即口試委員）事前要有訓練（包括解說、

避免錯誤評量的訓練、或放錄影帶等）。

i.每一位應考人應發給議題。

j.「公務人員高等考試一級考試集體口試觀察記錄表」修正完成。其中公務人員高等考試一級考試集體口試評分項目「團體適應力」修正為「組織與分析能力」。

(3)應考人「參與意見問卷調查」結果之分析：為進一步了解十位參與者對於此種新型「口試」方式的看法，筆者特擬了一份共有八題的問卷調查表，請參與者填答（無記名）。以下依據調查結果略做分析：

第一題：在主持討論時，我的行為與真實情況中有的行為並沒有相差很多：極同意（5分）者二位；同意（4分）者六位；不同意（2分）者一位；極不同意（1分）者一位。平均為3.7分，接近同意之4分，顯示大部分參與者皆同意：模擬演練時所展現的行為與實際情況相近。此一事實顯示，模擬演練的情境與真實情境具有高度的相似性，因而在模擬演練時所表現出來的行為即對於應考人以後的行為具有預測性；換言之，我們用模擬演練來評鑑應考人未來實際工作情境中的行為表現之效度便會比較高，而這正是考題所要發揮的功能。

第二題：　我在此次集體口試時(指擔任主席時)受到壓力或緊張情緒的影響：極同意者一位；同意者四位；不同意者三位；不置可否者二位。平均是3.3分，顯示在參加演練時，參加者所感受到的壓力或緊張情緒並未很大。(如刪除不置可否之分數，平均為3.375，與3.3很接近，顯示相同的意義)

第三題：在參與討論時，我的行為與真實情況中會有的行為並沒有相差很多：極同意者一位；同意者五位；不同意者三位；不置可否者一位。刪除不置可否者，平均是3.44，顯示對

此問題之看法較趨中間意見。

第四題： 討論題目的難易（指是否容易發表意見或看法的程度）適當： 極同意者二位； 同意者二位； 不同意者三位； 不置可否者三位， 平均為3.42（不置可否者不計）（不置可否者計入時， 平均為3.3）， 同樣顯示對此問題的看法較趨於中間意見。

第五題： 每人主持會議的時間（半小時）適當： 極同意者七位； 同意者一位。平均為4分，顯示認為會議時間之長短尚稱合適。

第六題： 請您依優先順序， 就下列資料列出十項您認為一位中層行政主管（如科長）所需具備的能力或技能(ability or skill)： 依據十位參與者的意見， 被列入前五項能力者依次為： 領導統御能力（8人）、口頭溝通能力（5人）、協調與合作（5人）、判斷與決策（5人）、組織與計劃（4人）（忍受工作壓力以及問題分析兩項亦同為4人）。由此題之結果顯示， 本次試行所評鑑之能力與參與者所認為一位行政主管（如科長）所應具備之能力或技術一致性程度頗高。

第七題： 以您參加「集體口試」的經驗， 您認為可以從此演練中評鑑到的主管能力或技能， 主要有（最多請選七項）： 被列為前五項能力或技能的名稱依序為： 口頭溝通能力（9人）、問題分析（9人）、口頭報告技能(oral presentation skill)（8人）、協調與合作（5人）， 其餘能力或技能、判斷或決策以及決斷力等三項均為4人。此題之結果與上題大同小異， 顯示參與者之認知與原來此項考試所擬評鑑之項目頗為吻合。 惟其中仍有少數幾個向度(dimension)， 如積極性(aggressiveness)、影響力(impact)、親和力與感受性(affiliation and sensitivity)以及團體適應力等未被提到， 應值得重視、檢討。(按：「參與者部分」原來所擬評鑑的「團體適應力」，

已因口試委員之建議，認為無法觀察，而被修改為「組織
與分析能力」。)

第八題：如果把「有主席的小組討論」改為「無主席（即沒有指定
的主持人）的小組討論」的話，您認為團體的互動(group
interaction)會有如何的差異？　對於此問題之意見頗為分歧
而不一致；有人認為較不利於討論，但也有人認為會比較
自由、活潑、互動會增加。另外，則有人認為無主席在討
論時無法聚集，討論較混亂，甚至較消極。第八題之設計
原意是擬讓參與者思考比較一下：一個有主席的小組討論
與無主席的小組討論，在團體互動方面會有什麼差異？而
無主席（或稱無主持人）的小組討論（Leaderless Group
Discussion，簡稱LGD）正是評鑑中心法裡一個使用非常普
遍的模擬演練。

　　從此次試行的結果觀之，公務人員高考一級考試之口試從原來
單一的「個別口試」增加一項「集體口試」而成為二項並採的方式，
相當符合評鑑中心法之「多重評鑑技術與多重評鑑員」的理論基礎，
對於提高考試的效度應有一定程度的助益。

陸、評鑑中心改進建議

　　針對上述檢討，筆者嘗試提出以下建議，期使國內企業的評鑑
中心能有所發展與推廣。

一、評鑑標準：向度或演練？

㈠保留評量向度，提高因素效度

　　許多學者認為減少評量向度可以提高因素效度。然而，若評鑑

目的為發展與培訓,反而應增加評量向度的數目,方能瞭解受測者的全盤需求。因此,減少向度數目並非良策。筆者認為,問題癥結在於「評量向度」如何形成;多數評鑑中心所使用之向度,雖源自工作分析,卻僅經專家判斷而予歸類或命名,自然缺乏因素效度。就此而言,似應先以因素分析來設定各個向度。

㈡改以「演練」為評鑑標準

Sackett 與 Dreher 認為, 基於評鑑中心的建構效度所顯示的是「演練因素」而非「向度因素」,因此,應將評鑑中心視為一系列的演練,用以評鑑管理角色的績效,方能掌握管理工作的「動態特性」。

至於評量向度,仍可保留以發揮其功用,可作為評審在評鑑時,記錄及歸類行為的依據,並對學員在作評鑑回饋時用作輔助工具,用以探討管理角色有效或無效的原因所在。

以演練為評鑑標準,則是評鑑中心的一大轉變。Lowry (1997)主張「任務(task)導向」的評鑑,並稱之為評鑑中心的「發展新方向」,即是基於受測者在演練中的行為,實即「任務行為」,評審以眼見內容直接評分,而不須再記錄、歸類進而轉換為向度評分。以實務角度觀之,任務(或演練)評分似乎較評量向度有效率。

㈢折衷方案

Joyce (1991: 15)認為由一般性(抽象)及特定性(具體)來區分時,則行為向度、管理功能及演練三者可各自成為「替代性建構」,端視評鑑目的而定。此一觀點似可調和前述爭論。以行為向度而言,「溝通表達」在多位學者的研究中有良好的輻合效度,顯示其定義清楚、容易觀察。筆者認為,以演練為評分基準,而以「定義清楚」之行為向度解釋演練績效,當為可行之折衷方案;惟演練與行為向度如何組合(那些行為向度可說明某項演練的表現?),則有待研究。

二、演練設計

演練應能增加受測者在同一評量向度的「可觀察行為」，亦即透過行為數量的增加，提高受測者在同一評量向度的一致性與穩定性。

以設計觀點而言，欲提供受測者有較多的表現機會，一方面可由演練順序的組合方式著手；另一方面則須考慮文化差異，不同文化背景的受測者對演練內容的反應不同，表現之行為頻率亦異。後者對國內尤具意義。茲分別說明如下：

㈠演練組合

Bycio (1987)主張增加同一演練中「多重相關能力之觀察數量」，而使跨演練的相關係數得以提高。不過，在各演練中，能否讓受測者相同向度的行為可以重複表現出來？假設評審須就「標的向度」觀察到二個行為，而評量向度為八個時，則至少必須在同一演練中對一位受測者觀察到十六個行為，實務上恐有困難。因此，Dennis Archambeau (1979)的觀點或許較為可行，其建議應設計「多元情境演練」(multiple situational exercise)，演練的型態應係標的職位中所面臨的最關鍵的工作型態。同時，亦可考慮將不同型態的關鍵情境安排在同一演練之中。引用此一觀點，演練可始自個別的籃中演練，而後進行團體討論，討論內容則選自籃中演練的部分題目；並改為指定角色，由受測者輪流擔任主席。各組討論成果則進一步作簡報演練，由受測者彙整小組意見，提出口頭報告。

㈡文化差異

西方「就事論事」的管理態度似乎與我國「重人情、講關係」的作風不同，應用到演練的表現，便會出現若干文化上的差異。以團體討論為例，其基本假設是經由團體過程，受測者將會表現爭執、

衝突、辯解、妥協或合作等行為；然而以實例來看，受測者往往急於表達自己的想法或處理意見，以爭取評審注意、獲得分數，而意見表達後，即使反對其他受測者的意見，也無意表示反對，以免「惹人怨」。甚至有些受測者會私下「套招」，在討論過程中刻意附和，以便在演練結束前達成決議，符合主辦單位的規則。

以上的討論，無非在於強調文化因素顯然對受測者有所影響，則在引進評量向度或演練時，勢必要加以考慮。

三、評審甄選及評審訓練

有關評審人選，「評鑑中心作業準則」規定需經訓練與認證、必要時施予再訓練，並須考核評審績效。就實務而言，主辦部門的主要考量是須邀集足夠人數的合格評審，才能順利推動評鑑課程。以現場主管擔任評審，一方面可借重其管理經驗及判斷，另一方面則經由其參與而提高評鑑中心在組織內的認同及接受度。

在評審人選難求的困境下，人事部門如何再對這些「熱心捧場」的主管們進行「評審績效評鑑」？同樣情形也出現在評審訓練階段，人事部門商請主管接受訓練，若告知以「不適任評審」，則勢必更難物色足夠的評審。

筆者認為下列作法或許能有助於改善此一困境：

(一)將「評審訓練」列為現任主管人員訓練課程之一部分

將「評審訓練」列為現任主管人員訓練課程之一部分並與績效考核、目標設定等課程相結合，以利於平時可將其應用在管理工作上。此外，評審訓練成為共通的管理課程，可擴大評審人選的來源。

(二)訂定評審甄選標準

人事部門依據評審訓練成績，並根據下列標準，以決定邀請人

選(Lowry, 1993: 500)：

　　1. 評審不認識受測者。

　　2. 具備觀察、評估相關（向度）行為的能力。

　　3. 在評鑑過程中，願意投入（規定以外的）額外的時間，以完成評審工作。

　　4. 能被受測者肯定其具有資格評鑑他們的行為。

　　5. 了解標的職位從事的工作內容及所需達成的程度。

　　6. 具備相當層級的主管職位經驗，對相關行為加以觀察、分類及評估。

　　7. 接受過標的職位或更高職位所需的正式教育或技術訓練。

　　8. 能在評鑑過程中有效地發揮功能。

　　9. 曾擔任其他評鑑中心的評審或評鑑前接受過訓練。

　　10. 評審來自相同層級之組織中與標的職位相當或更高的職位。

　　11. 評審之族群、性別代表性須列入考慮。

(三)增加評分檢核之研究

　　評審所評定的分數是否適當，應加以檢核。例如運用社會判斷理論(Social Judgement Theory, SJT)等觀念及工具，由人事人員對評分資料加以分析，於評審培訓階段，即用以瞭解各評審之評分動機與評分標準等特性，作為人員組合之參考。此外，並應於正式評鑑之後，對評分進行信度分析。

(四)評審組成

　　評審小組可考慮由主管、外界人士（具管理經驗、熟悉該組織文化者）及學界人士共同組成，可分別由實務及理論角度評鑑，力求「主觀互證」(inter-subjectivity)。另外可再增加一位行政人員，負

責掌握評鑑程序及支援工作，確保各評審能獲得充分的資訊，並作
獨立的判斷與評分。

四、評分輔助工具

由於評鑑過程工作負荷相當繁重，多位學者主張應提供評分之
輔助工具，如「行為檢核表」等，將有助於信度與效度之提高。

筆者認為應將受測者各種可能出現的行為，加以整理歸納，而
列為具體的行為檢核表，則評審可正確而標準化地作成記錄，以利
後續評分。以 Organizational Performance Dimensions 公司設計的籃
中演練為例，二十三件文件均訂有評量向度，評審手冊中則列出各
種「反應」的計分標準，可供為參考。

五、評鑑中心作業過程之標準化

根據 S. Cohen 的看法，標準化的主要考量在於避免讓受測者受
到「差別待遇」，以免形成不公平及不利的情形，而且標準化亦有助
於提高對組織及評鑑中心結果之信心。其所謂標準化包括執行、評
鑑過程、評審、受測者等層面。

柒、結　語

管理人才評鑑方法可以「情境」(situation)的「臨場度」(fidelity)
作為分類標準,高臨場度是指評鑑的內容與方式力求接近工作實況;
低臨場度則是將評鑑內容簡化成測驗題目。就此而言，評鑑中心採
用模擬演練，試圖以逼真的情境作為評鑑工具，因此屬於高臨場度
的類型。此所以評鑑中心具有較佳的預測效度。然而卻也造成演練
設計、評審訓練不易、成本較高等因素，使之推行困難。本文則進
一步由實施資料探討其實際運作的缺失，並提出兼採向度與演練作

為評分標準、改變演練設計與組合、加強評審訓練及評鑑中心作業過程標準化等改進建議。

以評鑑中心的發展而言，其於歐美各國歷經逾半世紀的應用，當有其實務方面的優勢，而其結合先進科技的特性亦為持續應用的重要因素。以演練設計而言，電腦化已成為趨勢；將演練情境、教材程式化，受測者僅需透過簡單的操作，即可進行演練，同時其各項「行為」亦可完整的記錄，並以設定的公式加以計分。最常見的電腦化演練是籃中演練與經營競賽，其優點是可同時評鑑多人，且不需評審人員。另一方面，高臨場度演練有其設計及執行上的限制，部分學者建議採用低臨場度演練，亦即將工作樣本情境予以簡化摘要，編成測驗題型態，可節省大量人力與成本。就此而言，減少演練數量，並與量表結合使用，或可成為國內推動管理人才評鑑的新趨勢。

參考書目

吳復新

民81　評鑑中心法與管理人才考選之研究，國立政治大學政治研究所公共行政組博士學位論文（未出版）。

民86　「評鑑中心法之評鑑工具的選擇與模擬演習的設計」，空大行政學報，第7期，頁1-40。

張鐵軍

民86　臺灣大型企業未實施管理才能評測中心之成因探討，未發表手稿。

黃一峰

民78　管理才能發展需求評估之研究：美國聯邦管理才能架構應用於我國之分析，國立政治大學公共行政研究所碩士

學位論文。

民87a　管理才能評鑑中心建構效度及其影響因素之研究，國立
　　　政治大學公共行政學系博士學位論文。

民87b　「英國快速晉陞方案考選制度評述」，行政管理學報，第
　　　1期，中國文化大學行政管理學系。

民88　　「評鑑中心效度研究方法之探討」，行政管理學報，第2
　　　期，中國文化大學行政管理學系。

民88　　「管理才能評鑑中心：演進與應用現況」，收錄於孫本初、
　　　江岷欽主編，公共管理論文精選第一輯，臺北：元照。

Archambeau, Dennis J.

1979　　"Relationships Among Skill Ratings Assigned in An As-
　　　sessment Center," *Journal of Assessment Center Technolo-*
　　　gy, 2 (1).

Bycio, Peter, Kenneth M. Alvares and June Hahn

1987　　"Situational Specificity in Assessment Center Ratings: A
　　　Confirmatory Factor Analysis," *Journal of Applied Psy-*
　　　chology, 72 (3): 463–474.

Chen, David and Neal Schmitt

1997　　"Video-Based Versus Paper-Pencil Method of Assessment
　　　in Situational Judgment Tests: Subgroup Differences in
　　　Test Performance and Face Validity Perceptions," *Journal*
　　　of Applied Psychology, 82 (1): 143–159.

Joyce, Leslie W.

1994　　"Managerial Functions: An Alternative to Traditional As-
　　　sessment Center Dimensions?" *Personnel Psychology*, 47
　　　(1).

Lowry, Phillip E.

1993　"The Assessment Center: An Examination of the Effects of Assessor Characteristics on Assessor Scores," *Public personnel Management*, 22 (3): 487–501.

1996　"A Survey of the Assessment Center Process in the Public Sector," *Public Personnel Management*, 25 (3): 307–322.

1997　"The Assessment Center Process: New Directions, Assessment Centers Research & Applications, Special Issue," *Journal of Social Behavior and Personality*, 12 (5): 52–62.

Sackett, P. R. and G. F. Dreher

1984　"Situation Specificity of Behavior and Assessment Center Validation Strategies: A Rejoinder to Neidig and Neidig," *Journal of Applied Psychology*, 69 (1): 187–190.

Sackett, P. R. and M. D. Hakel

1979　"Temporal Stability and Individual Differences in Using Assessment Information to Form Overall Ratings," *Organizational Behavior and Human Performance*, 23: 120–137.

Thornton III, G. C. and W. C. Byham

1982　*Assessment Centers and Managerial Performance*. New York: Academic.

Woodruffe, C.

2000　*Development and Assessment Centres: Identifying and Assessing Competence* (3rd ed.). London: IPD.

Zedeck, Sheldon

1986　"A Process Analysis of the Assessment Center Method," *Research in Organizational Behavior*, 8: 259–296.

工作倦怠相關理論探述

黃臺生[*]

立法院人事處處長

國立空中大學兼任副教授

*黃臺生先生，國立政治大學公共行政學學士、碩士、博士，美國紐約大學 (New York University)管理碩士、公共行政學博士班（結業）。現任立法院人事處處長，國立空中大學兼任副教授。主要研究領域為公共管理、組織理論與管理、組織行為，人力資源管理、公共財政與政策、比較文官制度，已累積有相當多篇的論述。

摘　要

　　隨著科技文明的發展與進步，人類的生活水平已達於史無前例的豐裕與繁榮。但在不虞匱乏的工商業社會中，人們的生活步調卻日漸趨於繁忙與庸碌。故在緊張與忙碌的日常生活及工作歷程中，生活上的壓力以及工作情緒上的感受會隨著大環境的變動，而呈現出一種身心緊張或調適不當的負面行為，此種身心調適不當的現象即稱之為「工作倦怠感」。上述身心耗竭的負面表徵，不但會對個人的身心健康、心理感受產生不利影響外，更會左右到工作的表現，甚且會影響到家居生活的和睦以及親人間的情感發展。若從組織的整體面向而言，員工更會因工作倦怠之故，而對工作抱持負面的消極心態，以致生產力及工作績效急遽下滑。有時更會因嚴重的士氣低落，而出現缺席或離職的現象，甚且會因工作倦怠感作祟，降低服務的品質，使組織蒙受不利批評而損及形象。為了使吾人對「工作倦怠」能深入地瞭解，本文試圖對此一議題之相關理論模式加以探述，俾供有識者與管理者之重視與參考，進而有助於組織績效的提昇。

關鍵詞：工作倦怠、生態模式、社會能力模式、疏離模式、技術典範模式、精神分析模式、控制論模式、存在觀點模式、溝通模式、階段模式

壹、前　言

工作倦怠(burnout)近年來之所以逐漸受人的重視與研究，乃是因為在緊張繁忙的現代生活中，其會對員工的身心狀態產生負面的影響，而使個人的身心健康、心理感受、以及人生觀發生變化，進而出現士氣低落、生產力降低、以及離職率增高的現象，直接或間接地對組織的績效造成不利的影響 (Golembiewski, Munzenrider & Stevenson, 1988: 28)。因而自 1970 年代中期之後，學者們便開始對此一議題投以相當的關注，且先後對此類調適不當的反應，從事一連串的研究與理論模式建構，並試圖為此類日趨嚴重的身心負面反應，提供研究心得與診治之道。

本文依據近兩年來的研究心得與經驗，試圖就工作倦怠相關的理論模式加以探究，使吾人對此一議題能深入地瞭解。在此之前，有必要對工作倦怠的意義與研究的重要性加以探述，俾供有識者與管理者之重視與參考，進而有助於組織績效的提昇。

貳、工作倦怠的意義

依據已出版的 Merriam-Webster's 字典中的記載，「工作倦怠」一詞最初係用於 1930 年代職業運動員與表演藝術工作者的領域內 (Paine, 1982: 12)。1960 年代末期，Herbert, J. Freudenberger (1974)與一群臨床工作者，經過一段密集忙碌工作後，用「工作倦怠」來描述助人專業工作者(people-helping professions)在工作環境上所引發的身體與情緒耗竭的現象。此種現象往往會直接或間接影響到助人專業人員功能的發揮以及個人身心的健康。

由於 Freudenberger 與 Christina Maslach 這兩位學者的努力，終

於在 1981 年 11 月促成了第一屆全國性工作倦怠研究年會(the First National Conference on Burnout)在美國費城召開。從此之後，工作倦怠的問題逐漸受到人們的興趣與重視，因而紛紛並相繼地投入工作倦怠相關問題的研究(Paine, 1982: 12)。

諸多的研究證據顯示，工作倦怠是當代的疾病(the contemporary disease)。此一疾病的研究如上所述初始於對助人專業工作者的研究，嗣後經學者們的努力，已將研究領域擴展至其他的工作面向上，並發現到工作倦怠的現象實際且普遍存在於各行各業之中，甚至於擴及到跨國性的研究上。

國內學者對於 burnout 的研究，有音譯為「崩熬」者，有譯為「燃燒竭盡」者（徐木蘭，民 73），有譯為「專業枯竭」者（黃德祥，民 75），有譯為「工作疲乏」者（張曉春，民 72），有譯為「職業倦怠」者（林幸台等，民 81），有譯為「工作心厭」者（郭生玉，民 76），而大部分的人則譯為「工作倦怠」（黃新福、黃臺生、張世杰等，民 83）。

Maslach 與 Jackson (1984)曾提到當初所以採用 "burnout" 這個字的理由，是因為它是屬於「大眾語言」，在調查與訪問的過程中，許多受訪者均採用此一名詞來描述自己的症狀，因此他們認為此方面的研究既是以問題導向而非理論導向，使用它「本來的名字」將有利於流傳，而它的確也引發了許多的討論。然而，此一名詞本身及其所引發的想像，乃「定義」問題的核心，正因為普遍流行及易引發想像，使許多人都以為自己知道什麼是「工作倦怠」，並以其個人的經驗詮釋之。因此，促使工作倦怠變得如此流行的因素，也正是導致其問題重重的因素(Maslach, 1982b: 30–33)。

Maslach (1982b: 30)認為，並沒有任何一種工作倦怠的定義可被視為是標準化的定義。正因為如此，目前在國內外有關的研究中，對於工作倦怠一詞的定義卻是言人人殊，具有不同的界說，為期能

完整地呈現，茲將比較具有代表性的定義分別說明如次：

一、國內方面

㈠張曉春（民72上：73）

認為工作倦怠是一種過程，這種過程因長期或過度的工作壓力而引起的。通常工作壓力導致工作緊張（例如，緊張、疲乏、易怒等等），工作人員在心理上因而造成對工作的疏離，並且以冷漠、憤世嫉俗等防衛性態度與行動抗衡工作壓力，於是就會形成工作倦怠。

㈡徐木蘭（民73）

將工作倦怠稱之為「燃燒竭盡」，她認為工作倦怠的意義是一個人由於過分追求不實際的工作目標之後，身心完全精疲力竭無法或不願意重新嘗試工作的感覺。它是壓力(stress)與沮喪(depression)的最終產物；因此，對人體來說，工作倦怠比壓力更為嚴重而且具有威脅性。一般而言，工作倦怠與壓力的症狀除了在程度上稍有差異外，對人的影響也有不同。她並指出，壓力是步入工作倦怠的墊腳石，然而，並不是所有感到壓力的人都會經驗到工作倦怠的症狀。

二、國外方面

㈠Maslach (1982)

Maslach 曾引述十五個不同的定義，自各種角度來詮釋工作倦怠(1982: 30-31)。她並認為隨著工作倦怠此一專門術語的激增，其所代表的意涵亦隨之增加，而呈現多元化的狀況。Maslach (1982: 31-32)：認為工作倦怠儘管有不同的定義，但絕不是完全處於混沌(chaos)的狀態，無論是採取消極性或積極性的定義，都可以看出不

同的工作倦怠的定義有三個共同核心(the common core)：1.它雖然發生在個人身上，但會影響整個組織。2.它較重視個人內在的心理經驗(internal psychological experience)，包括感覺、態度、動機與期望等。3.它是就個人而言的消極性經驗，包括困難問題、失望、身心不適，功能失調以及適應不良等。

㈡Nelson & Elsberry (1992: 403)

認為工作倦怠是一種心理生物社會的過程(a psychobiosocial process)，即個人所感覺與表達的能橫跨職業團體，俾以回應社會與政治的影響力。

㈢Lee & Ashforth (1993: 370)

認為工作倦怠是對工作壓力的一種反應方式，大都會發生在人群服務專業的工作者身上，因為在能力、知力(strength)與資源方面對他們過度的要求，而無法加以處理。

㈣Stevenson (1994: 350)

認為工作倦怠是一種使人衰弱的過程(a debiliating process)，它奪取員工的熱忱，破壞他們的創造力與動機，最後剝奪了員工貢獻給組織之生理與心理的能力。

上述各家之說，由於立論層面稍有不同，而有不盡一致之處，但在實質上，他們都將界說的焦點，置於工作者對工作的態度與行為的反應，則無殊異。歸納他們的界說，則具有以下的特性：

1. 工作者的工作倦怠是發生於個人層面，且會感染與擴及到整個組織。
2. 工作倦怠是工作者長期處於過度追求不切實際的目標，或工作環境所造成的壓力之下。

3. 受個人與環境互動的影響，工作者未能有效的處理工作壓力或需求。

4. 在因應的過程中，因為個人過度的負荷，逐漸產生一系列症狀的負面反應之過程。

5. 工作倦怠導致工作者在工作的態度及行為表現疏離與退縮，而對工作採取趨向於脫離的、機械性的以及非人性化的反應；同時工作者本身由於工作的負荷或壓力，感受到身心交瘁的沈重痛苦，以致覺得無法忍受。

6. 工作倦怠有其徵候，諸如：對工作顯現退縮、疏離、厭倦，否定自我概念與工作目的，對服務對象冷淡等，而這些徵候都可加以測量。

7. 工作倦怠所引起的後果，乃是嚴重違背服務的工作動機、社會基本價值的實現，以及對社會使命感的履行，這些都是專業工作應有的主要特質，因而使其工作本身失去應有的意義與價值。

參、工作倦怠研究的重要性

對於從事工作倦怠議題研究之重要性，吾人可從與日俱增大量的文獻與研究中窺其堂貌。近十年來，學術界（尤其是美國）業已對工作倦怠相關的議題深感興趣，並從事研究。例如，有相關學術期刊的出版，諸如《團體與組織研究》(*Group and Organization Studies*, 1989)，《健康與人力資源行政》(*Journal of Health and Human Resources Administration*, 1984, 1986, 1989, 1990)，《組織行為》(*Journal of Organizational Behavior*, 1988, 1991)，《組織發展》(*Organization Development Journal*, 1989, 1992)等，已對工作倦怠的相關議題，或某一重要議題作專題性的探討。而工作倦怠相關書籍之陸續出版，

諸如 Golembiewski 與 Munzenrider (1988a)合著之《工作倦怠的階段》(*Phases of Burnout*)，Schaufeli, Maslach 與 Marek (1993) 合編之《專業性的工作倦怠》(*Professional Burnout*)，即為最佳之明證。

　　因此，將工作壓力與倦怠視為是組織行為研究領域中的一項重要的議題，並非言過其實的（參見 Golembiewski & Munzenrider, 1988; Maslach, 1982b）。對於工作倦怠議題的關切，至少代表著與當前社會所關心的三項問題有密切相關：一、員工的健康與福利，二、組織的成本，三、工作倦怠是普遍的存在(ubiquity of burnout)。茲分別說明如次：

一、員工的健康與福利

　　工作壓力與倦怠的概念已成為許多從事有關員工的健康與福利研究之指南。工作倦怠的結果會使歷經此結果的員工變得有潛在性的危險。許多研究者指出，工作倦怠會使個人有下列的情形發生：情緒耗竭、疲勞、憂心或沮喪(Carroll & White, 1982)。身體症狀變得更壞(Golembiewski, Munzenrider & Stevenson, 1988)、不眠症(insomnia)、酗酒、增加服用鎮定劑(Maslach & Jackson, 1981)，失去胃口或吃過量與消極的情緒等。此外，員工工作倦怠的結果可能會遍及到他們的家庭、服務的領受者(recipients of the services)，以及同事等(Maslach & Jackson, 1982, 1986)。

　　總而言之，工作壓力與倦怠可以用來衡量組織中的生活品質(the quality of life)，即使工作壓力與倦怠和組織的績效之間並無相關，那也是值得吾人加以探討與瞭解。然下面的觀點正說明了兩者之間有極密切的關係存在。

二、組織的成本

　　工作倦怠在組織中影響員工的成本，似乎是非常的高。某些研

究者認為工作壓力與倦怠是影響下列現象的重要前提因素(the im-
portant antecedent factors)，包括：缺席(absenteeism)，流動(turnover)，
承諾(commitment)，而上述現象均很明顯地影響組織的績效。然而，
某些研究者對上述因果關係卻持不同的看法。Steers 與 Rhodes
(1978)認為缺席是受到激勵因素(motivational factors)與能力因素
(ability factors)的影響。Bluedorn (1982)認為流動大部分是受到其他
工作是否具備有益性(availability)， 而決定員工的去留。 同樣地，
Bateman 與 Strasser (1984)則視承諾為工作滿足的一項原因，而不是
它的結果，而工作滿足依次會與工作倦怠產生負面關係。

　　工作倦怠會對組織成本產生何種影響？此項真實性的影響評估
雖有待吾人於未來作進一步的深入研究，惟某些一般性的意見是值
得吾人注意。首先，瞭解工作倦怠對組織績效的影響是十分重要的，
但是此項探究必須等到有更多基本的研究測量已完成，始克有成。
此外，大部分的研究者均同意：工作倦怠與壓力至少會使得組織的
成員產生低的工作滿足感與高的流動(Lachman & Diamant, 1987)，
所以工作倦怠與組織績效的關係可說是合理的。最後，未來的研究
須強調「硬性資料」(hard data)的測量，諸如對組織績效之衡量，因
為某些研究者認為此種測量是優於「軟性資料」(soft data)的自我報
告(self-reports)，而幾乎所有的研究者均認為，硬性資料至少會對自
我報告產生補充的功效(Sun, 1994: 24)。

三、工作倦怠是普遍的存在

　　工作倦怠似乎是普及性的。首先，工作倦怠與助人的職業密切
相關。當社會變的愈專業化後，愈多的人就會受到更多種類的助人
職業所服務。根據研究結果，下列助人職業會有工作倦怠的現象發
生：警察、教師、特殊教育教師、托兒工作者、心理治療師、身心
重建顧問、以及社會工作者等。

　　然而，工作倦怠的現象，並非專屬於助人的職業。今日在許多
環境中的工作，需要高水準的技術與承諾，因此許多的員工可能會
覺得其工作是有壓力的。上述的觀點在初期的研究中，獲得證實。
在層級節制非常大的機關，員工有很高的工作倦怠感(Pines & Aron-
son, 1988)。同樣地，Golembiewski 與 Munzenrider (1982)亦發現，
商業組織中的員工有工作倦怠的現象。Pines 與 Kafry (1981)甚至提
出家庭主婦亦有工作倦怠感。重要的是，目前所有經過研究調查的
組織中，業經證實員工有高程度的工作倦怠(Golembiewski & Mun-
zenrider, 1988: 115–118)，而且某些組織員工工作倦怠的程度，的確
是令人吃驚。

肆、工作倦怠的相關理論

　　目前對於工作倦怠的理論或模式之研究，往往是各家之中僅得
其中的一部分，而未能窺其全貌。儘管如此，但各學者從不同的背
景或角度來研究，仍然有助於吾人對工作倦怠的描述、解釋、或預
測。以下擬就各學者所提出的理論或模式分別加以概述。

一、生態模式

　　自古以來，不論是何種學派的心理學家，莫不認為人類的行為
與環境有著密切的關係。環境對人其實並不會喚起強烈而立即的影
響，但卻有持久而累積的影響，而個人是否對其環境產生歸屬感，
也是影響其行為表現的重要因素。由此可見，環境確實影響到個人
的工作表現，當然與工作倦怠的形成亦具有不可磨滅的關係。環境
是造成工作倦怠的重要來源之一。

　　Carroll 與 White (Carroll & White, 1982: 41)認為要瞭解工作倦
怠複雜的原因，須採用生態學的參考架構(an ecological frame of re-

ference)，根據此一觀點，工作倦怠被認為是一種生態方面功能不良的形式(a form of ecological dysfunction)。

生態學係研究個體與環境或生態系統(ecosystems)間的關係。因此，以生態的觀點來研究工作倦怠的現象，意謂著應將個人、所處的生態系統、以及兩者之間相互影響等，均包括在研究之內。不幸的是，大多數的研究者不是強調個人的變項（諸如超高成就的需求、不切實際的期望水準），就是重視環境的變項（諸如噪音、擁擠、與環境障礙），而忽略了兩者之間的交互作用影響。

典型的工作倦怠產生的原因，為個人處在壓力的情境或需求遭到挫折的情境中，而又缺乏適當的處理壓力和滿足需求的技巧與能力。在個人與環境動態的交互影響時(dynamic interaction)，還應考慮到一些其他的生態系統（如家庭）所產生的影響。此種交互作用所造成的工作倦怠，可用下列公式來表示(Carroll & White, 1982: 42)：

$$BO = f (P \longleftrightarrow E)$$

工作倦怠　　個人　　環境

就生態模式的觀點而言，當個人產生工作倦怠的徵兆時，即表示生態方面的功能不良，若僅從個人方面著手來解決工作倦怠的問題，似乎是不夠的，必須從整個生態系統來著墨，採取系統的改善策略與措施，方能有效解決問題，此為生態模式的重心所在。

在 Carroll 與 White (1982: 47–48)所提生態模式的基本架構中指出，可能影響工作倦怠的因素包括：

1. 個人(Person)：包括任何影響個人工作表現的事務，例如：身心健康狀況、教育水準、挫折忍受力、目標、需求、興趣、價值觀等。

2. 微系統(Microsystem)：是指個人完成其工作的最小的有組織的系統，例如：辦公室、生產線、營業處、家庭等。

3. 中間系統(Mesosystem)：　代表工作環境中組織化程度較高的系統，由數個微系統組成，例如：部門、公司、機構等。

4. 外圍系統(Exosystem)：指在整個大環境中一些重要的組織、機構，它們會直接或經常的影響中間系統者，例如：社區、地方議會、監督機構、基金會等。

5. 大系統(Macrosystem)：在外圍系統之外所有會影響個人生活的因素，例如高利率、高失業率、種族與性別偏見、天然災害等。

　　生態模式說明了工作倦怠是因個人變項與環境變項兩者之間，複雜的、交相互動的、以及相互影響衝擊而產生的。同時指出，兩個不同的個體不會經由相同的方式或情況而產生工作倦怠。此一模式也說明了，為何在研究與解決工作倦怠的問題上，需要應用各種不同的學科，方能奏功。例如在個人方面需要下列學科的投入：生物學、化學、神經學、心理學與精神病學，在環境方面則需要下列學科共襄盛舉：經濟學、社會學、團體動態學、組織發展、政治學、勞工關係與建築學(Carroll & White, 1982: 48)。

　　因為生態模式的理論建構來自於許多不同的學科，所以必須加以整合，因此採取折衷的研究途徑(eclectic approach)是有其必要。總之，此一模式的優點在於綜合了不同學科中有價值的理論架構，其缺點則為如何整合不同學科的概念，這是一項極為困難的挑戰(Carroll & White, 1982: 49)。

　　Martin (1983: 38)在其論文中提及，Carroll 與 White 曾將影響工作倦怠的生態模式綜合歸納如圖一。

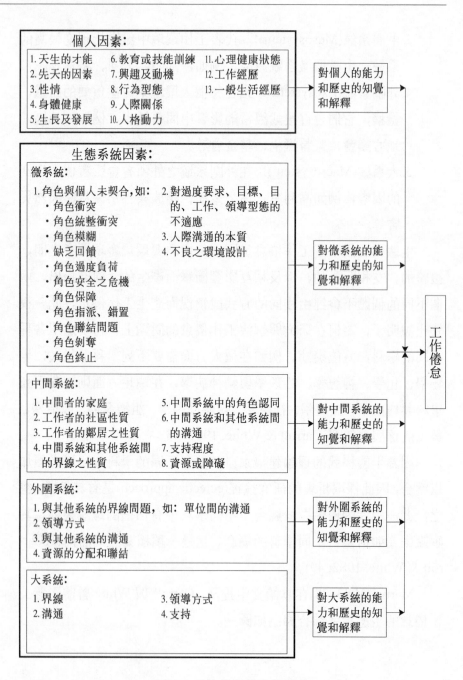

圖一: 工作倦怠的生態模式

資料來源: Martin (1983: 83)

二、流行病學模式

在前述生態模式中，只是將各種可能的變項一一條列，然而在 Kamis (1980)的流行病學模式(epidemiological approach)中（詳如圖二），則進一步地將有關的變項區分為：

1. 預測變項(predisposing variables)：包括決定性的和可改變的壓力源，這些變項與工作倦怠有直接的關係。
2. 催化變項(precipitating variables)：包括發展的與情境的變項，是有助於產生工作倦怠的中介變項。
3. 穩固變項(perpetuating variables)：包括技巧與支持。前二種變項的累積及交互作用，會因穩固變項的介入，而使工作倦怠降低或增高。

流行病學模式係建立在個人心理失調因果關係的基礎上，此模式主要功能在於：1.瞭解與控制，2.預測並鑑別相關的因素與需求，3.發現高危險群與高危險因素，4.提供研究與評鑑的方向。

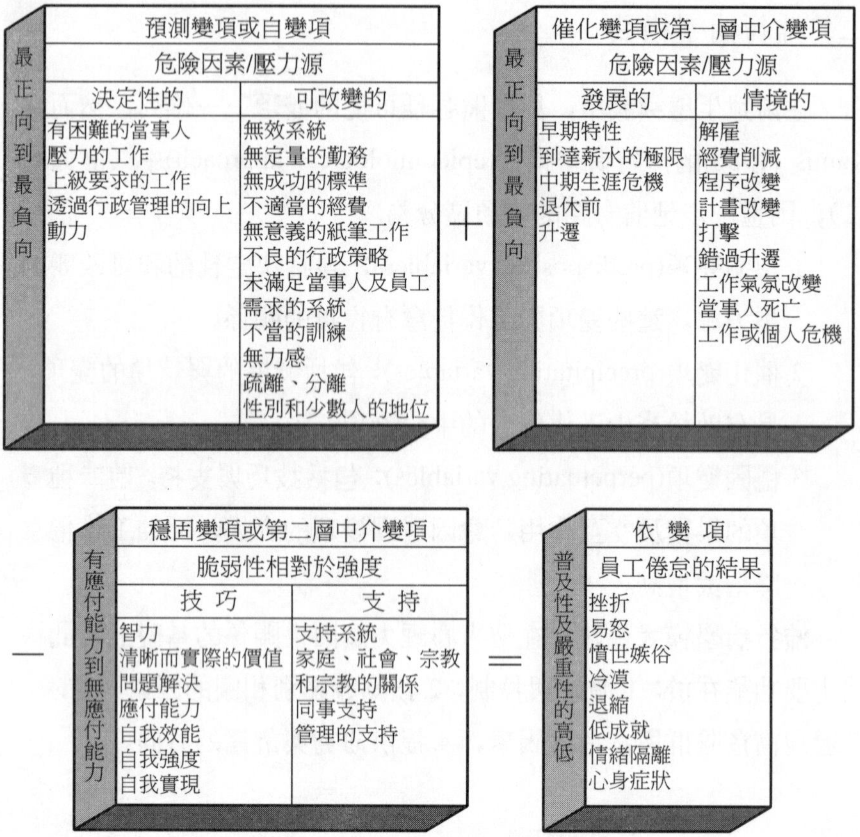

預測變項或自變項

危險因素/壓力源

決定性的	可改變的
有困難的當事人	無效系統
壓力的工作	無定量的勤務
上級要求的工作	無成功的標準
透過行政管理的向上動力	不適當的經費
	無意義的紙筆工作
	不良的行政策略
	未滿足當事人及員工需求的系統
	不當的訓練
	無力感
	疏離、分離
	性別和少數人的地位

（左側標示：最正向到最負向）

＋

催化變項或第一層中介變項

危險因素/壓力源

發展的	情境的
早期特性	解僱
到達薪水的極限	經費削減
中期生涯危機	程序改變
退休前	計畫改變
升遷	打擊
	錯過升遷
	工作氣氛改變
	當事人死亡
	工作或個人危機

（左側標示：最正向到最負向）

－

穩固變項或第二層中介變項

脆弱性相對於強度

技 巧	支 持
智力	支持系統
清晰而實際的價值	家庭、社會、宗教和宗教的關係
問題解決	同事支持
應付能力	管理的支持
自我效能	
自我強度	
自我實現	

（左側標示：有應付能力到無應付能力）

＝

依變項

員工倦怠的結果

挫折
易怒
憤世嫉俗
冷漠
退縮
低成就
情緒隔離
心身症狀

（左側標示：普及性及嚴重性的高低）

圖二：流行病學模式

資料來源：Kamis (1980)

三、社會能力模式

Harrison (1983)認為工作倦怠與個人的能力是否能適任其工作有關，因此他提出社會能力模式(social competence model)，他認為工作者能否達成其助人的目標，主要受到下列三種因素的影響：㈠工作對象問題嚴重的程度，㈡工作環境的資源或障礙，㈢工作者的才能，包括技術、判斷以及是否能有效的發揮自己的能力，其模式如圖三。以上三種因素對於助人目標的達成，可能有些是屬於助長

的因素，有些可能是屬於障礙的因素，共同構成一個特殊的社會環境。

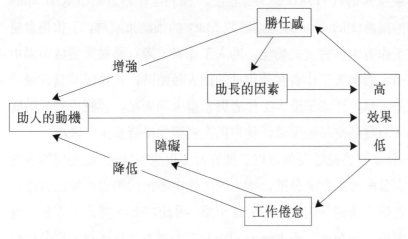

圖三：社會能力模式

資料來源：Harrison (1983: 31)

　　Harrison 對圖三中社會能力模式的解釋為，每個加入助人專業的工作者都具有助人的動機，然工作之後，個人所察覺到效果的高低（即所得到的報酬），決定了個人感覺是否勝任或是產生工作倦怠的狀況。當工作者認為工作效果高時，則會產生勝任感，由於助長因素使然，進而能維持與增強其助人的動機，即回到模式的起點，繼續再投入助人的工作。相反的，如果工作者認為工作效果低落，則會缺乏勝任感、目標的失落感、以及對有價值的效果無法回饋，工作倦怠因而產生。

　　社會能力模式最大的優點，在於強調勝任感在工作倦怠過程中所扮演的角色。惟它對於工作能力（勝任感）的認定標準，常因人而異，造成諸多困擾，實為美中不足之處。

四、疏離模式

根據 Karger (1981: 275)的看法，認為工作倦怠類似 Karl Marx 所謂的疏離(alienation)現象。若以 Marx 的術語來解釋，工作倦怠是助人工作者生產方式的物化，助人工作者人際互動技術變成市場中的商品，而助人工作者在使用他的助人技能時，往往僅將其當做一種生產工具，造成了助人工作者與當事人間距離，並把兩者間的關係轉化為商品交易的形式，使得助人者與受助者產生了疏離。

Marx 認為疏離現象可以三個方面加以說明:㈠人從他們所製造但沒有分配權的產品分離，㈡人因工作中不同的階級而彼此分離，㈢人從個人所認同的工作中分離出來。因此，Marx 認為工人無法避免的要與工作疏離，而 Karger (1981: 275)認為工作倦怠的現象也是如此。Karger 由工作疏離的現象來說明工作倦怠，使吾人注意到影響工作者與人群服務專業工作者的工作情境，以及缺乏人性的工作過程。

Karger (1981: 272)亦對一般研究工作倦怠者提出他的看法，他認為研究問題的架構中所隱含的假設，將限制了做結論的範圍。從 Marx 主義的觀點來看，一般有關工作倦怠的研究，一開始就過於局限在工作者的工作倦怠，視之為專業問題而非社會現象，而事實上，工作倦怠的研究應從科層體制中，工作者的非人性化過程著手。Marx 認為工人的滿足和工作倦怠是資本主義不可避免的結果,資本主義使工人的技術變得零碎，而工人本身則變得物化，他們被視為聯結人類與無生命的機械，以增加貨物生產與服務的零件，這些改變使個人工作中的傳統、感情和驕傲均被自我興趣與自我關懷所取代，助人專業的不滿足和工作倦怠，可視為對工作之瑣碎、工作環境的競爭和工作者自主性喪失等之反應(Karger, 1981: 275–276)。

Karger (1981: 276)強調工作倦怠是資本主義發展的結果，使助

人工作者背棄了真誠、瞭解、尊重的專業關係。他認為工作倦怠並不是一種新產生的失調狀態，事實上工作倦怠就是傳統上所說的疏離。

五、技術典範模式

Martin (1983)在其論文中，引用 N. Lauderdale 於 1982 年所著 "*Burnout San Diego*" 一書中，所提出的工作倦怠的歷史模式，稱之為技術典範(techocratic paradigm)。Martin 係以技術典範的觀點來詮釋工作倦怠。他認為技術典範是現代社會的特色，工作倦怠是其產生的結果。

在過去個人的地位決定於其家庭、文化、出生與鄰居，然而現代人之價值則建立於其成就上。在一個複雜的、非個人的與集中化的社會中，個人唯一的目標是尋找獲得進步與成長的方法，此種技術導向的思考，逐漸地深入生活的各個層面，使現代人變得像工廠中的機械，生活被各種介紹「如何」(how to)的操作手冊所主宰，因而有太多事情會面臨失敗，太多的事情需要去決定。Lauderdale 認為工作倦怠係由於角色選擇(role choice)、角色替換(role alternatives)、對時間的失落感、以及必須為自己做出一些有意義與價值的事等因素使然，上述因素正是現代社會的產物。

技術典範與 Marx 主義者的觀點，均一致強調工作倦怠是現代社會結構改變下的產物，而不是助人工作者的獨特現象。Berkeley Planning Associates 的人員於 1977 年所編的工作疏離感量表，即將工作倦怠界定為工作疏離(Shinn, 1982: 66)，就是一個明顯的例證。

技術典範模式與前述疏離模式似乎可提醒吾人注意文化在工作倦怠上所扮演的角色。儘管文化的影響是全面性的，遍及各類工作，但助人專業的工作者可能因其自身的特質，而特別受到文化變遷的衝擊。

六、精神分析模式

Fischer (1983)根據他從事心理治療的臨床工作中發現，許多影響工作倦怠的重要因素被其他的研究者所忽略。他認為工作理想化的人，當無法改變或達成理想時，則工作倦怠就產生了。

Fischer 認為工作者往往將其職業理想化，而全然投入，在遭遇挫折、失望後，有部分人會減少理想與投入，或者離開，另一部分人卻仍堅持其理想，並更加辛苦的工作，這些已違背人之天性（快樂原則、求生原則）的人，正是會產生工作倦怠的人。

Fischer 認為要解釋造成這種現象的原因，可從 Freud 的理論中尋找。Freud 提出「正常的誇大狂」(normal megalomania)的觀念，認為在個人正常的發展過程中，個人某些誇大誇張的想法將逐漸減少而至消失，這種現象稱為「誇大的馴服」(taming of grandiosity)。

而導致工作倦怠的原因是「誇大的幻想」(the illusion of grandiosity)，所以稱之為「幻想」，乃因此信念是不切實際的，僅存在心理的現實(psychological reality)中。事實上，這種誇大的信念仍以隱含的方法被帶入個人的社會適應之中，工作倦怠者所以在面臨挫折時仍加倍努力，超乎理解、常理、和對自己幸福健康的關心，乃是為了鞏固其「誇大的幻想」。

Fischer 認為工作倦怠所產生的冷嘲熱諷、憤世嫉俗、憤怒、陰沈等症狀，事實上是由「自戀的創傷」(narcissistic trauma)所引發的仇恨態度，即是因未能達成其理想，自尊降低而在功能上產生的一種顯著改變。

工作倦怠不同於各種沮喪或某些低成就者，會有逃避工作的藉口，因為沮喪者會減低其努力，而工作倦怠者卻是為了維護自尊，不顧一切地追求誇張的幻想，但遇到不利的情境，將本身資源用盡，顯現失望時，就產生了工作倦怠。

　　精神分析的觀點，給了我們一項重要啟示：工作倦怠者他們會努力採用各種策略來維護其內心深處的自尊，所以，任何化解工作倦怠的策略，都必須以維護其自尊為前提。

七、控制論模式

　　控制論(cybernetics)為 Norbert Wiener 於 1954 年所創的名詞，常用來說明應用於複雜系統的控制理論。 Heifetz & Bersani (1983: 52)引用此一觀點，以個人成長的控制過程中產生的瓦解分裂現象，來說明工作倦怠的產生。他們認為工作倦怠有兩個基本假設：㈠先有承諾才有可能產生工作倦怠。㈡人有追求精熟(mastery)的動機，因為助人工作者希望受助者能獲得成長，而工作的精熟即是助人工作者成長的動力。

　　本模式提出一種假定，當助人工作者知覺到受助者與自己超越或達成了某一成長目標，他會有強烈的成長滿足感。相反的，工作倦怠是因為某一個或數個階段性的目標，未圓滿達成而產生的現象。

　　茲將助人工作者為達成其願望所必須採行的階段步驟，略述如次：

1. 根據所從事工作的價值觀與優先順序，清楚的界定可行的「成長目標」，此目標包括幫助工作對象的成長與增加工作者提供服務上的精熟。
2. 有客觀具體可行的階段目標，確實反映與達成助人工作者與受助者的「成長目標」。
3. 一組具體可行，且逐步朝向「成長目標」的「短程指標」。
4. 與短程指標有關蒐集與解釋資料的程序。
5. 根據相關短程指標的資料，來調整追求「成長目標」的策略。

　　上述五項是助人工作者，在工作成長的必要條件，相反的，若缺乏其中一種或一種以上條件，工作者就會產生倦怠。這五種條件

形成達到受助者與助人工作者成長的控制過程(cybernetic process)。
Heifetz 與 Bersani 認為控制過程能幫助把所有的活動組織起來，成
為有目標導向的活動。特別是在控制過程中的回饋(feedback)作用，
能幫助逐步達成目標，同時在必要時亦能修正行動的方向。

　　Heifetz 與 Bersani 所提供達成受助者成長目標的控制過程（詳
如圖四），其主要的重點包括選擇成長的目標、朝向目標、蒐集有關
目標的回饋資訊、以及根據回饋資訊重新選擇或變更進行步驟。

　　總之，Heifetz 與 Bersani 認為工作倦怠的產生，是因為在朝向
成長目標的發展過程中，有某些部分遭遇到阻礙，成長目標因而無
法達成，工作者的需求遭受挫折，倦怠自然產生。

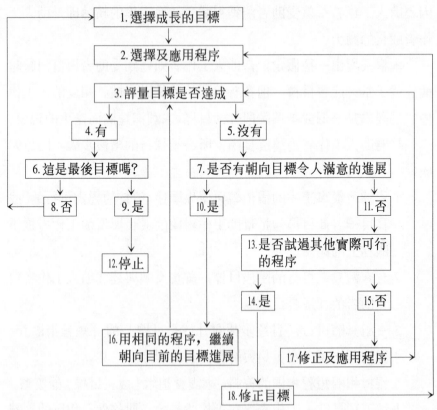

圖四： 控制論模式

資料來源： Heifetz & Bersani (1983: 52)

八、存在觀點的模式

Pines (1993: 606-607)係以存在的觀點(an existential view)，來解釋工作倦怠的形成過程。存在觀點的模式是假定工作倦怠的基本原因，就是我們相信吾人的生活是有意義的(meaningful)，所做的事是有用的與重要的，甚至於是英勇的(heroic)。

目前許多人都期望能從工作中，感覺得到有其存在的意義(existential significance)。如果無此方面之感覺，就會覺得有倦怠之感。這就是為何有高度工作動機與理想的人，會為工作倦怠所苦惱之原因，以及為何那些負有使命感的人會有一種孤注一擲的原因。工作倦怠存在觀點的模式（詳如圖五），正說明了工作者的目標與期望，是如何造成工作倦怠或有存在的意義之過程。

Pines (1993: 607-608)認為工作倦怠存在觀點模式的基本假設，就是僅有高度工作動機的人會產生工作倦怠，因為工作動機高的人對工作目標的設定與期望均要求甚高。上述期望之中，有些是一般性的，諸如使工作有意義、有所影響、與能夠成功。有些期望是屬於特定的行業，例如人群服務工作的期望，通常包括幫助他人，並使其有更佳的環境。有些期望則是個人的，即會將個人工作中浪漫的形象(romantic image)予以內化，並以某一重要的人或事為其個人的模範，上述三種期望結合在一起，使得人們在工作時，會感到有其存在的意義。

工作動機高的人如處於支持性的環境(supportive environment)之中，由於此一環境會使積極的特性（如支持與挑戰）擴大，並使消極的特性（如官僚式的爭論與行政的干預）減少，從而使得他們能達成其工作目標與期望。成功的目標與期望促使他們有存在意義的感覺，進而增加了原來的工作動機。

同樣的，工作動機高的人如處於有壓力的工作環境(stressful

work environment)之中，由於此一環境與支持性的環境有所不同，即會擴大消極的特性與減少積極的特性，使得他們無法獲得機會、資源或權威，以達成其工作目標。此一結果使他們有失敗痛苦的感覺，因而產生倦怠之感。

　　由上述可知，Pines 所提出存在觀點的模式中，影響工作倦怠的最大關鍵，在於工作環境中積極與消極特性的消長，因此管理當局如欲使工作倦怠能降低，就必須對於積極特性的營造加以考量。

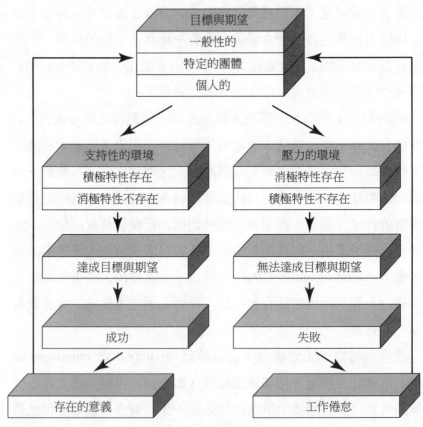

圖五：存在觀點的模式

資料來源：Pines (1993: 607)

九、溝通模式

Leiter (1988: 111)針對人群服務工作者，發展出一個用來預測工作倦怠的模式，主要是以工作者的社會投入(social involvement)與工作滿足為其立論基礎。

Leiter 所建構的工作倦怠溝通模式（詳如圖六），事實上係包含下列四個部分(Leiter, 1988: 115–117)：

第一，工作倦怠的三個面向彼此之間是相互關連的。根據早期的理論(Maslach & Jackson, 1982, 1986)，Leiter (1988: 115)認為，假如非人性化此一面向發生時，視為是一個中介變項，那麼情緒耗竭將會導致個人成就感的降低。

第二，假定工作滿足與工作倦怠之間是負面的關係。明確地說，工作滿足與情緒耗竭（它是工作倦怠中心的部分）是負面的關係，與個人成就感是正面的關係，至於與非人性化則是屬於非直接的關係。

第三，有兩種社會接觸(social contact)是與工作倦怠有關。一種是個人接觸(personal contacts)亦稱非正式接觸(informal contacts)，係指在支持性的溝通網(supportive networks)上，積極的投入，預期會降低情緒耗竭或非人性化，同時會提高個人的成就感。另一種則是工作接觸(work contacts)，係指正常的社會接觸均與工作取向的問題有關，預期與情緒耗竭與個人成就感是正面的關係。Leiter (1988: 117)認為情緒耗竭高的工作者有很多的工作接觸，但是在非正式接觸上則相當的少。

第四，工作滿足被期望與非正式接觸以及工作接觸有正面的關係，亦即期望工作滿足者在組織中能維持大量的工作接觸與友誼關係。

上述所提的各種假設，經 Leiter 以迴歸分析後均獲得證實，雖

然此一模式在概念意涵與工作倦怠三個面向的組合問題上，受到 Golembiewski (1989: 9–11)強烈的批評，但卻使吾人能進一步地瞭解到員工非正式接觸對工作倦怠的影響，尤其是管理者有必要營造一個支持性的工作環境，以增進員工的互動，進而減少工作倦怠的產生。

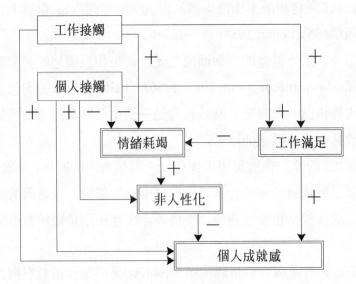

圖六：溝通模式
註：＋代表正面關係，－代表負面關係
資料來源：Leiter (1988: 116)

十、知覺－回饋的模式

Perlman 與 Hartman (1982)綜合了 1974 年至 1981 年之間有關工作倦怠的四十八篇研究文獻，提出了知覺－回饋的(perceptual-feedback)工作倦怠模式，來說明工作倦怠產生的原因是屬於多元面向的(multifaceted)。

他們認為工作倦怠與下列變項有極為密切的關係(Perlman & Hartman, 1982: 294)：組織的特性、對組織的理解、角色的理解、個

人的特性與結果等。因而參考了當時學者們的見解，提出了一個以認知與知覺的觀點，來說明與工作倦怠有關的二個變項：個人與組織的變項。

由圖七中可以看出此一模式所涉及的變項甚多，並包括四個階段(Perlman & Hartman, 1982: 296-298)：

第一階段是助長工作倦怠的情境，有兩種情境會使工作倦怠產生。一種是個人的能力無法符合組織的要求，或是工作不能符合個人的期望、需求或價值。另一種是個人與工作環境之間無法調適或有差異存在。

第二階段是對工作倦怠的知覺。助長工作倦怠的情境並不會使個人有工作倦怠之感覺，此完全要視個人的背景、人格、角色與組織的變項而定。

第三階段是對工作倦怠的回應，有下列三種：㈠生理的，特別是身體上的症狀。㈡情感－認知的，特別是在態度與情緒方面。㈢行為的，特別是具有徵候的行為。

第四階段是工作倦怠的結果，包括工作滿足、工作績效、心理與身體上的症狀、缺席、離開工作與組織等。

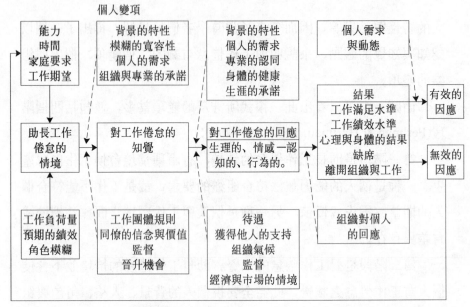

個人變項

組織變項

圖七：知覺－回饋的模式

資料來源：Perlman & Hartman (1982: 297)

十一、工作倦怠研究模式

國內學者張曉春教授（民72）曾將工作倦怠的意義與性質、工作壓力的動力，以及工作倦怠的相關因素，三者予以綜合概述，並建構一個以我國社會工作員為例的工作倦怠的研究模式（如圖八）。

張曉春教授（民72下：71）認為，工作倦怠乃是工作員因工作需求與個人能力及可用資源失去平衡，無論這種平衡失調，是由於需求超過或不及個人能力與可用資源（多半為超過），都會形成工作壓力，引起心理緊張，並且產生負向反應而採取各種防衛性抗衡；工作壓力、心理緊張、以及防衛性抗衡，構成工作倦怠產生的三個過程。根據文獻，工作倦怠有其徵候，可能是心理的或生理的，也可能是行為的或態度的，因此，工作員若有工作倦怠，可由徵候測知；但是，工作員若有工作倦怠，並不必所有徵候都須具備，通常，

只有其中幾項現象存在而已。

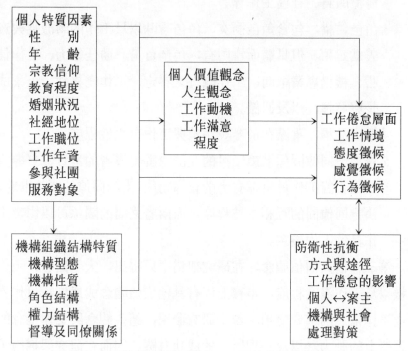

圖八：工作倦怠研究模式——以社會工作員為例
資料來源：張曉春（民72：74）

　　圖八左邊為研究的自變項部分，中間為中介變項，右邊為依變項，即研究所要探討的問題層面。這些變項略作說明於下（張曉春，民72下：73–75）。

　　第一、個人特質因素：這一部分可細分為十個項目，其中宗教信仰一項，西方的研究並不涉及，但我國各種信仰並存，由於教義不同，可能在工作服務態度有其差異，因此予以列入。至於服務對象亦即案主，因為案主與工作員之間的關係，特別是在服務工作中，案主是否協同合作，對工作倦怠有所影響，乃將其歸於這一部分。

　　第二、機構組織結構特質：這一特質包含下列五項：

　　1.機構性質：指人群服務機構為公立或私立而言。

2. 機構型態：指人群服務機構提供的服務類別，如兒童福利、醫療服務、社區工作等。

3. 角色結構：包含角色衝突、角色曖昧以及工作的刺激性與意義感三項。但具體而言則有：角色負荷、勝任能力、工作信心、機構專業取向、工作職責之界定、工作變異性、專業成長與發揮、以及回饋。

4. 權力結構：重點在於參與決策與工作自主性程度。

5. 督導與同僚關係狀態：目的在於瞭解督導者的素質、督導方式是否對工作員發揮有力的督導功能。由於同僚的關係狀態，決定同僚間的互相支持程度，而兩者之間的關係可以影響工作員的工作倦怠。

第三、個人價值觀念：在研究架構中只提出：人生觀念、工作動機以及工作滿意程度，事實上尚有其他價值觀念或態度，可作為研究工作倦怠的中介變項。若干研究發現，這些觀念與工作倦怠的心理學上的動力，以及心理學上的成功有關，因而在研究架構應予以涉及。

第四、工作倦怠層面：包含四項。由於工作員對工作壓力與工作倦怠採取的抗衡有二，即主動解決問題與內在心理防衛，而經常採取的防衛抗衡有那些，以及對工作有何影響，都是研究的重點所在。

十二、工作倦怠階段模式

工作倦怠階段理論(Phase of Burnout)係由 R. T. Golembiewski 與 R. F. Munzenrider (1988)於 1983 年提出，經過五年的研究，證明工作倦怠的階段理論不僅對組織成員不同程度的工作倦怠有鑑定力，而且對處於工作倦怠嚴重階段的成員能有提供警示的功能，從而組織能夠加以因應處理，以提昇組織的效率與效能。

　　工作倦怠的階段模式(Phase Model)之內涵，可分以下兩方面來加以說明，一為理論基礎，其次基本原則，茲分別概述之：

㈠理論基礎

　　工作倦怠階段模式之基礎與測量係植基心理學家 Christina Maslach (Maslach & Jackson, 1982, 1986)的研究成果上，大多數研究者均同意個人工作倦怠之程度可以表現於三個面向，包括：

　　　1. 非人性化(depersonalization)：此係指特別將人當成無知覺與無生命的物品一般看待，缺乏感情與價值。

　　　2. 缺乏個人成就感(personal accomplishment)：個人成就感係指個人認為自己在值得做的事務方面做得很好的程度。

　　　3. 情緒耗竭(emotional exhaustion)：係指與個人平常處理工作之調適技巧及態度有關之緊張經驗之程度。

　　依實證研究之成果顯示，工作倦怠量表的三個面向在測度工作倦怠之程度上十分穩定，甚至是跨文化研究時也同樣穩定。對 Maslach 工作倦怠量表(MBI)進行因素分析(factor analysis)時，此三個面向趨於獨立，而量表因子結構之配對分析，其一致性也十分高。

　　Golembiewski 與 Munzenrider 於 1986 年時，曾對北美五個群體進行研究，其結果顯示：組間之相關係數高達 0.923，同時，在跨文化或跨國比較上其因素結構也顯示高比率之共變量。從此一觀點，高工作倦怠階段意謂著實質的非人性化、較差的工作績效與工作不滿意，具有某種程度的心理緊張且超過個人正常所能調適的技巧與態度的範圍之外。依工作倦怠量表的回答份數，提供一種適合個人情況的底線(bottom-line)估計值，因此壓力源對某人可能是一種危害，但對另一人卻有所幫助。相同的壓力源對不同的人而言，具有不同程度的傷害與幫助，這種底線估計值能有效的區隔階段模式與其他工作倦怠的測量，因此，此三個面向可視為測量工作倦怠的重

要指標。

㈡基本原則

工作倦怠階段理論根據上述三個面向，建構成八個階段的工作倦怠漸進模式，其基本原則如下：

1. 對個人在此三個面向得分情形之高或低，劃分成高低兩大群體，同時，依Golembiewski與Munzenrider在1984年對美國政府某機構中1500人之大樣本進行工作倦怠之研究結果所得到的中位數，以其為基準分為高低兩群。因為影響工作倦怠的面向共有三個，因而有2的3次方，故可將工作倦怠分為八個階段。

2. 此三個面向在工作倦怠中之影響程度不一，非人性化對工作倦怠之影響程度最低，而情緒耗竭影響程度最高，缺乏個人成就感則介於兩者中間。

由上述兩項基本原則，產生下列八個階段的漸進模式，其組合關係如下（有關個人成就感分數解析宜從反向作解釋，即分數低者代表個人成就感高）：

工作倦怠程度	工作倦怠發展階段							
	I	II	III	IV	V	VI	VII	VIII
	低 ⟶ 高							
非人性化	低	高	低	高	低	高	低	高
個人成就感（需反面解釋）	低	低	高	高	低	低	高	高
情緒耗竭	低	低	低	低	高	高	高	高

圖九：工作倦怠階段模式

資料來源: Golembiewski & Munzenrider (1988: 28)

在工作倦怠階段模式中，工作倦怠之嚴重程度，隨階段之上升

而遞增，即第Ⅷ階段之工作倦怠程度高於Ⅶ階段，而第Ⅰ階段之工作倦怠程度低於第Ⅱ階段，依此類推，而個人可能隨著工作倦怠之遞增而在任一階段終止，並非循序漸進逐一通過每個階段以達工作倦怠最高之Ⅷ階段。

依據諸多研究結果顯示，工作倦怠與共變數(covariants)之間，會隨著階段之進升而趨於惡化(Golembiewski & Munzenrider, 1988)，即當工作倦怠由階段Ⅰ進升至Ⅷ時，與工作倦怠相關之徵狀會呈現惡化之現象，如：低工作滿足；低自我肯定；高異動率；顯著的生理徵狀；績效評價不良；具有敵意、焦慮、意識消沈等特徵的負面影響逐漸嚴重；在精神健康方面呈現逐漸不良的臨床指標；人際關係及團體特質之逐漸衰退，如團體凝聚力下降；社會支持度低落等；與工作場所有關之態度或認知逐漸趨於惡化，如工作投入程度低落；工作緊張增加等。

如從階段模式的路徑觀之，可分為慢性與急性的。慢性的路徑係從階段Ⅰ到Ⅱ到Ⅲ再到Ⅳ而最後到達Ⅷ，其產生之原因，可能係長期的對組織的政策或實務有所不滿的一種反應，特別是針對基層單位中的管理者與部屬的上下監督關係尤其明顯。慢性的工作倦怠案例在高階的工作倦怠階段中佔大部分，幾乎每五個案例中佔有四個之多。

而急性的路徑並非依序行之，常常是從階段Ⅰ或Ⅱ直接跳躍至Ⅴ或Ⅷ，所發生之原因可能係至親好友，或配偶死亡等意外事件所引起，且依意外事件悲傷度之不同，所進行的跳躍路徑也不一樣。上述二種路徑所表達的意義與方式，經 Golembiewski 與 Munzenrider (1988)的實證研究結果獲得證實。

綜合以上各種理論模式，可知工作倦怠是現代社會文化變遷之下，工作者專業的特質、身心的特質與工作情境三者交互作用之結果。Maslach 與 Jackson (1984)主張應試著建立多元模式與科際整合

的觀點，以免遺落重要的變項。部分學者如 Freudenberger 與 Richel-
son (1980)也反對採用狹隘的個人變項，而主張使用較合理的架構
（包括個人、組織與社會變項）。上述各種模式均各有其特色，因此，
吾人欲對工作倦怠有更深入與完整的瞭解，應兼顧各模式的發展與
整合，方為上策。

伍、結 語

　　工作倦怠是當代的疾病，它是工作者與環境交互作用後，其生
理與心理俱受困擾的產物。1970 年代中期，有關工作倦怠的研究文
獻相繼發表之後，已能增進人們對此一現象的瞭解，不再將此一現
象視為是個人錯誤或缺失所造成，而能客觀的視其為在工作環境上
所引發身體與情緒耗竭的一種現象。

　　由於 Herbert J. Freudenberger 與 Christina Maslach 這兩位學者
的努力，促成了第一屆全國性工作倦怠研究年會於 1981 年 11 月在
美國費城召開。從此之後，工作倦怠的問題更是受到研究者的興趣
與重視，因而紛紛並相繼地投入工作倦怠相關問題的研究。他們先
後對此類調適不當的反應，從事一連串的研究與模式建構，並試圖
為此類日趨嚴重的身心負面反應，提供研究心得與預防及診治之道。

　　本文之主要目的係依據近年來對「工作倦怠」的研究心得與經
驗，試圖就工作倦怠相關的理論模式加以探究，限於篇幅雖不盡周
延，尚有待吾人繼續努力，惟稍可提供有識者與管理者對此一議題
之瞭解，俾能解決組織成員生理與心理的問題，進而有助於組織績
效的提昇。

參考書目

吳定、張潤書、陳德禹、賴維堯編著

　民87　　行政學㈠（修訂四版），臺北：國立空中大學。

　民87　　行政學㈡（修訂三版），臺北：國立空中大學。

林幸台等

　民81　　警察職業倦怠之實證研究，行政院國家科學委員會專題
　　　　　研究計畫（編號NSC80-0301-H003-13）。

徐木蘭

　民73　　見樹又見林，臺北：經濟與生活。

孫本初

　民86　　公共管理，臺北：時英。

陳德禹

　民82　　行政管理，臺北：三民。

張潤書

　民87　　行政學（修訂初版），臺北：三民。

張曉春

　民72　　「專業人員工作疲乏研究模式 ── 以社會工作員為例」
　　　　　（上）（下），思與言，第21卷第1期，頁66-69，及第21
　　　　　卷第2期，頁59-81。

郭生玉

　民76　　「教師工作心厭與背景因素關係之研究」，國立臺灣師範
　　　　　大學教育心理學報，第20期，頁37-54。

黃德祥

　民75　　「輔導人員『專業枯竭』成因與克服之道」，諮商與輔導，
　　　　　第12期，頁2-4。

黃新福、黃臺生、張世杰等

民83 「警察人員工作倦怠感之研究」，發表於行政學術與警政
實務研討會，國立政治大學公共行政研究所主辦，臺北。

Bateman, T. S. and S. Strasser

1984 "A Longitudinal Analysis of the Antecedents of Organiza-
tional Commitment," *Academy of Management Journal*,
27 (1): 95–112.

Bluedorn, A. C.

1982 "A Unified Model of Turnover from Organizations," *Hu-
man Relations*, 35 (2): 135–153.

Carroll, J. X. and W. White

1982 "Theory Building: Integration Individual and Environmen-
tal Factors within an Ecological Framework," in W. S.
Paine (ed.), *Job Stress and Burnout*, pp. 41–60. Beverly
Hills CA: Sage.

Fischer, H. J.

1983 "A Psychoanalystic View of Burnout," in B. A. Farber
(ed.), *Stress and Burnout in the Human Service Professions*.
New York: Pergamon Press.

Freudenberger, H. J.

1974 "Staff Burn-out," *Journal of Social Issues*, 30: 159–165.

Golembiewski, R. T.

1989 "A Note on Leiter's Study: Highlighting Two Models of
Burnout," *Group & Organization Studies*, 14 (1): 5–13.

Golembiewski, R. T., R. A. Boudreau, R. F. Munzenrider and H. Luo

1996 *Global Burnout: A Worldwide Pandemic Explored by the
Phase Model*. Greenwich, CT: JAI Press.

Golembiewski, R. T. and R. F. Munzenrider

1982　"The Distribution of Burnout among Group Workers: Implications Relevant to Nature vs. Nurture in OD Designs," Proceedings, *American Institute of Decision Sciences*, San Francisco.

1988　*Phases of Burnout: Developments in Concepts and Applications*. New York: Praeger.

Golembiewski, R. T., R. F. Munzenrider and J. G. Steveson

1988　"Centrality of Burnout in a Public Agency: Multiple Measurements Supporting Common Conclusions," *Review of Public Personnel Administration*, 9 (1): 28–44.

Harrison, W. D.

1983　"A Social Competence Model of Burnout," in B. A. Farber (ed.), *Stress and Burnout in the Human Service Professions*. New York: Pergamon Press.

Heifetz, L. J. and H. A. Bersani, Jr.

1983　"Disrupting the Cybernetics of Personal Growth: Toward a Unified Theory of Burnout," in B. A. Farber (ed.), *Stress and Burnout in the Human Service Professions*. New York: Pergamon Press.

Kamis, E.

1980　"A Epidemiological Approach to Staff Burnout," Paper Presented at *The Annual Convention of the American Psychological Association, 88th*. Montreal, Quebec, Canada (ERIC Document Reproduction Service, No. Ed 203 253).

Karger, H. J.

1981　"Burnout as Alienation," *Social Service Review*, 55 (2):

270–283.

Kilpatrick, A. O.

1986 *Burnout: An Empirical Assessment.* Unpublished Doctoral Dissertation, University of Georgia, Athens.

Lachman, R. and E. Diamant

1987 "Withdrawal and Restraining Factors in Teachers' Turnover Intentions," *Journal of Occupational Behaviour*, 8: 219–232.

Lee, R. T. and B. E. Ashforth

1993 "A Longitudinal Study of Burnout among Supervisors and Managers: Comparisons between the Leiter and Maslach (1988) and Golembiewski, et al. (1986) Models," *Organizational Behavior and Human Decision Processes*, 54 (3): 369–398.

Leiter, M. P.

1988 "Burnout as a Function of Communication Patterns: A Study of Multidisciplinary Mental Health Team," *Group & Organization Studies*, 13 (1): 111–128.

Martin, R. P.

1983 *An Analytic Study of the Burnout Syndrom as It Occurs among Parachurch Professionals.* Doctoral Dissertation, University of Pittsburgh.

Maslach, C.

1982 "Understanding Burnout: Definitional Issues in Analyzing a Complex Phenomenon," in W. S. Paine (ed.), *Job Stress and Burnout: Research, Theory, and Intervention Perspectives*, pp. 29–40. Beverly Hills, A: Sage.

Maslach, C. and S. E. Jackson

1981　"The Measurement of Experienced Burnout," *Journal of Occupational Behavior*, 2: 99–113.

1984　"Patterns of Burnout among a National Sample of Public Contact Workers," *Journal of Health and Human Resources Administration*, 7 (2): 189–212.

1986　*Maslach Burnout Inventory*. Palo Alto, CA: Consulting Psychologists Press.

Nelson, F. E. and N. Elsberry

1992　"Levels of Burnout among University Employees," *Journal of Health and Human Resources Administration*, 14 (4): 402–423.

Paine, W. S.

1982　"Overview: Burnout Stress Syndromes and the 1980s," in W. S. Paine (ed.), *Job Stress and Burnout: Research, Theory, and Intervention Perspectives*, pp. 11–25. Beverly Hills, A: Sage.

Perlman, B. and E. A. Hartman

1982　"Burnout: Summary and Future Research," *Human Relations*, 35 (4): 283–305.

Pines, A. M.

1993　"A Burnout Workshop: Design and Rationale," in R. T. Golembiewski (ed.), *Handbook of Organizational Consultation*, pp. 605–613. New York: Marcel Dekker.

Pines, A. M. and E. Aronson

1988　*Career Burnout: Causes and Cures*. New York: Free Press.

Pines, A. M., E. Aronson and D. Kafry

1981 *Burnout: From Tedium to Personal Growth*. New York: Free Press.

Schaufeli, W. B., C. Maslach and T. Marek (eds.)

1993 *Professional Burnout*. Washington, D.C.: Taylor & Francis.

Shinn, M.

1982 "Methodological Issues: Evaluating and Using Information," in W. S. Paine (ed.), *Job Stress and Burnout: Research, Theory and Intervention Perspectives*, pp. 61–79. Beverly Hills, CA: Sage.

Steers, R. M. and S. R. Rhodes

1978 "Major Influences on Employee Attendence: A Process Model," *Journal of Applied Psychology*, 63 (4): 391–407.

Stevenson, J. G.

1994 "Employee Burnout and Perceived Social Support," *Journal of Health and Human Resources Administration*, 16 (3): 350–367.

Sun, Ben-Chu

1994 *Burnout and Covariants Among Taiwanese Police: Cross-Cultural Replication of the Phase Model*. Taipei: Elite Press.

新制度論的組織理論初探

朱金池

中央警察大學行政警察學系教官

摘　要

　　新制度論為近二十年來，在政治學、經濟學及社會學等三大學科領域新發展出來的重要研究途徑，此途徑視組織是一個開放而自然的系統，且以制度為核心概念，說明人類社會組織與環境互動的關係。所謂制度是指人類心智所建構的一套一致遵循的正式的或非正式的規範系統，以約束個體之間重覆發生的互動行為。本文之目的在探討新制度論的組織理論之概念架構，並剖析其內涵，以增進對組織現象之分析能力。新制度論下的組織理論將持續受到重視，未來在理論的發展，將朝向跨學科的研究，以及結合質化與量化的研究。但由於各學科間對新制度論的概念尚無共識，所以欲整合其概念仍有很大困難。

關鍵詞：制度(institution)、　制度論(institutionalism)、　舊制度論(old institutionalism)、　新制度論(new institutionalism)、組織(organization)

壹、前　言

　　組織(organization)一詞，由於各學者所採取的研究途徑不同，因此所下的定義亦不同。在各種研究途徑中，有從靜態的、動態的、心態的、生態的，以及系統的觀點來論述組織的意義。

　　所謂靜態的組織意義是指：組織是由許多不同的部分所共同構成的完整體，正如一部沒有發動的機器一樣，強調權責分配的關係和層級節制的體系。所謂動態的組織意義是：將組織看成一個活動體，強調組織成員的分工合作和交互行為。所謂心態的組織意義是：從組織成員的心理或精神觀點來解釋組織現象，強調團體意識層面的描述。所謂生態的組織意義則是：強調組織是一個有機的生長體，是隨著時代環境的演變自求適應，自謀調整的團體（張潤書，民 75: 133–135）。

　　Kast 和 Rosenzweig 兩人(1985: 15–16)則從系統的觀點認為：組織是存在於廣大環境超系統(environmental supersystem)中的一個系統，是一種目標取向的設計和安排。其內部包含了目標的、心理的、技術的、結構的和管理的次級系統(subsystems)，而管理的次級系統在組織目標設定、計畫、設計、控制和連結環境的各種活動中，扮演著中間的角色。所以，管理的功能和運作攸關各次級系統的整合。

　　綜合言之，本文所謂之組織，乃指一群人為達到共同的目的，經由管理的整合功能，對於目標、心理、技術及結構等層面的設計和安排，所構成的一個與外在環境保持互動關係的有機生長體而言。

　　近二十年來在政治學、經濟學及社會學之間，漸有對「新制度論」的研究流行，而其之所以受到重視，大抵因新制度論對組織的研究，不僅重拾傳統對制度的研究成果，尚且注入行為科學及開放系統的概念，同時其以「制度」為核心的概念，又在各個不同學科

之間相互援引，頗有集理論大成之勢，吸引人們對其研究的興趣。

　　本文係從新制度論的觀點，來探討新制度論下組織理論的發展情形、概念架構及其重要內涵。由於本文係屬初探性質，所以在概念之製作上或陳述之建立上，難免會有錯漏之處，有待進一步研討及修正。

　　本文內容的安排如下：首先介紹政治學、經濟學及社會學新制度論的發展情形，再試著提出新制度論下組織理論的概念架構，繼而剖析新制度論的組織理論之內涵，最後作一簡單結語。

貳、政治學、經濟學及社會學新制度論的發展

　　新制度論為近二十年來，在政治學、經濟學及社會學等三大學科領域新發展出來的重要研究途徑，可謂是日漸受到各該學科重視的「顯學」之一。但由於目前各個學科對新制度論的研究，尚處於萌芽階段，所以相關概念的界說及研究的焦點均未達到一定程度的共識。而且，研究者在界定新制度論的概念時，常依各人的研究興趣，以跨學科研究的方式為之，所以更形增加新制度論概念的複雜性和不一致性。茲分別先就政治學、經濟學及社會學等三個研究途徑的觀點，說明新制度論的發展情形，後再以異中求同的方法，綜合歸納新制度論下的組織理論的概念架構。

一、政治學新制度論的發展

　　在十九世紀末到二十世紀上半世紀的期間，以制度作為政治學研究的基礎的傳統學派，我們稱之為舊制度論(old institutionalism)。此學派的主要論點包括法制主義(legalism)、結構主義(structuralism)、全體主義(holism)、歷史主義(historicism)，以及規範性的分析(normative analysis)等(Peters, 1999: 6–11)。

後於 1950 和 1960 年代期間，政治學研究發生了所謂「行為學派的革命」，根本改變傳統政治學的研究取向，亦即從傳統的法制和歷史的研究取向，轉為對行為和理性抉擇的研究取向(Peters, 1999: 12–15)。上述政治學的行為研究途徑的興起，究竟對政治現象能否提供更強的解釋嗎？仍有爭議之處。

James March 和 Johan Olson 於 1984 年即撰文對政治學的行為研究法作嚴厲的批評，同時也綜合舊制度及行為主義的研究法，提出了新制度論(new institutionalism)，對政治現象作制度面及行為面的探討，蔚為行為主義之後的一個新的研究取向(Peters, 1999: 12–15)。自此，政治學的研究者，掀起了對傳統政治學的制度面重新予以正視的風潮，例如 *Rediscovering Institution*，*Bring State Back in*，及 *Institutional Theory in Political Science* 等政治學新制度論的代表著作相繼出版。

此種採用新制度論觀點的學派，主要有公共選擇理論(public choice theory)、對局理論(game theory)及借用經濟學和社會學的理論等三個學派，以 Jan-Erik Lane (1993)、March 和 Olsen (1984, 1989, 1995)，以及 Steinmo 等人(1992)為代表。他們認為政治行為雖然值得研究，但是政治行為終究發生於政治制度中，甚至有如「投票矛盾」(the paradox of voting)的公共選擇困境，仍需靠議程設定(agenda setting)的制度方法加以解決。所以，March 和 Olsen 兩人會以「制度重發現：政治的組織基礎」(Rediscovering Institutions: The Organizational Basis of Politics)為書名立著論說，說明許多政治現象是由於非政治的因素造成，並借用社會學及經濟學的制度論闡明社會、政治及經濟制度愈變愈大而複雜的原因。

二、經濟學新制度論的發展

從組織經濟學觀點研究制度的問題，主要有下列三位學者：

Williamson (1975, 1985)、Chandler (1977)及 North (1981, 1990)等。Williamson 假定人的理性是有限的，且人具有投機主義的天性，所以人與人的交易過程中會因相關資訊的不完整或互相欺騙而造成交易成本的增加。他把市場經濟的交易成本比喻為機器系統的摩擦力，若大到一定程度會使市場的運作失靈，於是他根據交易商品的特異化程度和交易的頻率提出各種的交易制度（包括市場統治、三邊統治、雙邊統治和單邊統治），以期降低交易成本(Williamson, 1985: 79)。

此外，著名經濟歷史學家 North (1990: 3)更清楚地把「制度」(institution)界定為：社會中的遊戲規則；較正式而言，制度是用以規範人類互動的一些人為設計的限制。無論是在政治、經濟或社會方面，這些人為設計的限制（或規則）能夠誘發人類的交易行為。進一步言，制度的變遷會導致社會的演進，因此從制度的變遷可瞭解到人類歷史的變遷情形。

三、社會學新制度論的發展

從社會學的觀點研究制度的問題，主要有下列幾位代表學者：Selznick (1957)、Meyer 和 Rowan (1977)及 DiMaggio 和 Powell (1983)等人。他們研究制度論的共同旨趣是針對 Weber 所提出的官僚組織的缺失而發。傳統官僚組織係藉由理性化及非人性化的結構與目標的安排，在技術性的工作活動中最能有效協調與控制複雜的關係網路。然由於官僚組織太過強調「技術」的理性，而忽略「人性價值」，所以 DiMaggio 和 Powell (1983)兩人嚴厲指責官僚組織為禁錮人性的「鐵籠」(iron cage)。他們並以組織領域(organizational field)作為分析單元，把相關的組織如資源供應者、服務對象、政府管制單位和其他生產類似產品的組織併稱為組織領域，且同一個組織領域內的組織共享有外在制度環境所提供的規範，組織如果能順

從該類規範或制度神話(institutional myths)，則組織會因具有合法性而順利獲得資源和生存(Meyer and Rowan: 1977)。

新制度論除了對傳統官僚體制模型作了批判，同時亦採納了行為科學時期的組織理論的一些看法。而行為科學時期的組織理論學者，以 Chester Barnard 最具有代表性及最有影響力。Barnard 1938 年經典之著：《主管人員的功能》(*Functions of the Executive*)的精闢論點，至今仍為組織理論學者所津津樂道。Barnard 對組織理論的最大貢獻，根據 Scott 所整理的結果包括兩大方面：一是 Barnard 認為組織是種兼具理性(rational)及自然(natural)雙重性質的系統；二是 Barnard 指出組織內部存在有符號的控制系統(symbolic control systems) (Scott, 1990: 38–44)。茲說明如下：

㈠組織是理性及自然的系統

Barnard (1938: 186, 6)認為：組織系統透過邏輯程序的安排，可以彌補個人認知上的限制。因此，正式組織中的主管人員的功能是控制、管理、監督及行政等。可見 Barnard 是認同 Weber 的官僚模型理論，並影響後來的 Simon 與 Williamson 等學者，他們均視組織為理性的系統。

此外，Barnard 尚補充傳統理論的不足，認為組織不僅是理性的系統，尚且是自然的系統。Barnard 最先主張組織的正式結構是靠非正式系統(informal system)互補及支持的。他瞭解到非正式組織是正式組織運作中所必要的，非正式組織可作為溝通、團結及保護個人完整性的一種方法。他雖然體認經濟誘因在獎賞貢獻方面的重要性，但其強調更為重要的誘因是一種屬於個人的非物質的誘因，包括榮耀、威望、個人權力及位居要津等。從這個角度來看，Barnard 認為主管人員的主要功能是：規劃和界定組織的目的(purposes)、目標(objectives)和小目的(ends)。這種功能的發揮有賴於敏銳的溝通系統

和豐富的理解(interpretation)、想像(imagination)與責任的授權(delegation of responsibility)等之經驗(Barnard, 1938:123, 145-146, 148, 231, 233)。

綜上所述，Barnard 是視組織為理性及自然的系統，亦即認為正式組織與非正式組織同等重要並且互相依賴(Barnard, 1938: 120)。

㈡組織是個符號控制系統

Barnard 的理論觸及到領導人物的符號功能，以及有關公司組織文化(corporate cultures)的分析，茲將其說明如下：

1.領導人物的符號功能方面

Barnard 強調目標設定的感情與動機的因素，認為個人是被激勵而行動，而且個人必須對較大的道德性目標深具信心與承諾感(Barnard, 1938: 259)。此種觀點繼續由組織理論學者 Selznick (1957) 發揚光大，Selznick 視領導人物的功能為界定、塑造和保護價值。因此，藉由領導可將機械式的組織轉換為有目標及承諾感的制度系統。

2.公司組織文化方面

R. Scott (1990: 42)尊稱 Barnard 為公司組織文化概念之父。Barnard 認為內化到組織成員心中的共同價值與意義，能產生一個很強的控制系統，此種控制系統比完全基於物質誘因或強制力的系統還具有控制力。

綜合上述，以 Barnard 為代表的行為科學時期的組織理論，對傳統組織作了較為完整的補充，例如強調非正式組織與正式組織併存的事實與必要性。同時，此時期的組織理論亦提出有關組織具有符號功能的新義，開啟「組織文化」研究之先河。不過，此時期所論及的組織的符號功能皆強調組織內在領導的規範性功能，而未觸及組織外在環境的符號功能及組織對外在環境事實的認知架構，所

以無法解釋組織如何從其外在環境借取價值及因而獲得合法性和支持。

R. Scott (1990: 51)對於行為科學時期的組織理論的優缺點，作了一番整理之後，認為新興起的制度論(institutionalism)正可補救其不足之處，因為制度論學者強調組織與環境互動的過程，應兼顧組織內外的符號功能，並應涵蓋組織的規範面及認知面的活動。

1960年代組織理論學者普遍流行以開放的、整體的及生態的系統研究法，整合並修正傳統及行為科學時期的組織理論，獲致很多豐碩的研究成果。此時期的代表學者有 T. Parsons, F. Kast, J. Rosenzweig, J. Thompson, P. Lawrence 和 J. Lorsch 等人。渠等主要論點是假定任何一個組織，都可自成一個完整的體系，而且與其外在環境保持一種互動的關係。組織的環境對組織的影響很大；同時，組織必須回應環境的影響，才能確保組織的生存。

根據 P. Blau 和 M. Meyer 的類型分析，組織與環境關係的理論模型可分為三大類：適應模型(adaption model)、選擇模型(selection model)和制度模型(institutional model) (1987: 116–132)。適應模型學派認為組織易受其環境的力量所傷害，然而組織有能力調適其環境，此學派提出的理論可分為認知理論、權變理論和資源依賴理論。然而，選擇模型學派的看法正好與適應模型學派相反，選擇模型學派假定：現存的組織單位在本質上是無法對環境變遷作有目的性的適應，而組織對環境變遷的結果不是保持靜態不動，就是被其他新的組織所取代而滅亡。此學派主要以組織的進化論(evolutionary theory of organizations)及組織的人口生態學(population ecology of organizations)為代表。此外，分析組織與環境關係的第三個模型稱之為制度模型(institutional model)，也就是本文所稱的新制度論學派。此學派認為最重要的環境要素是無形的信仰(intangible beliefs)，此種信仰規範了組織應如何建構其形式。其基本假定是視組織為制度系統(institutional system)的一部分，組織的信仰必須與制度的信仰同類型，組織才能生存下去。此學派係肇始於 1977 年 J. Meyer 和 B. Rowan 兩人在《美國社會學期刊》(*American Journal of Sociology*)合發表一篇名為 "Institutionalized Organizations: Formal Structure as Myth and Ceremony" 的文章。此後以社會學為基礎的制度論(institutionalism)蓬勃發展，對社會、政治與經濟性的組織提供了新的分析架構與分析單元——制度(institution)，並對組織與環境的互動關係的詮釋比開放系統理論或結構功能理論還要詳盡與周延。

　　綜合上述新制度論在政治學、經濟學及社會學的研究途徑介紹，可知新制度論迄今仍處於探索與發展階段。就方法論而言，新制度論主張人類的政治、經濟或社會行為，是受到所處制度環境的影響，其分析單元是介於總體和個體之間，也就是所謂的「中層理論」(meso theory)（郭承天，民 89: 3）。

參、新制度論的組織理論之概念架構

　　上節已從政治學、經濟學及社會學等不同學科對制度的探討出發，並獲致初步有關制度的核心議題之共識。本節將繼續從已有的共識概念作基礎，探討新制度論下的組織理論，有那些概念？其意涵為何？而且進一步就所探討的概念中，試圖建立新制度論的組織理論的系統模式。茲分段說明如下：

一、制度的概念意涵

　　根據《辭海》（臺灣中華書局辭海編輯委員會，民 83: 628），制度一詞之古義有謂：①制定之禮法也。《易·節》：「節以制度，不傷財，不害民。」《書·周官》：「考制度於四岳。」《國語·周語》下：「制度不可以出節。」《淮南子·泰族訓》：「而制度可以為萬民儀。」

②立法度也。《漢書‧嚴安傳》:「臣願為民制度,以防其淫。」由此可知,古人所指之制度是一種禮法或法度,亦即為萬民所共同遵行的一套規則而言。

著名經濟歷史學家 North (1990: 3)將「制度」(institution)界定為:一個社會中的遊戲規則;更嚴謹地說,制度是人為制定的限制,用以規範人類的互動行為。制度包括正式的和非正式的等兩種形式,正式的制度如憲法和法令,非正式的制度如文化、傳統、慣例、禮儀等。

此外,瑞典一位研究經濟學及組織學的學者 Sjostrand (1993: 9–12)採用多學科的研究法,給「制度」下一個完整的操作性定義為:人類心智所建構的一套一致遵循的規範系統,以約束個體之間重覆發生的互動行為(a human mental construct for a coherent system of shared (enforced) norms that regulate individual interactions in recurrent situations)。

綜合上述,本文所謂的制度,是指人類心智所建構的一套一致遵循的正式的或非正式的規範系統,以約束個體之間重覆發生的互動行為。此處所指的個體包括組織或個人,因此個體之間的互動就包括了個人和個人之間、個人和組織之間、以及組織和組織(或稱環境)之間的互動關係。準此,制度概念實指涉下列三個重要意涵:①制度為人類心智所建構的,是可以被人為所改變的;②制度為正式或非正式的規範系統;③制度的目的在約束個體之間重覆發生的互動行為。茲說明如下:

(一)制度為人類心智所建構的,是可以被人為所改變的

所謂「心智建構」非指客觀的現象,而是指人類互動過程中漸次持續形成的一種主觀性的設計。Peter Berger 和 Thomas Luckmann 兩人(1967: 52)認為:社會秩序乃是植基於人類所互動而共同建構的

社會實體(social reality)中。他們並主張：人類在動物本能方面，原
本僅受有限的約束，但隨著社會秩序的形成，約束日益增加。此一
秩序乃是人為的產物，或更明白的說，它是持續進行的人為的產物，
而且社會秩序僅僅是人類活動的產物。社會秩序的產生，係透過個
人採取行動，詮釋行動，以及與他人分享行動的詮釋過程。此種詮
釋或稱「類型化」(typifications)，就是設法將行為歸類，使行動者能
夠針對該類行為，以類似的方式回應。行動者透過此一過程，賦予
這些重覆出現的行動相似的意義，稱之為「制度化」。進一步言，行
動和行動者均同時被類型化，而且某些類型的行動是由某些層級的
行動者來作為的。舉例一：管理人員訂定規章，要求工作人員必須
遵行；舉例二：政府頒訂「菸害防制法」，規定公共場所不准吸菸，
若吸菸者不聽禁止，將處以罰鍰。上述二例中，人類賦予行動者（如
例一的管理人員、工作人員及例二的政府、吸菸者）的某些行動（如
例一的訂定規章和遵行規章，例二的頒訂菸害防制法和公共場所吸
菸）具有類型化的意義，這就是一種制度化的過程。準此而論，在
制度化的過程中，制度（如例一的規章及例二的法律）自然均屬人
類為獲致社會秩序而由心智所建構的規範。

　　此外，經濟史學者 Douglass C. North 承襲 Ronald Coase 所開創
的交易成本理論，說明制度如何透過影響交換與生產的成本，因而
影響人類經濟的成就。North 在其《制度、制度變遷與經濟成就》
(1990: 3, 5)一書中，即開宗明義界定制度：

　　　　其乃是一個社會中的遊戲規則。更嚴謹地說，制度是人為制
　　　　定的限制，用以約束人類的互動行為。因此，制度構成了人
　　　　類交換的動機。此處所謂的交換包括了政治的、經濟的以及
　　　　社會的行為。制度變遷則決定社會隨著時間演進的方式。所
　　　　以，研究制度變遷乃是理解歷史演變的關鍵。──制度乃人

類創造的，它們會演變而且會被人為所改變。

North 的制度研究途徑，旨在透過人為設計的制度，影響個體間的互動行為，使降低因互動所產生的交易成本，進而獲致人類社會更高的經濟及其他的成就。美國南加州大學教授 Tang 遵循 North 的制度研究途徑，曾以印度的灌溉系統為例說明人為制度的重要性❶。Tang 認為印度的灌溉系統在物理建築方面品質尚佳。但是在系統維護方面，尤其是在分配水資源的管理方面，存有若干問題，導致政府公務人員沒有誘因替農民服務，終使系統功能大打折扣。因此，Tang 認為大規模的政府管理制度不一定有效率，應改以鬆散式的政府結構設計(loosely government agency)，強調社區參與(community involvement)，才能解決上述問題。Tang 並認為理性選擇學派(rational choice)對於制度的研究，不僅重視規範(norm)如何影響個人行為之外，尚且研究為何要設計規範的問題，亦即強調人是主動地在設計規範與制度。

綜合上述社會學及經濟學者的一致性看法，本文可得到結論如下：制度為人類心智所建構的，是可以隨時被改變的。不過由於有些制度（如傳統文化）的演變速度很慢，不易被人們所察覺，導致常被組織社會學派的學者，誤以為制度是加諸組織的枷鎖，牢不可脫。

㈡制度為正式或非正式的規範系統

---

❶ Shui-Yan Tang 為美國南加州大學教授，此處係引自其於民國 82 年 5 月 12 日蒞臨國立政治大學公共行政研究所演講「制度主義與公共行政」時之紀錄，Tang 及其他學者曾撰寫一系列有關新制度論與公共行政的專文，登載於 *Journal of Public Administration Research and Theory*, 3 (1993): 1: 4–45。

　　制度既然是人類心智所建構的規範系統，制度就限制了個人選擇的範疇。而且，制度用以規範人際互動的限制形式，包括正式的(formal)與非正式(informal)兩種，正式的限制，譬如人類制定的法律；非正式的限制，譬如慣例與禮儀。North 舉運動比賽作比喻，明文規定的競賽規則是屬正式的制度，但運動員守則，例如運動員精神，則屬非正式的制度，同樣也會約束選手的互動行為(North, 1990: 4)。再舉警察組織為例，基層警察人員執行巡邏勤務時，除應依正式的法律執勤外，其為降低環境之不確定性及有效分配有限的資源，往往會行使其裁量權和例規，而作選擇性的執法 (朱金池，民 77: 122-123)。此處所提之裁量權和例規即屬非正式的制度規範，其對警察人員執勤行為的影響程度，不亞於正式法規命令所加諸者。且由於這些非正式的制度較為抽象，所以管理者較不易正確地考核警察人員的實際工作績效。正式規範與非正式規範限制的差異只是程度上之別。試想一條連續的數線，非正式的規範如禁忌、習慣和傳統在線的一端；正式的規範如明定的憲法和法律在另一端(如圖一所示)。其數線漫長蜿蜒的移動是單方向的，就像我們從簡單走向複雜的社會一般。而且，正式規範與非正式規範的限制，和較複雜的社會中漸漸出現的專業化與分工有明顯的關係。通常社會越趨複雜，正式規範的限制也就越多(North, 1990: 46)。例如：當今社會政府的正式組織結構及所頒訂的法令，比過去農業社會要複雜得多。

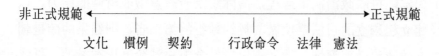

圖一：正式規範與非正式規範之差異程度

資料來源：作者根據North (1990: 46)文獻整理

㈢制度在約束個體之間重覆發生的互動行為

從上述制度概念的兩個重要意涵可得知：制度是人類心智所建構的一套一致遵循的正式或非正式的規範系統。此處將探討其第三個重要的意涵：制度的目的在約束個體之間重覆發生的互動行為。此課題可從制度經濟學和組織社會學兩個角度論述之，茲將其說明如下：

1. 組織經濟學的觀點認為制度是規範人類互動行為的規則，其目的在降低互動行為的交易成本：

制度經濟學的代表人物 North 認為：制度在一個社會中的主要作用是建立人們互動的穩定結構，以降低不確定性。這些不確定性是出於問題的複雜性和個人對他人行為之訊息的不完全，而訊息的成本是交易成本的關鍵。交易的成本尚包括衡量交換事物之價值成分的成本及保護權利、監督與執行合約的成本。這些衡量和執行成本乃是社會、政治和經濟制度的來源(North, 1990: 6, 25, 27)。由於人不能自立於社會之外，人們必須在社會中共同互動而生活，所以，為降低因互動而產生的交易成本（如同機械系統中的摩擦力），人類自然會發展出很多社會、政治和經濟等方面的制度，作為人類互動行為的規範。

就政治制度言，North 認為：政治體制從單一之絕對統治者演變成民主政府，通常是會更具政治效率。因為民主政府是讓越來越多的民眾能接觸政治決策過程，消除統治者恣意徵收財產的能力，以及建立起獨立的司法單位做為契約執行的第三者，則結果的確是朝更高的政治效率邁進。他又指出：社會上無法發展出有效的、低成本的契約執行，乃是歷史上的停滯，以及當前第三世界低度發展的重要原因(North, 1990: 51–52)。Van Horn 等人(1992: 293–298)則從美國政治與公共政策的觀點論述制度的性質，他們不僅視制度為機

會，同時也視之為一種限制，甚至視為可操縱的變項。

　　總之，制度是規範人類互動行為的規則，其目的在降低重覆性互動行為的交易成本。不論是在人類的經濟生活或政治生活層面，都需要有各種制度存在，以增進人類群居的生活更為和諧美好。

　　2.組織社會學的觀點認為制度環境提供一套價值規範，組織必

　　　須接納之，才能獲得合法性而生存：

　　早期從制度觀點研究組織的理論家中，以 Philip Selznick (1949) 最具有影響力。他認為組織結構是一種適應性的工具，組織結構設計的目的，一方面是回應參與者的特性與其組織承諾，另一方面是在回應組織外在環境的影響和限制。所謂制度化(institutionalization)則指涉組織適應環境的過程，亦即將外在環境的價值注入於組織中，此過程遠比組織任務所必要的技術需求更具意義(Selznick, 1957: 17)。因此，Selznick 將組織區分為兩種：一種是技術性設計的工具，好比機械和其他可任意處理的工具一般；另一種是經過制度化後，成為價值性的、自然的社群，重視其自身的維繫(self-maintenance)，並將此視為「意向的組織」(Selznick, 1957: 21–22; 江岷欽，民 84: 130)。由此可知，人類社會中屬於技術性的組織，譬如高科技之產業組織，其組織結構的設計，必須適應外在技術環境之發展。然而，屬於意向性的組織，譬如警察組織，就必須適應外在制度環境所賦予的價值規範，並設法將之內化為組織之任務和目標，才能獲得合法性而生存。

　　就意向性的組織而言，其外在制度環境所賦予的價值規範究為何物？亦即約束組織運作的制度究為何物？實有加以探究的必要。組織社會學者 Richard Scott 對此在其 1995 年之《制度與組織》(*Institutions and Organizations*)一書中有精彩的論述。Scott (1995: 33)認為制度的定義如下：

制度指涉認知性的、規範性的和管制性的結構與活動，以對社會行為者提供穩定和賦予意義的作用。制度是藉由各種機制（如文化、結構和例規）來傳輸，並且在人類社會各個層次中運作。

Scott (1995: 33–52)認為約束社會行為者的制度，包含認知性、規範性和管制性等三個要素。此三個屬性的制度意涵有很大的差別：管制性的制度（如法律規章）基於人具有自利動機及工具理性的假設，強調制度要獎懲分明，且以強制性的手段來約束個體間的互動行為；其次，規範性的制度（如倫理道德）則基於人具有社會義務及正當理性的前提，強調個體的角色價值和道德規範的約束力量；最後也是 Scott 認為最為重要的是認知性的制度（如文化信仰），強調人類行為的意義本身，要比外在法律或道德規範的約束來得重要。Scott 並引用社會學者 Berger 和 Kellner 兩人(1981)的見解：「人類任何制度均是客觀事物的沉澱化和結晶化的結果」，認為制度是死的，制度需靠人類的認知作用才能內化其意義，此與我國先賢所謂「徒法不足以自行」之義相通。

Scott 從方法論的觀點綜合各家說法，並將制度界定為具有認知性的、規範性的和管制性的要素的結構和活動，以對社會行為者提供穩定和賦予意義的作用。此三種截然不同的制度意涵，且各有其立論的哲學假定和合法性的基礎(Scott, 1995: 34–45)：亦即管制性的制度意涵強調法規的遵從；規範性的制度意涵強調規範的支持；以及認知性的制度意涵強調文化的認同等，均具有合法性的基礎（如表一所示）。

表一： 制度類別之比較

制度的類別 比較項目	管制性的制度	規範性的制度	認知性的制度
順從的基礎	便宜行事	社會義務	理所當然
運作機制	強制性的	規範性的	模仿性的
思考邏輯	工具理性	正當理性	正統說法
指標	法律、規章、制裁	證明、信賴	流行、同型化
合法性的基礎	法律強制	道德規範	文化支持
隱喻	在目前情況，我的利益何在？	在目前情況，他人對我的角色有何期待？	自問我是誰？在目前情況，什麼行動方式對我們人生才有意義？
代表學者	經濟學者如William-son及經濟歷史學家North	多為早期研究制度論的社會學者如：Durkheim, Parsons, Selznick	多為主張新制度論的人類學者和社會學者如：Geertz, Berger, Meyer, Rowan, Zucker, DiMaggio, Powell, Scott

資料來源： 作者整理Scott (1995: 34–45)文獻繪成

　　行為個體若同時面對這三種不同制度的約束時，經常會有內在的衝突產生，也就是工具理性和實質理性之間的衝突。因此，Scott主張個體行為者要融合外在環境和自己內在的價值觀，並發展為個人的一套「基本的行事準則」(constitutive rules)去與他人互動。Scott並舉球賽為例，有人的行事準則認為贏球第一；或有人認為運動精神最重要；亦有人認為贏球和運動精神同等重要。不過，Scott悲觀地認為，雖然認知性的制度比管制性的制度來得重要，但是一般人們與其秉持自己的認知去行事，不如屈就現實，趨吉避凶。例如：公司的主要目標只在追求利潤；政府機關的主要目標淪為增加和消

化預算；政黨的主要目標則只是騙取選票而已；而大學的主要目標只在乎出版罷了(Scott, 1995: 41-43)。此種「人在江湖，身不由己」之角色衝突現象，在警察組織中亦屢見不鮮，例如：警察的主要工作任務，乃職司法律的執行、犯罪的偵防以及社會安寧秩序的維持等，由於警政首長要求的績效指標和社會大眾期待警察服務的項目不盡相同，所以常造成基層員警實際執勤時無所適從，且寧願選擇有現實利益的事情去做。因此，如何調合人類工具理性和實質理性之間的衝突，是警察組織在設計制度時，所要認真面對的嚴肅課題。

總結上述對制度概念意涵的闡釋，制度乃為：①人類心智所建構的，是可以被人為改變的；②正式或非正式的規範系統；以及③在約束個體之間重覆發生的互動行為。此處所謂之個體，指涉組織個體或組織成員個體。若制度是用來約束組織個體間之互動行為的話，則可視該制度為該組織外的環境因素，譬如：一個國家的政治制度則為該國警察組織的外在環境因素；若制度是用來約束組織成員個體間之互動行為的話，則可視該制度為組織內的一套規範，譬如：警察人員升遷制度為警察組織內的一套規範❷。準此，要評估人類社會某一項制度是否合理可行，或要創設某一套制度來解決社會問題，首要之務需判明該制度所要約束的個體行為有那些，以及其個體間之互動，如何透過制度的安排而同時達到人類工具理性和實質理性的最大化。

---

❷ 制度和組織之涵義有類似之處，都是提供人類互動的結構，但是其最大不同處，在制度的目的係規範遊戲的方式，而組織的目的係設法在該遊戲規則中， 竭盡所能地獲得勝利(North, 1990: 4-5)。 另有學者Uphoff (1994: 200-204)認為組織指涉所認知和接受的角色的結構而言；而制度指涉實現集體價值而持續存在的規範而言。有些組織兼具有制度的性質，譬如家庭或最高法院；有些純組織則不具有制度的性質，譬如某一特定的家庭或某一律師事務所；亦有些純制度不具有組織的性質，譬如婚姻制度或法律制度。

二、制度環境與技術環境的概念意涵

新制度論將組織的外在環境截然二分為：制度環境(institutional environments)與技術環境(technical environments)。所謂制度環境，意指個別組織欲從其環境中獲得支持和合法性時，必須順從的一些周密化設計的規則而言(Scott and Meyer, 1983: 140)。這些規則包括正式的政治、法律制度及非正式的例行公事、習俗、傳統、習慣和迷思等。至所謂技術環境，則指組織產品或服務在市場中生產或交易的環境而言，且技術環境對於生產效率和效果高的組織會給予獎賞(Scott and Meyer, 1991: 123)。總之，組織欲求生存，必須順從其制度環境與技術環境的要求，而制度環境係強調組織必須尋求外在制度所給予的認同與正當合法性；技術環境則係強調組織必須追求效率和效果。

根據 Meyer 和 Rowan (1977)兩人的看法，不同組織對制度環境和技術環境的依賴程度不同，可區分為一個連續體上不同的組織類型。在這個連續體上的一端是指生產性的組織（如企業公司），此種組織獲致成功的主要原因是對組織效率的高度依賴，而且此類組織的績效在市場交易中很容易予以評量。反之，另一種極端的組織稱為制度化的組織（如警察機關），其成功較依賴於對制度環境的順從與同型化(isomorphism)，且其組織績效不易評量。再具體言之，依組織對制度環境和技術環境依賴程度的強弱，可將組織分為四大類型 （如表二所示） (Scott and Meyer, 1991: 123-125; Powell, 1988: 119)。第一類型是屬同時對制度環境和技術環境均高度依賴的組織，例如公用事業、銀行、醫院等組織，它們不僅要講求組織效率，同時也要順從有關公共事業的行政規範，因此這類組織的規模通常較為龐大。第二類型是屬高度依賴技術環境，而低度依賴制度環境的組織，例如製造精密儀器的工業。第三類型是屬高度依賴制度環境，

而低度依賴技術環境的組織，例如學校、法律機構、教堂以及警察等組織，其組織活動與國家政治、法律及宗教文化等制度息息相關。最後一種類型為同時對制度環境和技術環境均低度依賴的組織，例如餐廳、健康俱樂部等小型組織。

表二： 組織對制度環境和技術環境依賴程度的強弱

	依賴制度環境的程度強	依賴制度環境的程度弱
依賴技術環境的程度強	公用事業、銀行、醫院	製造工業
依賴技術環境的程度弱	學校、法律機構、教會	餐廳、健康俱樂部

資料來源：Scott and Meyer (1991: 123–125)

三、新制度論的組織系統模式

綜合上述政治學、經濟學及社會學的新制度論的論點，對組織的看法各有不同的著眼點與獨到的洞見，可提供組織理論的研究者更廣闊的視野，進而提出一個跨學科領域的組織理論，以利對組織現象作更充分的描述和解釋。要言之，新制度論的組織理論具有以下的特色：

㈠新制度論視組織為開放而自然的系統，其研究焦點兼顧組織的環境面及行為面的分析

就組織理論的發展而言，新制度論整合了傳統時期所強調的正式組織理論、行為科學時期的非正式組織及符號功能理論，以及開放系統理論時期的環境影響組織的研究。所以 Scott 將制度論定位為「開放而自然」的系統模式（如表三所示），亦即新制度論的系統模式，強調組織是一個開放的系統，組織強烈地受外在環境的影響，但是影響組織的環境因素包括制度性的環境，如政治、法律及文化等之制度環境，此類制度環境會輸入一些價值或信仰給組織，而組

織必須順服之，才能獲得正當合法性而存活(Scott, 1998: 117)。

表三： 各種組織理論對組織的看法

		對組織與環境的關係之看法	
		視組織為封閉的系統	視組織為開放的系統
對組織規範結構及行為結構的重視程度	視組織為理性的系統	傳統時期的組織理論	開放系統的組織理論
	視組織為自然的系統	行為主義的組織理論	新制度論的組織理論

資料來源： 整理自Scott (1998: 107)

㈡新制度論將組織的環境區分為制度環境和技術環境兩大類

亦即環境對組織的要求係透過兩個不同的方式進行的，首先在制度環境方面，環境對組織作社會及文化性的要求，希望組織在社會中扮演特定的角色，並建立及維持某種外顯的組織形式；其次在技術環境方面，環境對組織作科技及經濟性的要求，希望組織在市場或準市場中提供某些產品或勞務(Hatch, 1997: 83)。

㈢新制度論視「正當合法性」為組織系統的投入項之一

新制度論者既將環境分為制度環境和技術環境兩種，且如果組織能達成制度環境在社會及文化方面所施加之要求，則制度環境將認為該組織之存在具有正當合法性，亦即制度環境會將此種「正當合法性」輸入到該組織系統中，就好比技術環境將原料、勞力、資本、設備等輸入到組織系統中一樣，愈益增強該組織的存活能力。準此，新制度論的組織理論，能同時兼顧環境對組織在合法性及效率性等兩方面的投入項，所以更能適用到企業組織以外的其他組織（如公部門組織或非營利的組織）。

綜合上述新制度論的重要概念意涵及其理論的重要特色，並以開放系統的組織理論為基礎，試圖建立新制度論的組織系統模式（如圖二所示）：

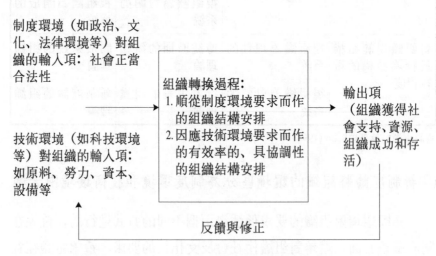

制度環境（如政治、文化、法律環境等）對組織的輸入項：社會正當合法性

技術環境（如科技環境等）對組織的輸入項：如原料、勞力、資本、設備等

組織轉換過程：
1. 順從制度環境要求而作的組織結構安排
2. 因應技術環境要求而作的有效率的、具協調性的組織結構安排

輸出項（組織獲得社會支持、資源、組織成功和存活）

反饋與修正

圖二： 新制度論的組織系統模式
資料來源： 作者根據Hatch (1997: 86)及Meyer, Scott, and Deal (1992: 47)整理繪成

肆、新制度論的組織理論之內涵剖析

本文認為新制度論者對組織的看法，是把組織看為一個開放而自然的系統，且在上節已建立新制度論下的組織系統模式（如圖二所示）。此處，將針對此組織系統模式的幾個變項，繼續深入地探究分析。這些變項關係包括環境對組織的影響、組織系統之轉換過程、組織對環境之回應，以及組織系統的反饋與修正等四項。由於新制度論對組織系統的反饋與修正的看法，與一般開放系統理論的看法無大區別，因此本文僅對前三項分段說明如下：

一、新制度論下環境對組織之影響

新制度論者指出高度依賴制度環境的組織，所追求的主要目標是組織的「正當合法性」(legitimacy)，以便於取得充分的資源、訊息及支持(Meyer and Rowan, 1977; DiMaggio & Powell, 1983: 147)。所以，吾人對組織運作的理解，應不要再侷限於理性組織模式下所強調的工具與目標的成本效益關係，也不該只用資源是否有效使用之指標，來衡量組織的表現。因此，有許多非常無效率的組織，仍然因具有合法性而依然存在。Meyer 和 Rowan 兩人(1977)亦批評當今社會的正式組織結構只關注協調與控制的運作而已，而忽略了 Weber 所關切的理性化正式結構的正當合法性問題，所以有些組織得不到其制度環境的支持而無法生存。職是之故，Meyer 和 Rowan 兩人提出了一個假設如下：「組織的正式結構具有社會正當性要素時，該組織能強化其正當合法性，和增加資源和生存的能力」(Meyer and Rowan, 1991: 53)。因此，組織欲獲得生存的兩大要件為：組織的效率及組織存在的正當合法性（如圖三所示）。

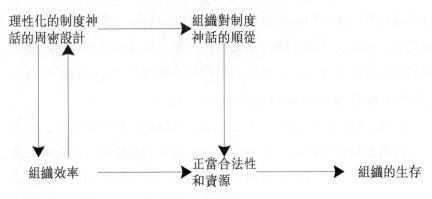

圖三：組織的生存

資料來源：Meyer and Rowan (1991: 53)

從圖三中可知，組織得到正當合法性和資源的途徑有二，一是

從提升組織效率的途徑著手；另一是經由組織對制度環境的順服著手。由於環境加諸組織的影響很大，所以在同性質的環境中的各個組織，其組織結構與運作情形會愈來愈趨向一致，這種環境對組織的影響過程，又稱為制度的同型化(isomorphism) (DiMaggio and Powell, 1991: 66)。Meyer 和 Zucker 兩人更進一步以這種組織與環境之間的同型化關係為立論基礎，說明組織績效、組織生存，以及組織的正當合法性的現實情形。

首先，Meyer 和 Zucker 兩人認為：組織績效的良窳係視組織與環境間的同型化程度而定。譬如 1960 年代的權變理論早已主張：組織對技術及環境要素的調適程度，與其組織績效具有強烈的相關性。因此，高度分化及瞬息萬變的環境會要求組織走向高度的分化和整合的結構形式，以利組織績效之獲致 (Meyer and Zucker, 1989: 54 轉引 Lawrence and Lorsch, 1967)。

其次，Meyer 和 Zucker 兩人認為：組織能否存活係視組織與環境間的同型化程度而定。組織能否存活，不全然決定於組織績效之良窳，有時是看組織形式與環境間的同型化程度而定。譬如根據 Hannan 和 Freeman 從組織人口生態學的觀點言，組織的形式可大略分為專才型(Specialists)和通才型(generalists)兩種，雖然通才型的組織活動，一般上比專才型的組織較無效率，但是在某些情況，通才型的組織卻比專才型的組織更具有存活的機會 (Meyer and Zucker, 1989: 55 轉引 Hannan and Freeman, 1977)。

最後，Meyer 和 Zucker 兩人認為：組織是否具有正當合法性係視組織與環境間的同型化程度而定。組織極力想維持其存在的正當合法性，就必須順服制度環境的信仰，亦即應設法去滿足環境對組織的期待。譬如，一個學校必須聘請學經歷等條件夠資格的人來當老師，否則這個學校會因得不到環境所賦予的正當合法性而喪失一些資源(Meyer and Zucker, 1989: 55)。綜上可知，組織的制度環境對

組織的績效、生存及正當合法性等具有極大的影響力。

　　然而，制度環境究竟是用什麼方式來影響組織呢？也就是接著要談的，環境對組織的影響機制。依據 DiMaggio 與 Powell (1983: 150–154)兩人的觀點，制度環境是透過強制性的(coercive)、模仿性的(mimetic)及規範性的(normative)等三種機制，來影響組織的結構與運作。茲分述如下：

㈠強制性的影響機制

　　二十世紀最具有代表性的制度創立者與執行者是國家，國家制定新的法令，頒布各種的行政程序與命令，並提供主要的財政與經濟資源。因此，組織在現代社會中欲存活的首要條件是：遵循國家強制性的法令與規範(Meyer & Rowan, 1977)。例如：台塑公司計畫赴大陸漳州投資電廠案，必須遵守國家現行強制性的政策與法令，此國家的政策與法令就是台塑公司的制度環境。而且在此同樣制度環境下的其他私人企業組織，其組織結構與運作，亦與台塑公司一樣地會受到強制性的影響，此乃制度同型化的結果。

　　就我國警察組織而言，由於我國警察組織體制較偏向中央集權制，中央政府對於地方警察組織之結構與運作，具有強制性的影響。因此，我國各地方警察組織係處在同一個制度環境（此處指中央政府體制）下，為了獲得組織存在的「合法性」，他們別無選擇地必須順從制度環境的強制規範，於是乎各個地方警察的組織型態會走向同型化的結果。

　　再舉外國警察組織為例，日本在第二次世界大戰後，接受美國等盟軍統治的七年期間，其警察組織體制受到美國強制性的影響極深。當時美國強制將民主化與分權化的理念，作為改造日本警察組織的目標，使得原具有中央集權傳統的日本警察組織一時無法適應。當美軍撤退後，日本隨即重新修訂美軍占領期間所頒布的警察法，

局部恢復日本傳統的中央集權的警察組織特色。此乃說明制度環境對組織產生強制性的影響情形。

㈡模仿性的影響機制

前述當環境對組織產生強制性的影響時，組織必須加以順服，才能得到正當合法性而存活。但是，有時候組織也可以直接透過對其他組織的模仿，而獲致組織存活的結果(Meyer and Zucker, 1989: 56)。此種情形，常發生在制度環境的符號意義模糊化，組織目標不明確，或者技術本身無法充分掌握時，組織會去仿效其他較穩定組織的結構及其活動（陳東升，民81）。

例如，我國於民國83年7月29日公布施行省縣、直轄市自治法，規定警政主管由省、市長「依法任免」。由於地方自主意識日益高漲，因此，對於此項警政主管的任免權責規定，爭議很大。內政部警政署在面對這項爭議所帶來的強烈衝擊，曾建議上級機關仿照與我國國情相近的日本警察組織體制，對中、高階警官皆由中央任命，警察經費亦以中央補助為主，並提昇警政署的層級，使警政制度一元化，不至動輒受地方議會掣肘，影響警察任務執行。再舉最近幾年來之例，由於我國社會治安不穩，於85年全國治安會議結論中，就有「仿照日本設置國家治安委員會」之擬議。上述二例有關我國警政改革，之所以要模仿日本制度，而不模仿其他歐美制度，乃由於日本國情與社會發展狀況與我國較為接近之故。亦即我國警察組織的制度環境性質與日本者較為接近之故，而透過模仿的影響機制，產生制度同型化的結果。

至於外國警察組織之間，亦有相互模仿的情形，例如美國近二十年來強調的社區警政策略，實與日本警察派出所強調社區服務的精神沒有兩樣，甚至美國著名的比較警察行政學者 David Bayley，還遠赴日本觀察學習日本警察派出所的長處，並著書介紹給美國警

察機關參考借鏡，此乃制度環境透過模仿性的影響機制，對警察組織所產生的影響情形。

㈢規範性的影響機制

規範性的影響機制強調：組織為獲得專業的合法性，而自發性地遵守制度性的規範。例如：律師及醫師公會等專業性團體的成員，會自發性地遵守各該團體的規範，以確保其執業的專業合法性。

例如，美國警察組織係採分權式的型態，其警察局的數目約有二、三萬之譜，而且組織之間係呈鬆散式結合的狀態。彼等為追求警察的專業化目標，對於警察的組織結構、警察人員的訓練課程內容與時數，以及警察執勤的標準作業程序等，均透過警察首長協會等團體的影響力，加以訂定一套標準的作業規範，俾利各個警察機關遵循。此乃制度環境透過規範性的影響機制，對警察組織所產生的影響情形。

綜合上述，組織的結構與運作是受其制度環境密切的影響。且由於制度同型化的作用，所以在同一個制度環境中或同性質的制度環境中的各個組織，其組織結構與運作會愈來愈趨向一致。此種制度同型化的影響機制可分為強制性、模仿性及規範性等三種。亦即其一，組織為獲得生存的「合法性」，必須順從其制度環境強制性的影響；其次，組織為降低其制度環境的「不確定性」，必須模仿其他類似組織的結構與運作；再次，組織為提升其存在的「專業性」，會自發地遵守其他同質性組織間的共同規範。

二、 新制度論下的組織系統之轉換

所謂組織系統的轉換過程，是指當內在或外在的環境發生變動時，組織本身就必須從事於某種程度的改變，以適應各種新的狀況的過程而言。一般說來，組織中的轉換過程大致可以分為六個步驟：

1. 發覺各種內在與外在環境的變化。
2. 針對外在的改變與組織內部的需要，輸入各種必要的情報、能源和人力。
3. 根據所得的「輸入項」調整內部的作業程序。
4. 將新的改變固定下來，並排除各種不良的作用。
5. 輸出各種符合該項變化的新產品和新的服務。
6. 統觀外在環境的狀況和內部的整合程度，一方面檢討既往的績效，另一方面則作為下一循環的指標（彭文賢，民75: 141-142）。

　　新制度論下的組織系統的轉換過程中，易導致組織衝突的現象。此乃由於有些組織必須同時順從其制度環境和技術環境的不同規範使然；又由於組織的制度環境是多元的，制度環境所產生的各種制度神話(institutional myths)之間可能具有衝突性，因此，組織對這些相衝突的神話中必須作出選擇性的順服。此乃組織順從其制度環境的要求，而完成正式結構制度化的過程中，可能會遭遇到的組織衝突的問題(Meyer and Rowan, 1977)。職是之故，組織系統為了求生存，在轉換的過程中，就必須特別小心地審視其制度環境與技術環境對其的影響情形，並積極從事組織間的制度設計及組織內部的制度設計，以利對各種互動的行為作良好的規範。茲從組織之間及組織內部兩種不同的制度設計課題著眼，敘述組織系統的轉換過程如下：

㈠組織之間的制度設計

　　本文前將「制度」定義為：人類心智所建構的一套一致遵循的正式或非正式的規範系統，以約束個體之間重覆發生的互動行為。此定義中的個體如果是指個別組織體的話，則制度的層次顯然高於組織的層次，可以將制度視為組織的環境因素。此時，制度設計的

目的就是要規範組織間的互動行為。

　　就政府組織間的制度設計而言，制度的種類包括各級政府之間的互動規則，和同一級政府中不同部門之間的互動規則。前者我們稱之為「府際關係」的制度；後者則稱之為「部際關係」的制度。此外，尚可以垂直關係和水平關係進一步將政府組織間的關係分為四大類別：亦即包括上級與下級政府、平行地位政府、上級與下級單位，以及平行單位等之間的關係（如表四所示）（陳敦源，民 87: 238–239）。其間的互動關係中，究竟應設計出什麼樣的制度來加以規範雙方之互動行為，才能確保其間之協調性大於衝突性呢？這就是新制度論所關心之處。

表四：部際與府際關係的分類

	部際關係(interagency)	府際關係(intergovernment)
垂直關係(vertical)	上級與下級單位（例如行政院與內政部關係）	上級與下級政府 （例如中央政府與地方政府關係）
水平關係(horizontal)	平行單位（例如行政院與立法院關係）	平行地位政府 （例如高雄縣政府與屏東縣政府關係）

資料來源：陳敦源（民87: 240）

　　首先，在組織間的水平關係中，組織兩兩互動的格局及動態，好比博奕理論的情境一般。根據博弈理論的推論，如果在兩造溝通不良並堅持己見的狀況下，最可能的結局就是兩造均得不到什麼好處，因為，堅持小差異而忽略更大的共同利益，是真實世界的寫照（陳敦源，民 87: 247）。例如，臺北市政府在陳水扁先生主政期間，與由不同政黨掌控的臺北市議會之間時而有衝突事件發生，常易導致兩敗俱傷的情境。為解決此種組織間衝突的困境，可借用政治學上的理性抉擇論來加以檢視，並進而建立組織間反覆不斷的互動和溝通機制，來培養雙方的互信，且加以賞罰、約束彼此的行為，則其歧見應有化解之可能。

　　其次，在組織間的垂直關係中，上下級組織互動的情境，可用經濟學新制度論中的代理理論(agency theory)來解釋，並可從降低交易成本的途徑，來解決互動雙方資訊不對稱的問題。例如，民主政治可以歸納為三個層次的「委託與代理」關係：

1. 選民以選票「委託」民選首長與民意代表「代理」掌管公眾事務；

2. 民選首長與民意代表協同決策，訂定法律，「委託」官僚體系「代理」執行政策；

3. 在官僚體系中，上級單位依據民選政治人物的決策內容與內部組織命令結構，「委託」下級單位照辦執行。

　　上述每一層「委託─代理」關係當中，都存在隱藏資訊與隱藏行為的問題，導致政府由上到下的命令系統的效用，因而大打折扣（陳敦源，民 87: 249）。所以，現代化政府的跨部門管理，已漸漸受到重視。

　　有關府際關係和部際關係的制度設計，所指涉的範圍很廣，例如，依據國家主權組合形式之不同，可將國家的政治型態分為單一制國家與複合制國家兩大類，而複合國的種類又可細分為聯邦、邦聯、事合國和身合國等四種。而且各該政府制度又因不同國度而有不同的府際關係（陳德禹，民 89: 220–228），此均屬組織間制度設計的範疇。此外，強調政府功能及強調市場機能之不同治理型態，亦屬人類社會中制度設計的問題。

　　總之，新制度論的組織理論的架構中，有關組織的轉換過程，涵蓋廣大範圍的制度設計課題。然其範圍雖廣，其牽涉的問題雖複雜，但我們可以新制度論的核心概念加以分析、解釋、描述，甚至可因而獲致解決問題的策略與方法。

㈡組織內部的制度設計

組織內部的制度，是指組織成員之間的互動規則而言，包括正式的組織結構安排或各項管理規定，以及非正式的組織文化或團體規範等。從新制度論的觀點言，組織內部的結構和行為應迎合外在制度環境的信仰和價值，才能獲致正當合法性而確保存活。

至於為何一定要以新制度的觀點來從事組織內部的制度設計呢？政治學者 Peters 對這個問題提出了他的看法，他認為工業化的民主國家政府在從事政府改革或組織重組時，在理論上可分為目的性行動(purposive action)、環境決定論(environmental determinism)，以及制度論(institutionalism)等三種途徑。其中目的性行動的改革途徑，太過強調領導者必須強而有力的主導，易流於主觀；而環境決定論途徑的改革由於太過被動消極，易導致組織的機械化；所以，Peters 認為採取制度論的途徑從事政府改革是最為有效的途徑，因為制度論途徑可以避免其他二種途徑太過政治化和太過機械化的缺點外，尚可著力於類似組織文化再造方面的改革，有效改變組織內部成員的價值(Peters, 1992: 199–217)。由此可知，以新制度論的途徑來從事組織內部結構與運作制度之設計，確有其優點。

那麼以新制度論的途徑的制度設計，在實際作為上應考慮之面向為何？過去談及組織設計的課題時，大皆只強調管理層次上的設計，亦即太過強調組織結構上的安排和管理的方法，包括組織結構的分化、集權化的程度及制式化的程度等。反之，若以新制度論的觀點來看組織設計，則所關懷的課題除了管理的面向外，尚包括政治、法律，及文化等面向。尤其對公共組織的制度設計而言，更應以新制度論的途徑，來取代企業組織所強調的管理途徑，才能有更宏觀的見解。

公共組織以管理的途徑從事制度設計之著眼點，在於提升公共組織的效率，尤其以經濟上的效益為主；而公共組織以政治的途徑從事制度設計之著眼點，在於強調代表性、回應性、及課責性，以

爭取社會大眾的支持；至於公共組織以法律的途徑從事制度設計之著眼點，則在於強調人民自由權利的保障(Rosenbloom, 1989: 417–424)。因此，對照新制度論的環境因素以觀，管理途徑的制度設計作為，其目的在透過組織效率的達成，以因應技術環境對組織的需求；而政治或法律途徑的制度設計作為，其目的則係透過組織正當合法性的取得，以因應制度環境對組織的要求。加之公共組織與企業組織最大的不同處，在於公共組織對制度環境之依賴程度甚於對技術環境之依賴，所以，公共組織在從事制度的設計時，自應對政治及法律層面的課題加以考量，不能太偏重管理層面的考量。

三、新制度論下組織對環境之回應

當組織具有二種以上的衝突性目標，以及當組織面臨多元制度環境所加諸的衝突性要求時，組織易陷入兩難的困境。組織為求存活，自當對其環境作出必要的回應。根據 Oliver (1991: 145–179)的研究認為，組織回應環境的策略有五種：包括默從(acquiescence)、妥協(compromise)、逃避(avoidance)、抗拒(defiance)及操縱(manipulation)等。Oliver 並認為，組織對其外在環境所施予的壓力，應採何種策略回應，應視其環境壓力的性質及其背景而定。茲將其分述如下：

㈠默　從

假如組織因默從環境的要求，而能得到高度的合法性或是高度的組織效率，則組織會傾向採取默從的策略。組織默從環境的主要方式有習慣(habit)、模仿(imitate)和順服(comply)等三種，茲分述如下：

1. 「習慣」指涉不自覺地遵守傳統上理所當然的規則或價值。例如「讀書是學生的天職」、「天下無不是的父母」或「警察是人民的保姆」等理所當然的價值規範，人們常習焉而不察。

2.「模仿」係指組織處於不確定情況時，有意識或無意識地模仿它所熟悉且信任對象的結構或行為而言。例如我國警察機關經常派員赴國外考察警政，以作為我國模仿學習的參考。

3.「順服」則指有意識地服從或內化制度環境的價值、規範和需求。例如我國行政院為順服原住民強烈爭取權益的需求，遂成立原住民委員會。

㈡妥　協

當組織所面對的制度環境之間有衝突存在時，或是所面對的制度環境與組織目標發生衝突時，組織通常會設法與制度環境相調和或與之妥協(Oliver, 1991: 153)。例如，Powell 和 Friedkin 兩人(1986: 262-265)的研究指出，公共電視臺面對多種提供資金的利害關係人不同的要求時，必須加以調和，使各個利害關係人之間的利益以及公共電視臺組織的內在利益，達到平衡的狀態。

就我國警察組織言，於民國 83 年省市長民選後，警政主管之任免權究竟歸中央或地方政府，爭議很大。其爭議之原因在於 83 年 7 月 29 日制定公布之省縣自治法第三十五條暨直轄市自治法第三十條規定，省市政府主計、人事、警政及政風主管由省市長「依法」任免，遂與行之有年的警察人員管理條例，由內政部遴任的規定，發生法律競合現象。此一問題經有關機關提出後，由行政院邀集中央各有關主管機關及省市政府開會研商，再經行政院基於省（市）自治之監督機關立場並綜合各機關意見審慎考量後，於 84 年 2 月 7 日以臺八十四人政力字第○三六八九號函作成補充規定如下:「省市長民選後，有關省市政府主計，人事，警政及政風主管之派免，應先經由中央各該主管機關與省市政府相互協調同意後辦理。亦即中央主管機關擬調整上開主管人選時，應先洽商省市政府同意；省市政府亦得洽商中央主管機關調整上開主管人選。」此一處理方式，說

明了內政部警政署在調整重要警職時，必須先與省市政府相互協調同意後再行辦理，此乃組織以「妥協」的方式回應外在環境所加諸的影響。

(三)逃　避

當組織面臨環境所給予的壓力太大而無法承受時，組織會以逃避的方式來回應。組織逃避環境影響的手段包括虛偽服從、緩衝監督及逃避監督等(Oliver, 1991: 154–155)。例如，組織為表面服從環境對其的要求，常訂定一些無法落實執行的計畫虛應故事；又如某化學工廠為逃避政府對環境污染的嚴格處罰，將工廠遷移到其他法律處罰規定較鬆的國家去，亦是組織逃避環境的手段之一。

就警察組織而言，由於層級節制非常嚴密，又因上級對勤務和業務的要求又特別多，導致基層警察組織（如分局和派出所）的工作負荷過重，遂對於上級的規定虛與委蛇，設法逃避監督，此即所謂「上有政策，下有對策」的組織病象。

(四)抗　拒

抗拒是比上述順從、妥協和逃避更為激烈的手段，當組織意識到環境所施予的要求不合理，且組織與環境對抗的成本又不高時，組織會採取此抗拒的方式回應組織的壓力(Oliver, 1991: 157)。例如，我國現階段的大陸政策係採「戒急用忍」的態度，但有些企業為搶攻大陸市場，遂偷偷前往大陸投資，甚至無懼於政府的處罰規定，就是組織抗拒環境的最好說明。

(五)操　縱

操縱係指組織回應其環境壓力所使用的最積極之手段。組織操縱環境的手段包括吸納(co-opt)、影響(influence)及控制(control)制度

的壓力等(Oliver, 1991: 157–159)。所謂「吸納」，依 Selznick (1949: 13)的定義是指：吸收持反對意見的人員加入組織的領導或決策的結構中，以求組織穩定或生存的過程。意即指組織設法說服制度環境的利害關係人，使加入該組織中並參與組織的決策活動，以有效化解該利害關係人原先存在的歧見的過程。譬如，Selznick 對美國田納西河流域水利管理局的研究中，即詳細說明了組織如何吸納外在的利害關係人，以及如何說服他們支持組織的方案，以化解制度環境所施予組織的壓力。

其次，所謂組織「影響」環境的情形，是指組織直接操縱制度環境的價值、信仰，以及影響環境對組織的評價標準等(Oliver, 1991: 158)。譬如，一個貿易公司努力改善其公司形象，使廣大的消費者對其產生好感；又如，某產業公會設法遊說國會議員，使制訂有利於該產業的法令等，均係組織影響環境的手段。

至於所謂組織「控制」環境的情形，是指組織握有相當大的權力，能夠主宰其環境的資源分配(Oliver, 1991: 158)。譬如，一個機關組織能夠主宰其預算之編列及決算之審核，絲毫不受環境的影響。組織以此種「控制」的手段來回應環境的壓力，比上述吸納及影響的手段更為激烈。

綜合上述組織回應環境壓力的各種手段，包括默從、妥協、逃避、抗拒及操縱等五種，其回應的激烈程度由弱而強。此說明了組織不但會將外在環境的價值予以內化以爭取資源外，組織尚能對於外在環境所施予的衝突性價值作必要的回應，而非宿命地接受其環境所施予之影響。

伍、結 語

一、本文之結論

1.組織是一個開放而自然的系統:

就組織是一個開放系統而言,組織是與其外在環境保持一種互動的關係。組織自外在環境中獲取所需的資源、訊息等能量,經組織的轉換後,再向外界輸出,形成一個生生不息的反饋系統。就組織是一個自然系統而言,組織不僅追求技術的理性,尚應遵循制度環境的一套價值規範,才能獲得賴以生存的正當合法性。

2.制度影響行為:

本文所謂的制度,是指人類心智所建構的一套一致遵循的正式的或非正式的規範系統,以約束個體之間重覆發生的互動行為。制度的目的是為了降低人類社會互動行為所衍生的交易成本,所以會制訂具有誘因性及限制性的制度,來規範人類的行為。

3.制度具有可變性:

制度雖然可以影響行為,但此並非意謂人類行為完全由制度來決定。因為制度是人為所建構的,制度與行為之間具有互動關係,制度可以加以改變。屬眾人長期所建構之上層制度如傳統民族文化及憲政制度等較不容易改變;屬短期少數人所建立的下層制度如日常商品交易之制度則較容易改變。

二、新制度論研究的未來展望

新制度論的組織理論,對組織現象的研究,確實提供了一條宏觀的途徑,而且具有跨學科研究的性質,可整合累積各個學科的研究成果,對人類組織現象將能作出更周延的解釋、描述與預測。但

由於各學科間對新制度論的概念尚無共識，所以欲整合其概念仍有很大困難。

　　新制度論的組織理論，在研究方法上應將結合質化與量化的方法，才能使得新制度論的研究更具科學性和說服力（郭承天，民89：16）。但是至目前為止，新制度論的概念既未釐清，又欠缺大量的實證研究個案，所以欲成為具說服力的理論，仍有一段很長的路要走。

　　新制度論的組織理論，雖然尚未發展成熟，故有上述之概念不清及研究成果不豐的困境，但是若深入鑽研，則易瞭解新制度論對某些組織現象的解釋力很強。所以，研究者可針對研究的興趣與需要，加強對實際個案的研究。

　　最後，建議研究者若欲進行新制度論的實證研究時，可著眼於下列幾個要項，以便累積研究成果，並印證相關之理論概念。

　　1.指出所欲探究的社會現象及變項關係；

　　2.找出具有互動關係的個別行動者及其特性分析；

　　3.設計用以約束個別行動者的制度；

　　4.分析制度對個別行動者之影響情形；

　　5.分析個別行動者對制度之回應情形。

參考書目

王躍生

　　民86　　新制度主義，臺北：揚智。

臺灣中華書局辭海編輯委員會編

　　民83　　辭海，臺北：臺灣中華書局。

朱金池

　　民77　　組織成員考核制度運作之研究：以我國警察機關為例，國立政治大學公共行政研究所碩士論文，未出版。

江岷欽

民84 「制度形成論與組織經濟學」，載於江岷欽，林鍾沂編著，公共組織理論，臺北：國立空中大學。

張潤書

民75 行政學，台北：三民。

陳德禹

民89 「府際關係」，收錄於吳定、張潤書、陳德禹、賴維堯編著，行政學（二）（修訂四版），臺北：國立空中大學。

陳東升

民81 「制度學派理論對正式組織的解析」，臺大社會科學論叢，第四十輯，頁111–133。

陳敦源

民87 「跨域管理：部際與府際關係」，收錄於黃榮護主編，公共管理，臺北：商鼎。

郭承天

民89 「新制度論與政治經濟學」，發表於中國政治學會年會，中國政治學會主辦（1月8日），臺北市。

謝俊義

民88 新制度經濟學對當代行政改革之啟示，國立政治大學公共行政學系碩士論文，未出版。

彭文賢

民75 系統研究法的組織理論之分析（第三次印行），臺北：聯經。

Barnard, Chester

1938 *The Function of the Executive*. Cambridge: Harvard University Press.

Berger, Peter L. and Hansfried Kellner

1981   *Sociology Interpreted: An Essay on Method and Vocation.* Garden City, NY: Doubleday Anchor.

Berger, Peter L. and Thomas Luckmann

1967   *The Social Construction of Reality.* New York: Doubleday.

Blau, Peter M. and Marshall W. Meyer

1987   *Bureaucracy in Modern Society* (3rd ed.). New York: Mc-Graw-Hill.

Chandler, A. D.

1977   *The Visible Hand.* Cambridge: Harper and Row, Belknap Press.

DiMaggio, Paul J. and Walter W. Powell

1991   "The Iron Cage Revisited: Institutional Isomorphism and Collective Rationality," in Walter W. Powell and Paul J. DiMaggio (eds.), *The New Institutionalism in Organizational Analysis.* Chicago: The University of Chicago Press.

Goodin, Robert E.

1996   "Institutions and Their Design," in Robert E. Goodin (ed.), *The Theory of Institutional Design,* pp. 1–53. New York: Cambridge University Press.

Hannan, Michael T. and John H. Freeman

1977   "The Population Ecology of Organizations," *American Journal of Sociology,* 82: 929–964.

Hatch, Mary Jo

1997   *Organization Theory: Modern Symbolic and Postmodern Perspectives.* New York: Oxford University Press.

Kast, Fremont E. and James E. Rosenzweig

1985   *Organization and Management.* New York: McGraw-Hill

　　　　　　Book.

Lane, Jan-Erik

　1993　　*The Public Sector: Concepts, Models and Approaches.*
　　　　　Newbury Park, CA: Sage.

Lawrence, Paul and Jay W. Lorsch

　1967　　*Organization and Environment.* Boston: Graduate School
　　　　　of Business Administration of Harvard University.

March, James G. and Johan P. Olsen

　1984　　"The New Institutionalism: Organizational Factors in Polit-
　　　　　ical Life," *American Political Science Review*, 78: 734–
　　　　　749.

　1989　　*Rediscovering Institutions: The Organizational Basis of
　　　　　Politics.* New York: The Free Press.

　1995　　*Democratic Governance.* New York: The Free Press .

Meyer, John W. and Brian Rowan

　1977　　"Institutionalized Organization: Formal Structure as Myth
　　　　　and Ceremony," *American Journal of Sociology*, 83: 340–
　　　　　363.

　1991　　"Institutionalized Organizations: Formal Structure as Myth
　　　　　and Ceremony," in Walter W. Powell and Paul J. DiMaggio
　　　　　(eds.), *The New Institutionalism in Organizational Analy-
　　　　　sis.* Chicago: The University of Chicago Press.

Meyer, John W. & W. Richard Scott

　1992　　*Organizational Environments: Ritual and Rationality.*
　　　　　Newbury Park, CA: Sage.

Meyer, John, W. Richard Scott and Terrence E. Deal

　1992　　"Institutional and Technical Sources of Organizational

Structure: Explaining the Structure of Educational Organi-
zations," in John W. Meyer & W. Richard Scott (eds), *Or-
ganizational Environments: Ritual and Rationality*. New-
bury Park, CA: Sage.

Meyer, Marshall W. and Lynne G. Zucker

1989   *Permanently Failing Organizations*. Newgury Park, CA:
Sage.

North, Douglass C.

1981   *Structure and Change in Economic History*. New York: W.
W. Norton.

1990   *Institutions, Institutional Change and Economic Perform-
ance*. Cambridge University Press.

Oliver, Christine

1991   "Strategic Responses to Institutional Processes," *Academy
of Management Review*,16 (1): 145–179.

Peters, B. Guy

1992   "Government Reorganization: A Theoretical Analysis," *In-
ternational Political Science Review*, 13 (2): 199–217.

1999   *Institutional Theory in Political Science: The New Institu-
tionalism*. London: Pinter.

Powell, Walter W.

1988   "Institutional Effects on Organizational Structure and Per-
formance," in Lynne G. Zucker (ed.), *Institutional Patterns
and Organizations: Culture and Environment*. Cambridge,
MA: Ballinger Publishing Company.

Powell, Walter W. and Paul J. DiMaggio (eds.)

1991   *The New Institutionalism in Organizational Analysis*.

Chicago: The University of Chicago Press.

Powell, W. W. and R. Friedkin

1986　　"Politics and Programs: Organizational Factors in Public Television Decision Making," in P. DiMaggio (ed.), *Nonprofit Enterprise in the Arts*, pp. 245–269. New York: Oxford University Press.

Rainey, Hal G.

1997　　*Understanding & Managing Public Organizations* (second edition). San Francisco: Jossey-Bass.

Rosenbloom, David H.

1989　　*Public Administration: Understanding Management, Politics, and Law in the Public Sector* (second edition). New York: McGraw-Hill.

Scott, W. Richard

1990　　"Symbols and Organizations: From Barnard to the Institutionalists," in Oliver E. Williamson (ed.), *Organization Theory: From Chester Barnard to the Prestent and Beyond*. New York: Oxford University Press.

1995　　*Institutions and Organizations*. Thousand Oaks, CA: Sage.

1998　　*Organizations: Rational, Natural, and Open Systems* (fourth edition). Singapore: Simon and Schuster Asia Pte, Ltd.

Scott, W. Richard and John W. Meyer

1983　　"The Organization of Societal Sectors," in J. W. Meyer & W. R. Scott (eds.), *Organizational Environments: Ritual and Rationality*, pp. 129–153. Beverly Hills, CA: Sage.

1991　　"The Organization of Societal Sectors: Propositions and

Early Evidence," in Powell, Walter W. and Paul J. DiMaggio (eds.), *The New Institutionalism in Organizational Analysis*. Chicago: The University of Chicago Press.

Selznick, Philip

1949　*TVA and the Grass Roots*. Berkeley: University of California Press.

1957　*Leadership in Administration: A Sociological Interpretion*. New York: Harper & Row.

Sjostrand, Sven-Erik

1993　*Institutional Change: Theory and Emperical Findings* (ed.). Armonk, New York: M. E. Sharpe.

Steinmo, Sven, Kathleen Thelen and Frank Longstreth

1992　*Structuring Politics: Historical Institutionalism in Comparative Analysis*. Cambridge University Press.

Tolbert, Pamela S. and Lynne G. Zucker

1999　"The Institutionalization of Institutional Theory," in Steqart R. Clegg and Cynthia Hardy (eds.), *Studying Organization: Theory & Method*, pp.169–184. London: Sage.

Uphoff, Norman

1994　"Revisiting Institution Building: How Organizations Become Institutions," in Norman Uphoff (ed.). *Puzzles of Productivity in Public Organizations*. San Francisco: Institute for Contemporary Studies Press.

Van Horn, C. E., D. C. Baumer and W. T. Gromley

1992　*Politics and Public Policy* (second edition). Washington D. C.: A Division of Congressional Quarterly, Inc.

Williamson, Oliver E.

1975   *Markets and Hierarchies: Antitrust Implications.* New York: Free Press.

1985   *The Economic Institutions of Capitalism.* New York: Free Press.

現代政府運作過程中基層公務員的定位與功能

呂育誠

淡江大學公共行政學系副教授

摘　要

　　本文目的係基於結構與功能的觀點，探討今日政府運作過程中基層公務員的定位與功能。全文內容主要分為三部分，其一是從政策推動的有關環節及機關運作的動態內涵，探討基層公務員的特質，及對機關運作的可能影響；其二是從現代政府推動行政革新的思惟中，分析基層公務員可能面臨的壓力；最後再分別從公務員個體與機關整體的立場，提出未來基層公務員功能發揮之可行途徑。作者認為欲發揮今日基層公務員的功能，除重新釐清其在機關中的地位，同時賦以適當的課責與責任外，重塑機關整體運作規範方能提供相關的誘因與動力。

關鍵詞：基層、公務員、行政機關、功能

壹、前　言

　　基層公務員對一般人而言，常是既熟悉又陌生的概念。熟悉的是，不論當吾人進行組織設計或分類，或是描述行政機關的內涵時，將基層納入應屬簡單的常識範圍。然而陌生的是，在機關架構乃至於龐大的政府體系中，「基層」雖然所占的人數最多、分佈也最廣，但是其究竟在機關中具備何種功能？發揮何種影響？卻常受到忽略，甚至於在以決策者為主體的思考下，基層更可能被視為是「沒有聲音」的一群。這種對基層公務員的認知不僅忽略法令對公務員的定義並無層級之分，也易模糊基層人員在機關中的角色及應有貢獻。

　　此外，為了追求效能效率，並提升機關回應內外界需求的能力，今日政府多積極推動「政府再造」或行政革新策略。此一革新潮流對高層決策者而言，或許是考量機關整體成長後的必然選擇，然而對基層公務員而言，由於革新的過程與結果常與既有工作經驗有相當差距，或是改變其有關權益，故高層愈積極推動革新的結果，反而相對可能更增加其與基層間的緊張關係，甚至形成抵制。這些問題雖然難以自組織職位分佈圖中看出，但相信對組織運作及其成效的影響是實質而重要的。

　　基於此，本文目的即基於結構與功能觀點，探討今日政府運作過程中基層公務員的定位與功能。全文內容主要分為三部分，其一是從政策推動的有關環節及機關運作的動態內涵，探討基層公務員的特質，及對機關運作的可能影響；其二是從現代政府推動行政革新的思惟中，分析基層公務員可能面臨的壓力；最後再分別從公務員個體與機關整體的立場，提出未來基層公務員功能發揮之可行途徑。筆者期望透過本文分析，除了釐清對基層公務員的模糊印象及問題焦點外，更能有助於重新思考基層公務員在現代政府中的定位

及權責，並提供其功能發揮的適當空間。

貳、基層公務員在政府組織中的意涵

一、基層公務員的定位

　　從結構的角度而言，所謂「基層」係指在類似金字塔的組織型態中，相對於「中層」、「高層」的組織層級。例如 Mintzberg 認為形成組織結構的因素有五，分別是「策略高層」(strategic apex)、「業務中層」(middle line)、「運作核心」(operating core)、「技術幕僚」(technostructure)、「支援幕僚」(support staff)，其間關係則如圖一所示 (Mintzberg, 1992: 244)：

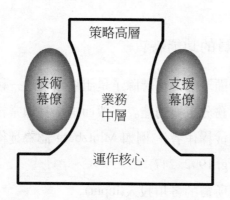

圖一：　構成組織結構的五大要素
資料來源：Mintzberg (1992: 244)

　　由圖一可知，在整個組織體系中，「基層」不僅是組織結構的基礎，也是中層與高層的支持力量。

　　另外，若吾人將圖一內容代之以整個政府體制的概念，則基層的內涵除了是形成個別機關的要素外，其更可代表不同的政府層級。例如由於我國政府體制係屬於「單一國家」，因此鄉鎮市在整個政府

架構中，亦可視為是相對於中央、省市與縣市的基層。

　　基於此，所謂基層公務員便同時具備下列兩個意涵：

　　　1.單一政府機關或機構中位於較低層級的人員。

　　　2.中央與地方政府體系中的下級地方政府中的公務員。

　　必須說明的是，不論是基於何種觀察角度，上述基層均代表一種相對而非絕對的概念。例如就單一組織而言，生產線領班對於總經理而言，自然即為基層人員，但是若在生產部門的範圍中，則其又可能是中層管理者；同樣地，鄉鎮市雖然是地方制度法中的基層地方自治團體，但若考量村、里、鄉等制度，則其亦非絕對的基層。基於此，本文對基層公務員相關論題的研究，主要是從功能發揮的觀點，探討其在相對性的基層地位上所可能形成的影響，而非在澄清其在個別組織或政府中的職位屬性，以期集中分析焦點並呈現問題的本質。

二、基層公務員的功能特質

　　正如圖一所顯示的，基層除了是組織結構的一種類型之外，其更代表特定的業務分工與功能。一般而言，其通常被視為是組織各項目標的執行者或操作者。例如 Mintzberg 認為運作核心的主要功能有四(Mintzberg, 1992: 247)：

　　　1.取得生產所需的各項投入(input)。

　　　2.將組織各項投入轉化為產出。

　　　3.銷售或推廣組織產出。

　　　4.維持上述各個程序之正常運作。

　　從上述功能內涵推知，基層人員對組織的最大貢獻便在於儘可能發揮生產力，並以最有效率、失誤最少的方式來忠實執行上級所交付的任務。相對地，對基層人員的管理內涵，則在於促使其對組織目標的深刻承諾(commitment)，進而有利於在上級的領導(控制)下

發揮最高的效能(Gordon, 1993: 169–222)。

就基層公務員而言，若從機關地位或組織圖的角度觀之，則其似與前述基層的概念並無不同，甚至於在嚴明的層級節制下，服從上級指揮與履行本身職責更將是法定義務。然而就機關運作的層面而言，基層公務員卻可能擁有相當寬廣的功能發揮空間。筆者持此觀點主要是基於下列二項理由：

首先，基於職位特質而言，基層公務員雖然位處組織底層，但其不僅在身分上與其他層級公務員均受到同等的保障，同時行使各項職權也須具有法令的依據，故即使接受上級公務員的指揮監督，也必須是在法定的範圍內始能生效，例如公務員服務法第一條規定：「公務員應遵守誓言，忠心努力，依法律命令所定，執行其職務」。換言之，基層公務員特定功能的發揮基本上取決於附屬於其職務的法定權責，而非上級的安排或規劃，於是只要不牴觸法令規定，基層公務員與其他層級一樣，均有權代表政府履行特定職責，甚至在必要情形下，其也不必然接受上級的指揮。

其次，就今日官僚組織的運作而言，Peters 認為在社會高度開放的環境下，官僚組織將難以避免地長期處於變動狀態中，並隨時調整功能回應各方民眾的要求(Peters, 1995: 225)。此時基層公務員除了原有職責外，更可能是機關回應外界要求的重要機制。筆者綜合現有研究成果，認為約可歸納為下列各項：

1. 政府政策的詮釋者。不論基於個別政府組織或地方政府，基層公務員均是各項政府政策與決定的最終執行者，而此職責不僅代表著特定施政目標的落實，更意味著對該施政內容的詮釋。例如Dahl在其名著《由誰治理？》(*Who Governs?*)一書中便指出對於在同一城市中，不同市府官員常採行不同途徑來發揮影響力，從而形成不同形式的結果(Dahl, 1961)。

2. 民眾訊息的接收者。在與民間互動的過程中，基層公務員不

僅影響民眾，也接受來自於民眾的影響。例如Lipsky對「第一線官僚」(Street-Level Bureaucracy)的研究發現，包括基層員警、社工員、教師等基層官員，其工作成效常是個人職責與民眾期望兩種力量交互激盪後的成果，民眾不僅是基層官員的服務或管制對象，其更可能具體影響了基層官員的思惟與決定(Lipsky, 1992: 476–482)。

3. 政府施政的具體象徵。基層政府職位不僅是政府推動政策的單元，職位設置本身更可能直接反映出政府的特定作為。例如近年來美國地方政府常積極推動「代表性官僚」(representative bureaucracy)政策，即主張基層人員的進用應符合不同族群、性別等特質的比例，以使不同利益均有機會在政府運作中得到重視(Riccucci & Saidel, 1997: 423–430)。

綜上討論，今日基層公務員除了在表面的型式或地位符合一般組織的基層概念外，其餘不論在權責、功能，乃至於職務定位上均有其特殊性。基於此，筆者認為今日公共行政研究處理相關論題時，下列二種現象將是值得注意的：

第一，在政府運作過程中基層公務員除接受來自於上級人員或機關的影響外，亦可能在主動的地位上發揮一定的影響力。甚至於基層人員本身即是整個政府運作過程中的重要變數。

第二，承接上述論點，基層公務員雖然具有一定地位及影響力，然而其在機關正式（或法定）的權力關係中，卻顯然被設計為「受命執行」或「服從」的角色。因此，在缺乏正式權力的基礎上，基層公務員如何處理法定職責與實際工作上的權力落差，乃至於如何在面對機關內外事務時發揮其影響力等問題便殊值吾人關切，因為這些問題的答案不僅可能改變基層公務員的職務內涵，更會實質牽動機關整體的運作方向。

參、基層公務員與現代政府運作的關係

一、對組織內部管理的影響

由於受限於組織結構中的地位，使一般對基層人員或公務員對組織所能發揮的影響可能陷入「理所當然」的誤解中。例如 Gortner 等人在探討公共組織中對基層個人或團體的管理策略時，便認為組織基層因為既無權制定政策，也不能整合組織不同結構，故其最重要的管理目標乃在於「完成既定工作」(Gortner, et al., 1989: 321–322)。筆者認為若從層級分工的觀點而言，此種任務界定方式並無不妥，然而若考量前述基層公務員的職位特質及其可能連帶產生的影響時，Gortner 等人的說法便值得商榷。此一論據的理由有二。首先，為了順利推動組織各項業務，基層公務員的職責內容雖然有必要與其他層級進行區隔，但如此並不表示其對組織的功能或影響也能同時受到限制。事實上，在職責範圍內，基層公務員仍具有一定的裁量空間，並可用以影響其他層級甚至組織整體。

其次，如前文所述，基層公務員的職位是由國家所授與，因此其在本質上與組織各層級職位並無不同，即便因為機關運作上的需要而使基層公務員必須服從上級的指揮監督，但是卻不會影響該類職務的獨立地位，更何況來自於上級的指揮命令尚需符合法令規範或正當程序等原則。職是之故，單純地將基層公務員定位於受命執行的方式並不恰當，因為在法定地位上，上層主管不僅不能任意指揮命令，尚可能需要盡量維持基層公務員的獨立性，以利其忠實履行各項法定權責，故將基層視為是「附屬品」(palliative)的觀念將可能同時扭曲基層公務員在機關中應有的地位，更違背了民主政治中多元參與的根本原則(Rockmam, 1992: 152)。

　　事實上，基層公務員雖然並非直接參與機關各項引人關切的決策，但是其在組織或單位內部的影響卻是極為明確的。此一論點可從個人能力與職務能力兩方面分別說明。就前者而言，係指基層公務員本身具有的知能。Ellison 在分析促成政府機關獨立運作的因素時便發現，除了制度上的設計外，官員本身具備的專業知識及行事風格均足以影響機關實際的運作(Ellison, 1995: 166–167)。同理，若基層公務非常嫻熟本身業務，或是具有獨到的見解與經驗，相信其對組織業務的推動必然是重要的助力。而就後者而言，儘管基層公務員的職責內容是以執行或操作為主，但是如此並不表示此類工作的內容是單純的或機械式的。相反地，其間仍然充滿高度的複雜性與動態性。Brower 與 Abolafia 兩人在探討基層官僚組織的政治運作內涵時便指出：官僚組織中政治力量的影響是沒有層級差別的，不論身處何處，政治力量都是不可忽視的重要變項。至於其對組織高層與基層的影響，則可由表一得知(Brower & Abolafia, 1997: 305–310)：

表一： 組織高層與基層政治運作的差異

類　別	高層的政治運作	基層的政治運作
管　道	固定的行動管道	非正式的、臨時性的管道
地位的作用	個人行動取決於所處地位	所處地位促使個人隨意表現
參與情形	組織活動的參與者	參與情形取決於個人角色
偏　好	較固定的事務處理次序；重視組織整體目標與利益；衡量風險與優勢；重視時程與問題的不同面向	決策的既定前提；著重問題的細節
運作規範	基於正式的授權	基於地區性的成例

資料來源：Brower & Abolafia (1997: 310)

　　由表一內容可知，組織基層雖然不參與整體目標與策略的訂定，然而其仍有獨特的政治考量與影響方式。例如在管道運用上，基層官僚有別於高層有固定的行動程序，而較偏重於非正式的、臨時式的溝通方式。

　　綜上分析，在組織內部的管理過程中，基層公務員的職責內容、地位，乃至於運作方式或許不同於其他層級，但其具有獨特影響力量的特質是不容忽視的。因此從組織整體的角度而言，將基層公務員單純簡化為決策落實過程的工具不僅嚴重低估其作用，更可能曲解組織內部管理的正確思惟。

二、對組織外在環境的影響

　　官僚機構的特性誠如一般大眾所認知，與其他類型組織具有極大的差異。這種差異不僅顯示在內部的運作，也影響其與外界的互動關係❶，故前述基層公務員對組織內部管理的影響若置於機關整體的概念中，將更凸顯出其特殊性質。以下筆者將從政府體系及政府與民間互動兩個層面進行探討。

　　首先就整個政府體系而言，基層公務員的職位係在於個別政府機關的底層，或是中央／地方政府關係中的地方基層。在政府整體運作過程中，基層公務員主要承受來自兩方面的控制，一是機關層

---

❶　例如 Peters 便認為官僚組織在整個社會環境中具有下列特質(Peters, 1995: 212–213)：

1. 官僚組織必須將特定政策意圖加以落實執行。

2. 上述政策意圖往往僅具有空泛而抽象的內涵或概念。

3. 不同官僚組織間的資源取得呈現出競爭性的分配關係。

4. 為取得有利地位，官僚組織必須將各項措施轉換為簡化的數字表現來爭取支持。

5. 官僚組織的規模極為龐大。

6. 事務推動優先順序是由已預設的施政目標所設定的。

級節制關係中的指揮命令，以及機關彼此互動時的分權制衡。乍看之下，此種嚴密的權力體系應可確保基層公務員的順服並貫徹上級的指令，然而事實上此種權力架構卻反而提供基層公務員發揮本身影響力的空間。筆者持此論點的理由有二：

第一，若純粹基於制度本身的規劃，政府機關經由層級節制以進行指揮命令的模式，雖然是組織結構高度分化時兼顧效率與協調的有用選擇（張潤書，民87: 135），但是若考慮到政府運作實際上常受環境中多重因素（特別是政治因素）的影響時，層級節制關係是否必然能確保順服便值得商榷。例如 Bowling & Wright 兩人在研究美國聯邦與州的行政關係時便指出，不同政府層級在事實上係代表不同價值與利益考量，故公務員在達成目標的過程中就如同政治人物必須在不同因素間進行折衝(Bowling & Wright, 1998: 438–440)。由此推知，因為不論是機關內部的基層公務員或基層政府機關，均具有一定地位與權責，故其可能因為特殊的利益考量，而抗拒來自於上級的指揮命令。例如臺東縣政府抗拒中央於蘭嶼設置核廢料貯存廠即是，而在機關內部，基層人員對上級命令的「消極抵制」、「集體怠工」亦時有所聞。

第二，延續前項論點，在機關間的互動過程中，雖然分權制衡常是重要的基本原則，然而隨著環境複雜化與專業分工日趨精細，使得實際執行特定業務的基層公務員或基層政府機關，較其他人員或機關瞭解該業務的細節，連帶地也更能享有對該業務的主導權。此外，基層人員更可藉由操控議程、建立私人聯盟、預先透露內情等方式來影響特定政策或決定的內容(Sharkansky, 1978: 262–264)，故即使基層公務員並非法定決策者，但其對政策的參與及影響力實不容忽視。由此可知，「科員政治」不僅不是政府運作過程中的例外現象，其更應是政府施政時的重要考量因素。

其次，從政府與民間的互動而言，基層公務員可說是政府與民

間接觸的中介，一方面高層或中層管理者藉以實現各項決策目標，另方面外界對政府的意見與反應亦常由其接受。Lipsky 認為此種中介角色常令基層公務員陷入高度的衝突困境中，因為在不同執政者的施政理念下，基層公務員所能對社會提供服務的內容、範圍，甚至於僱用基層公務員的數量都可能隨時變動，然而在政府是為民服務的常識下，民眾又往往期望基層公務員能協助解決其問題，此種困境常使基層公務員執勤時陷入兩難的矛盾(Lipsky, 1992: 477-482)。尤有甚者，政府各項法令規定似乎亦無法解決此種困局，例如當都市內老人安養、青少年輔育、婦幼安全等社會福利問題不斷增加時，社工人員數目卻不可能隨之增加，此時有限人力應如何適當配置？對每一個案又應否採取不同投入程度？……等問題，均難以藉由法令明確規定。故基層公務員在有限的法令依據上，透過行使裁量權來應付個別狀況便可能是解決上述困境的唯一選擇。諷刺的是，當基層公務員運用裁量權時，政府各項施政的具體內容與實效便相對模糊，或是偏離預先設想的情境，而使決策者必須訂定(修正)更多新的施政目標，如此周而復始，終而使官僚組織成為難以控制的巨獸(Lane, 1995: 66-67)。Mladenka 亦認為基層公務員的行事可說是個人過去經歷、人口特質、技術變動、專業素養等多重因素互動的結果，而非層級間的獎懲機制所能限制的(Mladenka, 1980: 991-996)。

綜上分析，在法制上基層公務員雖然接受來自於機關內外在的監督制衡，且在高度層級節制的官僚體系中，其功能與地位似乎相對顯得無關緊要，然而實際上其不僅是各級政府施政目標的最終詮釋者，更是民眾心目中「政府」形象的直接來源。換言之，基層公務員對組織外在環境的影響是既全面且深入的。

肆、當前政府運作對基層公務員的衝擊

　　除了在政府整體架構與運作中所具有的特質，近年來風行於各國政府間政府再造潮流，及其中相關的策略與目標，又在基層公務員與政府整體間形成了另一種緊張關係。同樣地，此種緊張亦源自於基層公務員功能與地位的考量。以下筆者將深入分析此一論點。

一、政府再造的新思惟

　　自 1980 年代始，各國政府為因應可用財源日漸短缺，以及來自於環境快速變遷的衝擊，莫不積極推動行政革新或政府再造等變革，以期提升政府運作的效能與效率，並適應環境的挑戰。例如今日若欲突破「政府失靈」的困境，則應師法企業精神、提升本身回應挑戰的能力，以達「企業型政府」(entrepreneurial government)的目標（江岷欽，民 86: 67-98）。基於此，筆者認為此波政府再造的內涵，不僅在調整政府結構或運作程序，其更可說是徹底變革政府的功能與定位。而歸納學者的論述，政府再造對政府整體運作而言，約可分為下列兩大部分（江岷欽、劉坤億，民 87: 17-60; 許南雄，民 88: 42-50; Lane, 1995: 143-159; Bowornwathana, 1997: 294-308; Haque, 1999: 309-325）：

㈠政府再造策略：分權化、公共服務民營化、解除管制

　　本部分主要的意涵為藉由權力的共享或分散，同時開放更多參與管道的方式，一方面減輕單一政府機關的工作負荷（例如中央政府將權力下授地方政府，由地方政府共同承擔施政職責）；另方面也可提供更多樣性的公共服務（例如政府解除管制或開放民營，將有助於使部分公共服務透過市場機制運作回歸成本效益的考量）。

㈡政府再造目標：組織精簡、提升效能效率以回應環境需求

若政府能落實上述再造策略，則龐大的官僚組織得以精減，有限資源可望進行適當的配置，如此環境的各項要求自然能更及時的回應。

從上述內容觀之，今日政府要能「花費更少、做得更好」，則政府再造似乎是必然的思惟途徑。然而值得注意的是，為落實這些再造策略與目標，政府原有體制勢必隨之進行調整，此時，高層決策者基於機關整體考量的決定是否可以層層比照至基層，乃至於基層各部分是否能理解並接受高層的決定？這些問題不僅衝擊傳統官僚組織的層級互動，更攸關政府再造工作的成敗。換言之，政府再造工作的推動，不僅是政府整體運作理念與目標的調整，更將形成對基層公務員職務與權責的衝擊。以下本文將對此一論點再深入剖析。

二、政府功能調整的衝擊

在政府的各項施政中，政府再造雖然也屬於特定政策，然而由於對象係針對政府本身，故本質上其可說是對政府功能的重新調整。基於此，基層公務員的任務不僅在執行高層管理者的決策，其本身也是政策的當事人之一。換言之，在政府功能調整過程中，基層公務員可能要用「未來新思惟的我」（因為變革成功係未來目標）來改造「昔日舊思惟的我」。筆者認為此種矛盾處境將形成下列衝擊：

第一，從宏觀的角度言之，高層決策者基於體制上的職權固然可制定各種改變政府功能的決策，然而當基層欲執行上級要求時，其原有思惟甚或既得利益勢須隨之改變。此問題的弔詭處在於：若基層人員的思惟與利益能隨之快速調整，則根本毋需推行再造策略；反之，若傳統思惟與既得利益難以調整，則上級各項努力則屬徒然。Stevens 以及 Bowling 與 Wright 等人在對政府分權政策推動成效的

研究均指出，分權政策落實的關鍵不僅在於政策本身內容，其更在政治環境、事務特質，相關理念與價值觀等主客觀因素的綜合影響 (Stevens, 1995: 34–49; Bowling & Wright, 1998: 429–445)。同理，即使變革政策內容極為明確，但仍不必然使基層人員願意配合，特別是當政策內容可能涉及利益衝突時，更易引起反彈。例如經常作為行政革新重要途徑之一的「民營化」策略，由於可能涉及公營事業及部分政府機構的重整而形成內部的人事衝擊，因此如何減少員工抗拒便成為該策略施行時的重要考量（黃雅榜，民 87: 155）。

第二，就微觀的角度而言，「政府功能調整」的意義除等同於特定政策外，也可說是「改變政策的政策」。對於基層公務員個人而言，則意味其以往辦事方法、程序須配合調整。例如原先工作順序是遵循上級指定行事，但機關在基於分權原則進行功能調整後，可能改由個人在一定範圍內彈性決定。職是之故，雖然功能調整對上級可能與一般決策無異，但對基層人員不僅是任務的交付與執行，更是原先工作認知與工作秩序的重整。Gabris 等人在研究行政革新與地方政府人力管理間的關連性時就指出，就機關整體或決策高層而言，革新工作雖然可能是勢在必行的選擇，然而對基層官僚而言，革新卻可能意味著失業、工作習慣的改變，工作關係的重整等，而若吾人忽略這些「細節」，則表面上成功的革新結果將化為令人沮喪的挫敗(Gabris, et al., 1998: 74–97)。Rusaw 亦認為政府再造對基層政府而言，是集承諾、願景、風險等考量的綜合考量結果(Rusaw, 1997: 430)。可見功能調整在實際施行上必將對基層公務員形成某一程度的衝擊。

三、政府目標重構的衝擊

政府再造之所以借用企業創新的策略，其最終意義不外是將未來政府施政的目標，重新界定於「精簡」、「效能與效率」、「回應」

等意涵上。接續前文所述，筆者認為除了達成這些目標的策略或過程會對基層公務員形成衝擊外，政府目標重構本身即是對其功能與地位的高度挑戰。以「精簡」為例，當各國政府為減少運作成本而推動「組織精簡」時，基層公務員或政府基層機關就經常是被裁汰、遣散、重組的主要對象（孫本初，民 86: 165-205; 許南雄，民 88: 42-50），此一目標達成對政府整體效能或效率的提升或可能是必然的選擇，但是對基層公務員而言則是個人工作權益，甚至是家庭經濟的重大變動，故要求其「忠實」達成目標實屬緣木求魚。又如回應民眾需求固然有助於政府運作儘可能地契合時代變遷與環境脈動，然而政府終究不同於一般企業可隨意設定消費層級或顧客類別，而是要基於「法律之前、人人平等」的原則面對所有民眾，因此強調回應反而可能形成下列問題(Wilson, 1989: 148-153; Henry, et al., 1993: 178):

1. 回應民眾要求可能與本身專業知能與判斷形成衝突。

2. 回應民眾可能產生圖利特定利益團體或個人的疑慮。

3. 不同民眾的要求相互衝突，以致無所適從。

4. 滿足民眾短期需求不一定有利於增進其長期的福祉。

由以上兩例可知，在政府目標重構過程中，基層公務員便是重要的利害關係人，甚至其本身即為「被改革」的對象。這種特殊的情形將可能使其必須面對相當尷尬而兩難的局面：首先，目標重構過程或內容雖然可能影響本身權益甚大，但由於地位限制卻無法參與決策；其次，積極達成組織目標固然是職責所在，但如此卻也可能加快對本身或同僚的不利影響。而不論出現何種情形，均將衝擊基層公務員在整個組織中的權益與地位，同時對政府政策本身恐亦有不良影響。由此推論，在組織目標與團體或個人目標衝突時，即便基層公務員不對革新工作積極抗拒，其亦可以消極抵制，或藉由「不希罕效應」(BOHICA)❷的作法來拖延革新的時程或成效。

伍、基層公務員功能發揮途徑的重塑

論述至此,讀者或可能會產生基層公務員是今日機關運作的「麻煩製造者」(troublemaker),甚至是改革障礙物的印象。然而就組織功能發揮是各團體與個人共同合作的基礎上,對基層公務員採行負面評價並無助於問題的解決。基於此,以下筆者將從「基本理念」、「兼具課責與責任」,以及「重塑組織運作規範」等三方面,分別探討今日基層公務員功能發揮的可行途徑。

一、基本理念

雖然筆者認為基層公務員的地位或意向均可能對機關運作形成重大影響,但是卻並不認為如此即可否定其他層級或團體的重要性。事實上,若缺乏其他因素的配合與支持,而僅強調基層公務員的地位則亦是片面而見樹不見林的。因此,筆者認為探討基層公務員影響力最重要的意義應在於確立其在行政運作中的主體性,進而使其能成為各項政策決定過程中的考量環節。就前者而言,行政運作本來就充滿著不同的價值與理念,如表二所示:

表二: 推動行政工作過程中不同的考量層面

結構觀點	基本目標	強調重心
技術理性	效率、個人、功能、程序	專業化、激勵與報酬相稱
組織理性	工作流程間的協調	整合與控制

❷ 所謂「不希罕效應」,乃源自於美國知名企業 IBM 員工對組織內部革新的反對情緒,意為革新風潮雖可能接連進行,但員工只要忍耐抗拒,一切終會歸於原狀(Bend it Over, Here It Comes Again, BOHICA)。其他解釋請見「組織病象新伙伴:墨菲定律、邁爾斯定律、不希罕效應」(賴維堯,民 87: 75)。

| 政治理性 | 正義 | 實質正義與程序正義 |
| 人際理性 | 個人升華與授能 | 基於人性需求滿足的個人成長與生產力提高 |

資料來源：Golembiewski (1987: 445)

　　由表二內容可知，結構觀點的差異不僅影響了「基本目標」與「強調重心」的內涵，更可能形成彼此間的衝突，例如組織理性強調控制，人際理性卻主張個人成長。因此最後行政工作內容的決定，便可能是這些衝突觀點折衷或妥協下的產物。同理，官僚組織內部各層級間的影響力亦呈現「非零和」的關係，即上級基於職權雖可要求下級服從，但下級亦有其他管道可影響上級(Fisher, 1986: 41)。因此基層公務員在現代政府運作中應被視為是與決策者、相關團體或個人相對等的主體，而不能任意忽視，或是籠統地將其歸類至其他層級中。簡言之，筆者認為唯有正視基層公務員的地位與影響力，方能較清楚釐清機關運作及互動的實際情形。

　　其次，由於今日社會趨於複雜而多元，故不同利益團體或個人均可能參與政府決策。此時，爭論政策本身的特質或屬性在多元利益競逐下將難以獲致結論。基於此，組織關切的重點應轉移至受影響的對象，即施行特定政策被這些影響對象所接受的程度(Godfrey & Madsen, 1998: 710–711)。筆者同意此一觀點，基層公務員既可被視為機關運作過程的主體，則其所代表的地位、利益、意向等自然也應得到重視，而非僅是作為決策過程的「配合條件」。如此基層公務員在利益受到應有重視，並能參與政策折衝的情形下，將更願意貢獻本身專業知能與實務經驗，而其與高層的關係也才可望能從「消極配合」轉變成「積極合作」。

二、兼具課責與責任

既然基層公務員具備主體性，並可能對機關形成重要影響，則吾人便有必要賦予相稱的功能定位。一般對基層公務員功能的研究，常導引出兩個極端不同的結論。例如雖然肯定基層人員的影響力，但卻進而將其視為是機關內部政治互動的利益團體(Yates, 1982: 179)，或是民主政治施行過程中應加以控制的干擾因素(Levin, et al., 1990: 191-198)。在此種論點中，基層公務員變成機關中的重要主導或影響力量，此其一；或是認為基層公務員在承受上級或外界的高度壓力下，將選擇逃避方式以紓解緊張關係(Baum, 1987: 118)，或是僅能透過非正式、即興式(improvisation)的原則來執行任務(Brower & Abolafia, 1997: 310)。此種論點中基層公務員則是被動而消極的，此其二。筆者認為在當前政府運作的條件下，此兩種極端式的主張似乎均不足取，理由有二：

第一，基層公務員對機關運作雖擁有一定的影響力，然而其位居機關底層、職司政策執行，同時與上級存在層級節制等基本特性不僅難以改變，也構成其影響力發揮的上限。因此若過度強調其功能或影響力而逾越基本特性，則可能使機關陷於失序或混亂狀態。

第二，同理，忽視或壓抑基層公務員的功能與影響力，雖然有助於強化上級指揮命令權的主導地位，但卻也將可能增加機關運作的不確定性，或是減弱基層公務員主動配合的意願。

基上理由，筆者同意 Handler 的觀點，即在現代國家中基層公務員「雖受制度限制(constrain)，但卻不受制度限定(determine)」(Handler, 1996: 23)。亦即在基本的地位與使命範圍內，其可充分保有主體性與主動影響權力。而此一概念的具體化即為「課責」(accountability)與「責任」(responsibility)的兼具。前者主要在界定基層公務員的法定地位與層級關係，即確立其與組織整體的相對地位；

後者則是賦予適當的工作內容及權責歸屬，使其具備明確的工作目標與權力憑藉來發揮功能。

　　表面上要求課責與責任兼具似乎是基本常識，同時也已建立許多法律規範，例如公務員服務法、公務員考績法，乃至於地方制度法等，筆者認為這些法律雖有助於達成課責目的，但對於責任卻仍嫌不足，例如「圖利」與「便民」的分際何在？「鼓勵民間參與決定」與「公務員逃避責任」間又該如何區隔？……等，當這些責任問題無法有效釐清，則不僅用以課責的有關法律將大失效用，連帶將可能使基層運作陷入混亂。以九二一地震災後補償為例，村里長雖然受到課責判定房屋毀損，但上級卻未同時釐清其責任分際，以至認定結果差異極大從而造成對災民權益的嚴重損害，即可說是課責與責任不能兼具的典型缺失。

三、重塑組織運作規範

　　就組織整體而言，今日政府實處於一高度不確定的環境中。例如基於「顧客導向」理念，政府應持續調整本身機能以提供民眾所需服務，然而若基於法定職責，則政府又須維護本身的專業判斷並對民眾進行一定管制。這些主張在個別立場下均屬合理而必要，但若併同處理卻可發現其中存有難以解決的矛盾困境。Peters 認為在今日高度變動的環境中，由官僚組織所構成的政府，其運作方向正面臨「無共識」(nonconsensual)的挑戰，因為任何政治問題發生時，其解決之道並非在於不同意見間的整合，而是相互的競爭與折衝(Peters, 1995: 225)。根據 Peters 的論點引申，公共問題的解決並不在於產生一致共識，而是各方在本身利益的考量下，透過一套程序來決定最後內容。筆者認為此一觀點亦可應用於設定基層公務員在機關整體內部的功能與定位問題之上。如前所述，雖然課責與責任兼具能釐清基層公務員的地位並規範其功能空間，但是基於機關整體

的立場，這些課責與責任勢必難以單獨設定，並且可能形成與其他層級或團體的互動甚至衝突，例如承辦科員依長官意見簽辦公文在日後所產生的責任歸屬問題，或是地方政府制定更嚴格的管制標準而招致民眾抗爭等。而解決這些爭議所需的，恐怕不是共識的形成，而是運作規範或遊戲規則的建立。換言之，政府應訂定透明而為多數各方所能接受的組織運作規範，來作為區隔基層公務員與其他層級或團體的依據，並作為衝突解決與仲裁的機制。例如政務官法、公務員基準法、中央與地方事權劃分細則等，如此在明確的遊戲規則下，自然更能對基層公務員進行課責並賦予責任。

或有論者認為當共識難以形成時，組織運作規範又如何建立？筆者認為本問題應屬於社會民主素養的範圍，誠如 Peters 的論點，共識雖無從建立，但卻仍可經由折衝獲致結論。同理，即便個別主張難以完全實現，但是經由民主程序得到的結論，仍應受到接受與遵循。故重塑組織運作規範本非兩全其美的良策，但或許是較為可行的次佳選擇。更重要的，基層公務員能從中逐步建立其在現代政府中應有的地位並發揮功能。

陸、結　語

在今日政府運作中，基層公務員雖不是最重要的層級，但卻絕非可以忽視的層級。由於其擁有政策最終的執行權，或是直接參與機關外界因素的互動，故基層公務員即便不參與政策決定，但卻可對政策結果發揮「促成」或「作梗」的重要影響。特別是當今日政府積極推動各項再造工作，企圖重新調整運作策略與目標的情形下，基層公務員的配合意願與推動結果，更可能完全改變革新的內涵與成效。

基於此，本文認為今日對基層公務員論題的研究，應跳脫組織

層級關係中「指揮命令／服從執行」的關係，而代之以在確立其具有主體性的基礎上，給予課責並附加相對的責任，進而能與其他層級或團體相互折衝協調，並重塑機關的運作規範。筆者認為此種論點的意義，除了有助於還原基層公務員應有的地位與功能，並釐清機關運作過程中從決策至執行間的互動關係之外，更可藉以賦予基層公務員職務新的價值與願景：即除了消極配合與執行外，其更有機會發揮專業知識與經驗，以成為今日政府功能發揮過程中，另一股值得信賴並開發的資源。

參考書目

江岷欽

　　民86　　「企業型政府的理念與實務」，行政管理論文選輯，第十一輯，頁67–98。

江岷欽、劉坤億

　　民87　　「企業型政府理念的省思」，行政管理論文選輯，第十二輯，頁17–60。

孫本初

　　民86　　「組織員額精簡之策略」，行政管理論文選輯，第十一輯，頁165–206。

張潤書

　　民87　　行政學，臺北：三民。

許南雄

　　民88　　「各國政府組織員額精簡之探討」，人事行政，第127期，頁42–51。

黃雅榜

　　民87　　「減少員工抗拒的民營化過程管理」，行政管理論文選輯，

第十二輯，頁155-172。

賴維堯

民87　　「組織病象新伙伴：墨菲定律、邁爾斯定律、不希罕效應」，空大學訊，第224期，頁72-75。

Baum, Howell S.

1987　　*The Invisible Bureaucracy: The Unconscious in Organizational Problem Solving.* New York: Oxford Univ. Press.

Bowling, Cynthia J. and Wright, Deil S.

1998　　"Chang and Continuity in State Administration: Administrative Leadership Across for Decades," *Public Administration Review,* 58 (5): 429–443.

Bowornwathana, Bidhya

1997　　"Transforming Bureaucracies for the 21st Century: The New Democratic Governance Paradigm," *Public Administration Quarterly,* 21 (3): 294–308.

Brower, Ralph S. and Mitchel Y. Abolafia

1997　　"Bureaucratic Politics: The View From Below," *Journal of Public Administration Research and Theory,* 7 (2): 305–331.

Dahl, Robert A.

1961　　*Who Governs?: Democracy and Power in an American City.* New Haven: Yale University Press.

Ellison, Brian A.

1995　　"A Conceptual Framework for Analyzing Bureaucratic Politics and Autonomy," *American Review of Public Administration,* 25 (2): 161–181.

Fisher, F.

1986 "Reforming Bureaucratic Theory: Toward A Political Model," in D. J. Calista (ed.), *Bureaucratic and Government Reform,* pp. 35–53. New York: The JAI Press.

Gabris, Gerald T., Keenan D. Grenell and James Kaatz

1998 "Reinventing Local Government Human Services Management: A Conceptual Analysis," *Public Administration Quarterly,* 22 (1): 74–97.

Godfrey, Paul C. and Grant C. Madsen

1998 "Bureaucracy in The Postmodern World: Problems and Solution," *International Journal of Public Administration,* 21 (5): 691–721.

Golembiewski, Robert T.

1987 "Public Sector Organization: Why Theory and Practice Should Emphasize Purpose, and How to Do So," in R. C. Chandler(ed.), *A Centennial History of The American Administrative State.* New York: The Free Press.

Gordon, Judith R.

1993 *A Diagnostic Approach to Organizational Behavior* (4th ed.), Boston: Allyn & Bacon.

Gortner, Harold F., Julianne Mahler and Jeanne Bell Nicholson

1989 *Organization Theory: A Public Perspective.* CA: Brooks/ Cole Publishing Co.

Handler, Joel F.

1996 *Down from Bureaucracy: The Ambiguity of Privatization and Empowerment.* NJ: Princeton Univ. Press.

Haque, M. Shamsul

1999 "Relationship between Citizenship and Public Administration: A Reconfiguration," *International Review of Public Administrative Sciences,* 65 (3): 309–325.

Henry, Kester I., Chris Painter and Chirs Barnes

1993   *Management in the Public Sector: Challenge and Change.* New York: Chapman & Hall.

Lane, Jan-Erik

1995   *The Public Sector: Concepts, Models and Approaches* (2nd ed.). London: Sage.

Lvine, Charles H., Peters B. Guy and Franh J. Thompson

1990   *Public Administration: Challenges, Choices, Consequences.* IL: Scott, Foresman and Co.

Lipsky, Michael

1992   "Street-Level Bureaucracy: The Critical Role of Street-Level Bureaucrats," in J. M. Shafritz and A. C. Hyde (eds.), *Classics of Public Administration* (2nd ed.) CA: Brooks/ Cole Publishing Co.

Mladenka, Kenneth R.

1980   "The Urban Bureaucracy and the Chicago Political Machine: Who Gets What and the Limits to Political Control," *The American Political Science Review,* 74 (4): 991–998.

Mintzberg, Henery

1992   "The Five Basic Parts of the Organization," in J. M. Shafritz and J. S. Ott (eds.), *Classics of Organization Theory* (3rd ed.). CA: Brooks/Cole publishing Co.

Peters, B. Guy

1995   *The Politics of Bureaucracy* (4th ed.). New York: Longman.

Riccucci, Norma M. and Judith R. Saidel

　1997　　"The Representativeness of State–Level Bureaucratic Leaders: A Missing Piece of the Representative Bureaucracy Puzzle," *Public Administration Review,* 57 (5): 423–430.

Rockman, Rert A.

　1992　　"Bureaucracy, Power, Policy and the State, "in Larry B. Hill (ed.), *The State of Public Bureaucracy.* New York: M. E. Sharpe.

Rusaw, A. Carol

　1997　　"Reinventing Local Government: A Case Study of Organizational Change through Community Learning," *Public Administration Quarterly,* 20 (4): 419–432.

Sharkansky, Ira

　1978　　*Public Administration: Policy-Making in Government Agencies* (4th ed.). Chicago: Rand McNally College Publishing Co.

Stevens, Christopher

　1995　　"Decentralization: A Meningless Concept?" *Public Policy and Administration,* 10 (4): 34–49.

Wilson, James Q.

　1989　　*Bureaucracy: What Government Agencies Do and Why They Do It.* New York: Basic Brooks.

Yates, Douglas

　1982　　*Bureaucratic Democracy: The Search for Democracy and Efficiency in American Government.* MA: Harvard Univ. Press.

管理發展與創造力 *

蕭武桐
政治大學公共行政學系教授兼系主任

＊本文部分內容曾發表於1993年「東方文化與現代管理」學術研討會，香港，
　今重新整理修訂。

摘　要

　　創造力對於策略層及管理層是越來越重要，以前只要追求卓越，現在卻只成為生存的基本條件。目前要具有創造力及直觀智慧才能創造競爭的優勢，及掌握典範的變遷；反之，如果沒有創造力的經營者，終被環境所淘汰，合理而殘酷地退出其行業。

　　具有創造力的人都有廣博的知識，及直觀的能力；在面對問題時，能當下做出適當的決定；永遠持有赤子之心，對於周遭事物都有開放及回應的胸襟。

　　中國文化對創造力的開發，較側重於本體智慧全體的顯現（為道日損），而西方學界則重實務的演練及知識的學習，如水平思考法（為學日益）。

關鍵詞：混沌、管理發展、習慣領域、創造力、創造力的特質

壹、前　言

　　超工業社會(postindustrial-society)的特徵之一，是知識及技術更新的速度愈來愈快，尤其內外環境的變化亦非常迅速，所以創造力就益形顯得重要了。但是有關於創造力的誤解或不當的認知(perception)卻不少：如認為有些人具有創造力；而有些人卻沒有創造力的特性。事實上創造力和高度、知識一樣是或多或少而已。也有認為創造力只存在於某些有限的領域，如自然物理學及藝術等領域，其實創造力是存在於各種學科領域之上。有人認為創造力是複雜及技術性的，事實上有用的觀念是很簡單明瞭的。對於創造力的迷思(myth)是認為無法去控制、管理的。其實在許多情境創造是可以去管理，甚至有方法可以學習及獲得的(Dubrin, 1992: 183–184)。哈佛大學自 1983 年起，在企業管理碩士班二年級，開了一門「創造力」的選修課程。至今已超過一千多名企管碩士學生上過這門課。史丹福大學的企管碩士課程，亦在同一時間開這門課，課程內容以團隊互動、聆聽創意人和研究創意的演講為主、自行閱讀為輔，而在推薦給學生閱讀的書籍中，竟然有禪心（日本鈴木大拙）、印度的瑜珈、中國的《易經》及陰陽五行等課程（蕭武桐，1999）。因而本文擬從巨觀及微觀的角度，來分析創造力的重要性，再從東西方學術的角度整合闡述如何發展創造力，尤其強調東方文化中「禪」，對於創造力的本質及開發有相當的重要性。

貳、混沌理論對管理的啟示：巨觀

　　在二十世紀科學上有三大革命性的發現：相對論、量子論及混沌理論。"Chaos" —— 在字典做「混沌」或「無秩序」的解釋，反義

字為 Cosmos，即秩序、協調的世界。依混沌理論的觀點認為宇宙的
某些部分，可以像機器那樣運轉時，這些部分就是封閉的系統，而
封閉系統至多只組成物質宇宙的一個很小部分。事實上我們所感興
趣的絕大多數現象是開放系統。它們和周圍的環境交換著能量和物
質。生物系統和社會系統肯定是開放系統，如企圖用機械論的方法
去認識它們，當然注定是失敗的，更無法去解釋開放系統的現象。
因為現實世界絕大部分，都不是有秩序的、穩定的和平衡的，而是
充滿變化的無秩序的沸騰世界。

　　普里戈金(IL Y. Prigogine)認為一切系統都含有不斷起伏(Fluc-
tuation)的子系統，有時一個起伏可能由於正反饋而變得相當大，使
它破壞了原有組織，在這個瞬間的分叉點，最微小的因素會引發最
巨大的改變；而彷彿巨大的力量，卻可能一下子消失於無形。此時，
古典力學定律皆不適用。因為根本不可能事先確定變化將往那個方
向變化；系統究竟是分解到「混沌」狀態呢？還是躍進到一個新的
又更加細分有序狀態，或組織的更高階段上去呢？這個更高階段稱
之為耗散結構。依耗散結構概念中的變化理論，當漲落的互動迫使
一個現存系統，進入遠離平衡的狀態並威脅其結構時，該系統便達
到一個臨界點或分歧點。可知系統演化的關鍵在於：一個小變動所
引發的自我反饋及分歧(Gleick, 1987)。

　　混沌理論對管理的啟示，是高階管理目前最需要具備的條件，
其中又以創造力及不確定的藝術最為重要。以前受理性系統的邏輯
思考模式所支配，形成直線思考的方式，造成二元對立觀念的陷阱。
直線思考模式有其適用的環境脈絡(context)，但更要有非線性或 S
狀的思維方式，此和《易經》的「互攝原理」不謀而合。陰中有陽，
陽中有陰，剛柔相推，變在其中，使我們脫離了二元對立一成不變
的思考模式。道家哲學亦教誨我們要了知無用之妙用為大用。而禪
更直截了當的指出「明與無明，凡夫見二，智者了達，其性無二，

無二之性即是實性，實性者，處凡愚而不減，在賢聖而不增，住煩惱而不亂，居禪定而不寂，不斷不常，不來不去，不在中間，及其內外，不生不滅，性相如如，常住不遷，名之曰道」（《六祖壇經‧護法品》），這種體悟更提昇了混沌理論之「有→無→有」的觀點而至無二之性，性相如如之清淨心體，湛然常寂，但卻妙用恒沙。高階管理如能從道家提昇至禪的境界，自然而然地發揮生生不息的創造力。

參、管理發展的需求

當前管理人所面對的社會變遷如：一、匠心失落；二、產業競爭壓力；三、人際關係疏離；四、工作價值改變；五、工作權益的爭取；六、女男角色的變遷；都需要管理人員睿智地面對現實去解決，因此每年在美國有一百萬以上的經理人參與各種管理發展的計畫，其費用每年需數十億美元(Bigman, 1986: 45-47)。另外有一項研究調查顯示，在接受調查的八十四家公司當中，有百分之九十的基層幹部，百分之七十三的中階層經理人，以及百分之五十一的高階主管，是經過管理發展訓練之後才獲得升遷，可知管理發展的重要性(Dessler, 1988: 271-272)。

美國賓州大學的系統科學教授 Russel L. Ackoff 提出一位良好的管理者應該具備的條件是：學養豐富、溝通力強、關懷心足、勇氣佳和創造力充沛，其中尤以創造力最為重要。何況目前的內外環境變化迅速，如果無法隨時掌握時代脈動的發展，雖然可以把工作做好，卻很難做得卓越傑出；了不起，他只能管理一家發展緩慢的公司，卻無法經營一間飛躍性擴展的公司，缺乏創造力的人，只能一方面努力做好眼前的工作，一方面卻消極被動地靜待突破性機會來臨；而具有創造力的人卻往往能從現況中，主動積極地創造出突

破性的有利環境(Ackoff, 1978: 3–19)。

　　現代許多人都承認創造力常隨著年齡的增長而逐漸失去。最有創造力的不是大人而是小孩，尤其是那些尚未入學的幼童。可是各種教育過程當中，卻太強調了只有一個正確答案的模式。此種理性化邏輯系統思維方式，較適用於穩定有秩序的環境脈絡中，而創造性思考較適用於不穩定、無秩序的環境脈絡中。這正如道家哲學教導我們「為學日益，為道日損」的精義，知識可以累積成長，而智慧（創造力）是接近「道」。禪宗的公案就是要破除我們有始以來的無明及所知障，尤其先要去除「所知障」的繭。原本我們接受知識是要幫助我們成長，但如果不能善加巧妙地運用時，我們常會用舊有的知識對抗新的觀念或信息，甚至產生排斥及誤解。除有重大刺激，否則它將逐漸慢慢地穩定下來，人們對事物的感受、判斷和反應，　也就產生了習慣性及穩定性。　這種經驗和知識稱為習慣領域(Habitual Domains)，如果要提昇或開展創造力，一定要突破習慣領域主導新意破繭而出。例如宣州陸亘大夫，初問南泉禪師曰：「古人瓶中養一鵝，鵝漸長大，出瓶不得，如今不得毀瓶，不得損鵝，和尚怎麼生出得？」南泉禪師召曰：「大夫！」陸應諾，南泉禪師曰：「出也！」陸從此開解《景德傳燈錄》這個問題用我們的知識是無法理解的，因不得毀瓶，又不得傷鵝，而且還要把鵝從瓶中拿出，實在是互相衝突。其實都是受我們執著習慣領域所限制。目前管理學者所強調的三個 C 是變遷(Change)、衝突(Conflict)及溝通(Communication)，都和習慣領域的所知障有關，才導致個人、團體及組織系統，不能夠因應內外在的環境而適應變遷，及人與人，人與單位，人與組織常溝通不良而衝突不斷。因此如何突破我們自己「作繭自縛」的包袱，去發展創造力，是當前管理發展的重要課題。

肆、創造力或創意(creativity)的相關概念

對於創意的定義、來源、元素、理論、特性與障礙等相關概念，伊凡斯有極為精闢的見解(Evans, 1991: 28–58)：

一、創意的定義

要定義「創意」可從不同的面向與角度切入：

1. 從創意行為的產物來定義創意，例如發明、理論、文學、音樂、藝術與模式。
2. 從創意行為的過程來定義創意，涉及知覺、思考、學習與動機。
3. 由從事創造的個體（人）的本質來定義創意，例如個人的態度與習慣。
4. 從環境與文化對創意行為的影響來定義創意。
5. 從創意思考在解決問題上，所扮演的角色來定義創意。

二、創意的來源

過去「創意」在心理學文獻中不被重視，今已大為改觀。許多人誤以為創意思考的能力是與生俱來，其實並非完全正確，創意是可以經由後天學習而得。而學習是經由四個知識層級的進步過程：

㈠無意識的無能(unconscious incompetence)

例如在一處偏僻的鄉村中，沒有任何一部汽車，同時也因為資訊落後，居民並不知道世界上有汽車這種交通工具存在。他們不會開車（無能），也沒有意識到（無意識）這種無能，是謂「無意識的無能」。

㈡有意識的無能(conscious incompetence)

其後，隨著資訊的普及、消息的傳遞，該鄉村的居民，開始得知汽車這交通工具的存在，而且瞭解到（有意識）自己不會開車（無能），不具備駕駛汽車的能力，是謂「有意識的無能」。

㈢有意識的有能(conscious competence)

不久，時代進步、經濟活動發達後，駕駛訓練班、汽車銷售商紛紛進駐該鄉村，愈來愈多的居民，報名駕訓班習得駕駛技術、通過路考測驗，取得駕駛執照，並購買汽車，汽車成為該鄉村普遍的交通工具。他們根據專業知識與技術（有意識）開車（有能），是謂「有意識的有能」。

㈣無意識的有能(unconscious competence)

駕駛技術愈趨熟練後，上了車後往往沒經過刻意的思考（無意識），很自然地便駕起車（有能）來，是謂「無意識的有能」。

由以上學習的過程可知，創意思考可分為有意識的思考（使用知覺、感覺與記憶為輸入變項）與無意識的思考兩類。在解決問題的過程中，吾人過濾資訊、產生觀念與做決策時，經常不受直接的意識控制。無意識思考以非連續性的形式出現，同時速度比有意識的思考快得多。

三、創意的元素

1. 敏感性(sensitivity)：發現問題、發明解決方法的意識與知覺。
2. 協同性(synergy)：整體系統的行為，無法經由各個成分的行為加以預測。
3. 擅於發現的能力(serendipity)：對偶然發生的事件其關聯性的

意識。

四、創意的理論

1. 聯合主義(Associationism)：思考是觀念的聯合，由經驗所產生。
2. 完形（形態）理論(Gestalt Theory)：創意思考是形態或模式的再建構，有其結構性的缺失。
3. 心理分析(Psychoanalysis)：佛洛依德認為，創意起源於解決無意識的衝突。
4. 新心理分析(Neopsychoanalysis)：創意是前意識(preconscious)的產物。

五、創意個體的特性

1. 意識與問題敏感性；2. 記憶；3. 流暢性；4. 彈性；5. 獨創力；6. 自我紀律與持續性；7. 適應性；8. 智性的滿足；9. 幽默；10. 非一致性；11. 容忍曖昧；12. 自信；13. 懷疑；14. 智力。

六、創意的障礙

1. 習慣；2. 創意阻塞（知覺、情緒、文化、環境、智力、表達的障礙）；3. 創意氣候。

伍、創造力的特質

根據醫學研究，人腦左半部擅長有系統的處理數字和語言的資料，是人類邏輯與理性思考的泉源；而右半部的腦葉，掌握直覺、感性、創造力，是人類創新思考的泉源。但如從《易經》的觀點並非如此，而是相含相攝的。

　　傳統的正式學校教育，著重啟發分析思考的理性能力，直覺感性的思維在目前教育系統內是被忽視的。理性決策模式學者 Herbert A. Simon 在 1987 年亦提出一篇論文："Making Management Decisions: The Role of Intuition and Emotion"，重新詮釋直觀及感性的管理決策的角色❶。那麼創造力具有那些特質呢？

　　Robert R. Godlfrey (1986)綜合各家研究成果合成三大部分：

㈠知　識(knowledge)

　　具有創造力思維的人，都具有廣博的知識，對於許多事實及觀察的資訊背景，都能收集並進而整合。日積月累之後，突然在某一個領域就會產生卓越創造力(Dormen & Editin, 1989: 49)。

㈡智　力(intellectual abilities)

　　智力的能力包含認知能力，如智力及抽象推理等。具有創造力的人擁有直觀的能力，在面對問題時能當下做出適當的決定；擅長在短時間整合各種替選方案；永遠持有赤子之心，對於任何周遭事物都覺得很好奇；擁有創造力的人對於感覺及情感，都有開放及回應的胸襟(Agor, 1989)。

㈢人　格(personality)

　　具有創造力的人格特性有以下幾點（杜明城，1999）：

　1.積極自我意象：合理地對自我具有信心，但又不是盲目自信，並且能虛心地接納別人批評的雅量。

　2.有獨處的能力：獨處可以使人進入領悟的心境，而產生創造

---

❶　Simon 原本認為人是有限制的理性，因此提出滿意的決策理論。但現重新探討人類行為的非理性及不理性的層次，證明了決策的角色除了理性之外尚有直觀及感性的角色。

性觀念。但創造力有時亦要和別人互動而產生。

3. 打破成規能力：有創造力的人都較為獨立，能自我肯定自己的價值，不必從別人獲得支持來肯定。

4. Type T 的人格：面對問題能有不斷想像各種解決方案的喜悅和衝勁，具有此種T類型的人格特質之人，才會有卓越的貢獻創造力(Farley, 1986: 48)。

5. 有堅持的能力：因為在尋找創造性的解決方案過程，是非常艱辛和要集中高度心力的。如愛迪生為了實現發明電燈的偉大夢想，曾試過一千二百種不同材料做燈絲，都沒成功，受到許多人的嘲笑。當時一位保守的學者對他說：「你已經失敗一千二百次了。」愛迪生卻出人意料地回答說：「我沒有失敗，我們已經成功地把一千二百種不能做燈絲的材料發現了。」可見堅持的特質非常重要。

洪瑞雲和王精文曾經以一百七十位管理碩士及博士班學生為受試者，對 Raudsepp 教授的七十四題創造力測驗，進行項目分析、因素分析與新的評分方法，結果發現在簡化的五十題羅氏測驗中，包含六個重要因素。這六個重要因素為： 1. 預見未來的想像力； 2. 以問題為取向； 3. 具有打破認知及行為限制的彈性； 4. 創造的態度； 5. 對不確定情況的容忍性； 6. 接受及追求自己的獨特性（洪瑞雲、王精文，1985: 73–91）。

陸、發展創造力的方法

創造力有時亦可透過一些正式的訓練、教育課程來開啟，如水平思考大師狄波諾的技術。現嘗試提出七種策略及技巧，來提昇我們的創造力(Dubrin, 1992)：

一、克服傳統心智的障礙

　　我們常受習慣領域的主導，使我們常用固定的價值體系瞭解事物。Roger Von Oech (1983)提出十項阻礙我們發展創造力的因素：⑴正確答案；⑵這不合邏輯；⑶遵守規則；⑷實事求是；⑸避免模稜兩可；⑹犯錯是絕對的壞事；⑺遊玩是無意義的；⑻這不是我的領域；⑼別傻了；⑽我沒有創造力。大部分都犯了直線理性思維的毛病，缺乏非線性直觀的思維。要解決穩定有秩序的環境脈絡問題，當然就要以理性邏輯去實事求是，避免模稜兩可的情況，而且要遵守規則的運作。但如果在面對無秩序、不穩定的環境脈絡，或是在管理層及策略層人員，及所從事的行業是要不斷創新成長的人，就必須要透過非線性思考方式，打破固有成見，才能異想天開（蕭武桐，1993）。

　　中國文化的精華《易經》是講變與通的原理，易之三義即有變易之義，因不易的真理是透過變易之現象而悟得。此一不易的真理又非常簡易，透過乾坤二卦而獲得，所以變易的覺悟是最基本的契入。方東美教授將儒家比喻成時際人(Time-man)，而道家是太空人(Space-man)頗為傳神（方東美，1983: 184）。

　　有位南隱禪師請一位弟子至房中飲茶。他們先寒暄了一會，就開始用茶。這位禪師替弟子倒茶，茶杯水都已滿了，禪師仍繼續倒，最後終於將茶水滿了出來，並把地濺濕了。最後弟子忍不住問道：「師父，不能再倒了，茶水已經溢出，杯子裝不下了。」禪師應機接道：「你的觀察力不錯，如果你要接受智慧的教誨，首先必須把心智的杯子空出來！」可知自我受主觀認知所限，形成一種作繭自縛的習慣領域，使學習許多新的知識及技術都無法突破，而開啟創造力之泉源。禪的許多教育方法正是運用非常手段，使我們契入本來清淨的自性，使舊有的觀念解凍再重新建立新的觀念。目前管理學都亦

認為要改變員工的行為，亦先要改變其基本的假定(assumption)，先把潛意識層的基本假定解凍(unfreezing)，再歷經適應期，不斷地認同(identification)及內化(internalization)，使新的基本假定形成人格之一部分，再透過再凍結(refreezing)就能完全改變員工的行為（蕭武桐，1991b: 133）。

禪宗有句偈語「不破初關不閉關，不破重關不住山」，明顯地指示開悟見性是無上正等正覺的初步而已。當解凍之際，尚要去歷事鍊心做「保任」的功夫，因此要閉關及住山。如此才能把無始劫來妄念習氣解凍，似在暗室之中見一線光明，再把光明逐步加強，直至全室大放光明。這就是《楞嚴經》所揭示的「理可頓悟，事要漸修」之理了。

二、運用意念描繪

當前的混沌理論，提示我們所面對的境界，是意念的鐳射攝影圖案而已。因此要能覺醒創造力是本來具有的，個人具有無比的潛力。密宗的曼陀羅的觀想使我們和本尊（本來尊貴身）的相應，能和宇宙的真理——空性合而為一。透過身口意三密的相應，使我們的凡夫身逐步淨化，提昇至與本尊（空性）結合為一無二無別。因為是「空」，所以能入一切的「有」而遍一切處，無所不在的隨緣自在。其實禪的每個公案，亦都是在提示宇宙的真理——空性，但是尚未有所領悟的人，因為沒有同等的內證經驗，就很難契入，例如以下二則禪宗公案：

1. 問：「如何是禪？」

　師（石頭希遷大師）曰：「碌磚。」

　又問：「如何是道？」

　師曰：「木頭！」（《景德傳燈錄》）

2. 僧問：「如何是三寶？」

師（潭州三角山總印禪師）曰：「禾、麥、豆。」

僧問：「如何是佛法大意？」

師（明州大山法常禪師）曰：「蒲花、柳絮、竹針、麻線。」

（《景德傳燈錄》）

三、整合左右大腦的功能

具有創造力的人是感性而成熟的，亦理性中具直觀，直觀中帶有理性，並非是對立而是相含相攝的。

四、常運用非線性思考

直線思維是運用系統邏輯分析的，而非線性思維是天馬行空任意奔馳，觀念的跳躍可以從 A 至 L 到 Z，跳至 R 到 E 等，不受任何束縛。

五、維持及使用觀念記事本

好的靈感常常是靈光一現，如不快捕捉記錄下來，馬上就會消失得無影無蹤。所以要養成隨時使用觀念記事本的習慣。

六、借用別人創意的觀念

如詹宏志(1986)提供十種創意的自我訓練方法，說明如下：

1. 強迫自己隨時隨地觀察的巴黎司機訓練法❷。
2. 將觀察所得的畫面「背」下來的圖像記憶訓練法。

---

❷ 有一次，年輕的法國小說家莫泊桑向前輩作家請教寫作的要訣，老作家對莫泊桑說：「到巴黎街頭去，隨便找一個計程車司機，他乍看之下和其他計程車司機都一樣，但你要仔細觀察，直到你能夠把他描寫得和世界上其他司機都不相同；在你的描寫中，他是與眾不同、完全獨立的巴黎司機。」

3.對抗習慣的反手刷牙訓練法。

4.對自己大膽假設的科幻小說式的思考訓練。

5.討論語言與生活的字辭觀察訓練法。

6.運用漸近推遠的方式，不斷重新解釋自己的角色或社會的特性，不斷改變認知的重新定義訓練法。

7.注重分析與綜合的反分析訓練法。

8.充分利用腦力激盪的刺激反應訓練法。

9.多訓練自己利用集中目標的杜拉克式問句去促進創意。

10.利用創造性模仿（而非仿冒）來激發創意。

七、不要害怕嘗試及失敗

我們面對失敗時，亦應該轉念想我們並沒有失敗，我們已經成功地把一切不可能的因素都排除了，進一步懷著現在我們會順利地找到可能途徑，來解決我們問題的胸襟。

柒、結　論

創造力對於策略層及管理層是愈來愈重要，尤其在管理發展具備的條件之中視為最重要。而當前的企業所面臨的環境更是瞬息萬變，如果沒有創造力的經營者，終被環境所淘汰，合理而殘酷地退出其行業（施振榮，1998）。組織方面對創造力的貢獻有三個方式：⑴建立有利創造力的組織氣候；⑵設計創造力的訓練課程；⑶支持員工創意的思維，鼓勵內部創業。西方現針對創造力的發展，如果從人力資源發展(HRD)的角度分析，尚側重於訓練的課程，小部分才是教育的課程，而發展的課程就很缺乏。而教育、發展的創造力課程，卻是中國文化儒、釋、道三家的專長。如道家「無」的真理，如能有所契入，就可認同不同人的習慣領域，進而消除妄想執著，

而達到無所得之境界，如此創造力自然而然自生自顯自現。如《莊子‧應帝王篇》：「南海之帝為儵，北海之帝為忽，中央之帝為渾沌。儵與忽時相與遇於渾沌之地，渾沌待之甚善，儵與忽謀報渾沌之德，曰：『人皆有七竅，以視聽食息，此獨無有，嘗試鑿之。』日鑿一竅，七日而渾沌死。」此寓言充分顯示有為之限制，無為之妙用，意即習慣領域的突破。所以「至人之用心若鏡，不將不迎！應而不藏，故能勝物而不傷」（〈應帝王篇〉）。《老子道德經》強調的「反者，道之動也。」亦是教導我們要從不同的角度，來觀察事物，就會有意想不到的創造力，由心中產生喜悅，進而才能理解道家哲學所揭示「大勇若怯、大成若缺、大音希聲、大象無形、大器晚成、大智若愚」的道理。

　　如依禪的觀點，創造力是每個人自性本來就具足。只要勤修禪定，再不斷累積福德，那開悟與否，端視時節因緣而定。可能是禪師的一句當頭棒喝話語，或風聲、雨聲、車聲、打雷、地震等環境的變化，啟動了內在的自性，電光火石剎那間打破「無始無明」，頓見本來面目。因此禪對於創造力的看法，並非靠分別意識思考而來，而是離開了妄想及執著，一切智、自然智、無師智自然現前，非假外求，而是自然的自生、自顯、自現而已。此是禪所強調的「平常心是道」精義。中國文化對創造力的開發，較側重於本體智慧全體的顯現，而西方學界創造力的開發，側重於實務的練習與知識的運用，是可以馬上訓練學習的，如水平思考法。美國管理學大師彼德‧杜拉克(Peter Drucker)回答專業經理人提問如何提昇經營境界時，只講了一句話：「學習如何拉小提琴」，旁人聽起來似乎有點答非所問，很像禪宗公案，意味著管理之中也富含禪機（蕭武桐，2000: 23-29）。基本上中國文化是從「為道日損」的途徑，而西方學界是從「為學日益」的途徑，兩者是有點差異的。因此我們可借用西方學界開發創造力的優點，系統化的清除心智外層的繭，再不斷透過禪定及福

德的累積，有朝一日終能破繭而出，重見「父母未生以前的本來面目」。

參考書目

江麗美譯

 1998　　嚴肅創意，臺北：長河。

沈力譯

 1979　　混沌中的秩序，臺北：結構群。

杜明城譯

 1999　　創造力，臺北：時報文化。

施振榮

 1998　　鮮活思維，臺北：聯經。

詹志宏

 1986　　創意人，臺北：天下文化。

蕭武桐

 1991a　　「混沌理論對管理的啟示」，普門雜誌，五月號。

 1991b　　公務倫理的理論與運用，臺北：時英。

 1993　　禪的智慧 VS 現代管理，臺北：佛光。

 1999　　人生雙贏的磐石，臺北：佛光。

 2000　　「當管理學遇上小提琴」，普門雜誌，元月號。

洪瑞雲、王精文

 1985　　「修訂羅塞浦創造測驗」，管理科學學報，第2卷第1期。

方東美

 1983　　原始儒家道家哲學，臺北：黎明。

Ackoff, Russell L.

 1978　　*The Art of Problem Solving.* New York: John Wiley &

Sons.

Agor, Weston H. (ed.)

1989　*Intuition in Organization.* Newbury Park: Sage.

Bigman, Lester A.

1986　"Management Development: Needs and Practices," *Personnel,* July/Aug., pp. 45–47.

Dessler, Gary

1988　*Personnel Management.* Englewood Cliffs, NJ: Prentice-Hall.

Dormen, Lesley and Peter Editin

1989　"Original Spin," *Psychology Today,* July/Aug., p. 49.

Dubrin, Andrew J.

1992　*Human Relations: A Job Orientation Approach.* Englewood Cliffs, NJ: Prentice-Hall.

Evans, James R.

1991　*Creative Thinking.* Ohio: South-Western.

Farley, Frank

1986　"The Big T in Personality," *Psychology Today,* May, p. 48.

Gleick, James

1987　*Chaos: Making A New Science.* New York: Penguin Books.

Godfrey, Robert R.

1986　"Trapping Employees' Creativity," *Supervision Management, February,* pp. 17–18.

Von Oech, Roger.

1983　*A Whack on The Side of the Head.* New York: Warner.

附　錄

張潤書教授簡歷

一、學　歷

國立政治大學法學士

美國俄亥俄州立大學政治學碩士

二、經　歷

國立政治大學講師、副教授、教授、系主任

美國俄亥俄州立大學客座研究教授(1978–1979)

公務人員高等及普通考試典試委員

國際訓練與發展組織聯合會會長(IFTDO,1991–1992)

臺灣省基層人員特考典試委員

行政院人事行政局人事革新委員會委員

行政院組織法研修小組委員

中華民國訓練協會理事長

中國行政學會理事長

考試院訴願委員會委員

考試院銓敘部人事制度改進委員會委員

國立政治大學公共行政研究所所長、公企教育中心主任、法學院
　院長、社會科學院院長

張潤書教授代表著作

《留美經驗談》，文星，民 56。

《美國市制研究》，臺灣商務，民 57。

〈我國人事行政問題的探討〉，《中國行政》，14，頁 54–61，民 59.01。

〈公共行政理論的目的〉，《憲政思潮》，9，頁 29–34，民 59.01。

〈美國文官制度的特質與病象〉，《中國地方自治》，23:3，頁 16–18，民 59.07。

〈美國文官考選制度述評(上)〉，《中國行政》，20，頁 42，民 62.01。

〈美國文官考選制度述評（下）〉，《中國行政》，21，頁 39–46，民 62.07。

〈論行政授權在我國實施的障礙及其改進〉，《中國行政》，22，頁 56，民 63.01。

〈從行為觀點談行政革新〉，《新時代》，15，頁 27–32，民 64.01。

《革命民主政黨的理論與實際》，正中，臺初版，民 65。

張潤書譯，〈負責與民主監督〉，《憲政思潮》，35，頁 58–72，民 65.09。

〈系統理論時期的管理學說〉，45:2，頁 46–50，民 66.02。

〈論人事行政與法治〉，《法論》，2，頁 19–20，民 66.06。

〈論考試與人才選拔〉，《新時代》，17:7，頁 16–18，民 66.07。

〈選舉是「政治建設」，不是「破壞分化」——競選言論應有的分寸〉，《法論》，18，頁 5–6，民 67.10。

〈美國選舉問題及投票行為〉，《政治學報》，7，頁 1–23，民 67.12。

〈主管知人善任之道〉，《現代管理月刊》，23，頁 8–11，民 67.12。

《行政學》，三民，修訂初版，民 68。

〈從改善基層人員做起〉,《中國論壇》, 7:8, 頁 21–22, 民 68.01。

〈擴大政治參與的另一途徑 —— 為建立各級政府諮詢機構催生〉,
　　《中國論壇》, 7:7, 頁 7–8, 民 68.01。

〈行政現代化的基本條件〉,《中央月刊》, 11:4, 頁 63–67, 民
　　68.02。

張潤書譯, Dimock, M. E. & G. O. Dickmond 合著,〈論行政上的聯
　　邦制度〉,《憲政時代》, 5:1, 頁 79–90, 民 68.07。

〈加強立法功能之我見〉,《中央月刊》, 13:2, 頁 24–27, 民 69.12。

〈論國家現代化與中國之統一〉,《中央月刊》, 13:5, 頁 15–19,
　　民 70.03。

〈守信立威既廉且能 —— 論七十年代我國政治革新的重點,人與
　　社會, 8:1, 頁 36–38, 民 70.04。

〈現代人事管理的新趨勢〉,《人事管理》, 18:9, 頁 5–8, 民 70.11。

《行政學》, 三民, 修訂再版, 民 71。

張潤書主編,《改進臺灣鐵路營運管理之研究》, 行政院研考會,
　　民 71。

張潤書編著,《行政學》, 華視二版, 民 72。

張潤書譯, Ivancevich, John M. 原著、〈工作設計的理論與實際〉,
　　《中國行政》, 35, 頁 55–75, 民 72.06。

張潤書編譯,《組織行為與管理》, 五南, 初版, 民 74。

〈現代組織理論述評〉,《中央月刊》, 18:7, 頁 96–99, 民 74.12。

〈政策取向與民意溝通〉,《中央月刊》, 19:8, 頁 17–18, 民 75.08。

《醒世諍言與選舉正論》, 黎明文化, 初版, 民 77。

張潤書主持,《加強輔導海外學人及留學生回國服務措施之研究》,
　　民 77。

張潤書研究主持,《臺北市老人人力運用之研究》, 臺北市研考會,
　　民 78。

張潤書、吳復新，〈我國高級公務人員培訓方法之檢討與改進〉，《中國行政》，48，頁 1-37，民 79.08。

《行政學》，三民，再修訂四版，民 80。

〈我國公務人員培訓現狀剖析〉，《人事行政》，97，頁 49-63，民 80.05。

〈訓練評鑑的意義與基本途徑〉，《人事月刊》，69，頁 48-51，民 80.05。

《行政學》，三民，增訂初版，民 87。

三民大專用書書目 —— 國父遺教

三民大專用書書目——行政・管理

書名	作者		服務機構
行政學（修訂版）	張潤書	著	政治大學
行政學	左潞生	著	前中興大學
行政學	吳瓊恩	著	政治大學
行政學新論	張金鑑	著	前政治大學
行政學概要	左潞生	著	前中興大學
行政管理學	傳肅良	著	前中興大學
行政管理	陳德禹	編著	臺灣大學
行政生態學	彭文賢	著	中央研究院
人事行政學	張金鑑	著	前政治大學
人事行政學	傳肅良	著	前中興大學
人事管理（修訂版）	傳肅良	著	前中興大學
人事行政的守與變	傳肅良	著	前中興大學
各國人事制度	傳肅良	著	前中興大學
各國人事制度概要	張金鑑	著	前政治大學
現行考銓制度	陳鑑波	著	
考銓制度	傳肅良	著	前中興大學
員工考選學	傳肅良	著	前中興大學
員工訓練學	傳肅良	著	前中興大學
員工激勵學	傳肅良	著	前中興大學
運輸學概要	程振粵	著	前臺灣大學
兵役理論與實務	顧傳型	著	
行為管理論	林安弘	著	德明技術學院
組織行為學	高尚仁 伍錫康	著	香港大學
組織行為學	藍采風 廖榮利	著	美國印第安那大學 中國醫藥學院
組織行為管理	龔平邦	著	前逢甲大學
組織原理	彭文賢	著	中央研究院
組織結構	彭文賢	著	中央研究院
行為科學概論	龔平邦	著	前逢甲大學
行為科學概論	徐道鄰	著	前香港大學
行為科學與管理	徐木蘭	著	臺灣大學
實用企業管理學	解宏賓	著	臺北大學
企業管理	蔣靜一	著	逢甲大學
企業管理	陳定國	著	前臺灣大學

書名	著（譯）者		服務機關
企業管理辭典	Bengt Karlöf 著／廖文志、欒斌	譯	臺灣科技大學
國際企業論	李蘭甫	著	東吳大學
企業政策	陳光華	著	交通大學
企業概論	陳定國	著	前臺灣大學
管理新論	謝長宏	著	交通大學
管理概論	劉立倫	著	輔仁大學
管理概論	郭崑謨	著	前臺北大學籌備處
企業組織與管理	郭崑謨	著	前臺北大學籌備處
企業組織與管理（工商管理）	盧宗漢	著	臺北大學
企業管理概要	張振宇	著	淡江大學
現代企業管理	龔平邦	著	前逢甲大學
現代管理學	龔平邦	著	前逢甲大學
管理學	龔平邦	著	前逢甲大學
管理數學	謝志雄	著	東吳大學
管理數學	戴久永	著	交通大學
管理數學題解	戴久永	著	交通大學
文檔管理	張翊	著	郵政研究所
資料處理	呂執中、李明章	著	成功大學
事務管理手冊	行政院新聞局	編	
現代生產管理學	劉一忠	著	舊金山州立大學
生產管理	劉漢容	著	成功大學
生產與作業管理（修訂版）	潘俊明	著	臺灣科技大學
生產與作業管理	黃峯蕙、施勵行、林山	著	中正大學
生產與作業管理	黃學亮	著	中油公司
商業概論	張鴻章	著	臺灣大學
商業心理學	陳家聲	著	臺灣大學
管理心理學	湯淑貞	著	成功大學
品質管制（合）	柯阿銀	譯	臺北大學
品質管理	戴久永	著	交通大學
品質管理	徐世輝	著	臺灣科技大學
品質管理	鄭春生	著	元智大學
可靠度導論	戴久永	著	交通大學
人力資源策略管理	何永福、楊國安	著	政治大學

三民大專用書書目──社會

三民大專用書書目──法律